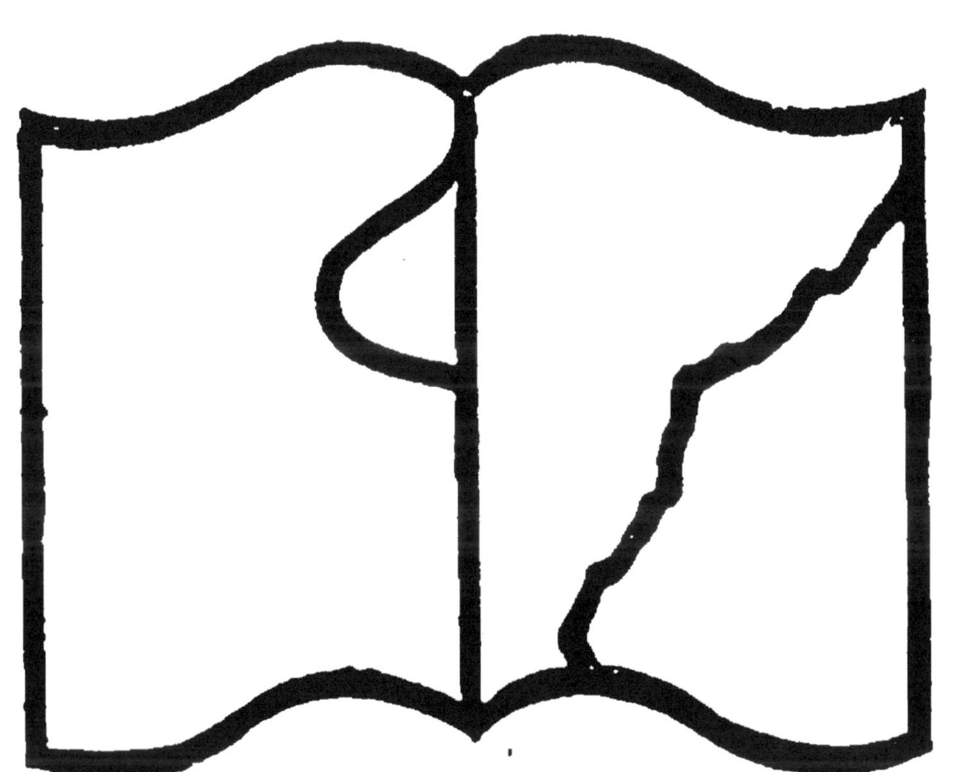

Texte détérioré — reliure défectueuse

NF Z 43-120-11

LES CITÉS OUVRIÈRES EN BELGIQUE

PAR

O. ARSANDAUX

DOCTEUR EN DROIT

STÉNOGRAPHE AU SÉNAT

PARIS

A. PEDONE, ÉDITEUR

LIBRAIRE DE LA COUR D'APPEL ET DE L'ORDRE DES AVOCATS

13, RUE SOUFFLOT, 13

1903

LES

RETRAITES OUVRIÈRES

EN BELGIQUE

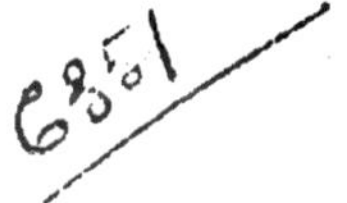

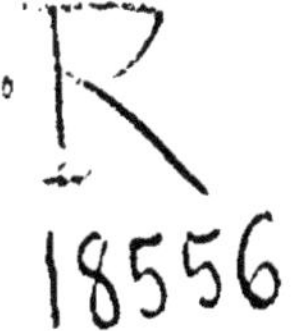

LES

RETRAITES OUVRIÈRES

EN BELGIQUE

PAR

O. ARSANDAUX

DOCTEUR EN DROIT

STÉNOGRAPHE AU SÉNAT

PARIS

A. PEDONE, ÉDITEUR

LIBRAIRE DE LA COUR D'APPEL ET DE L'ORDRE DES AVOCATS

13, RUE SOUFFLOT, 13

1903

TABLE

AVANT-PROPOS

Deux principes opposés, l'obligation et la liberté, dominent toutes les solutions apportées ou proposées en matière d'assurances sociales.

L'idée de liberté a prévalu, jusqu'à ce jour, en Angleterre, en Italie, en Belgique et en France; dans ces deux derniers pays, cependant, le principe de l'obligation a gagné, depuis quelques années, de nombreux partisans.

Les résultats incontestables obtenus en Allemagne, grâce à un système d'assurance obligatoire, ont déjà fait l'objet de nombreux et savants exposés. Ils sont trop connus, à l'heure actuelle, pour qu'il soit nécessaire d'y insister; nous rappellerons seulement, au point vue spécial de l'invalidité et de la vieillesse, que des versements obligatoires, opérés par les salariés et les patrons, servent à constituer aux travailleurs assujettis à la loi de 1889, une pension viagère, à laquelle l'Empire ajoute, chaque année, une somme fixe de 50 marcs (1).

En Belgique, au contraire, la loi du 10 mai 1900 a consacré un système, dit de *liberté subsidiée*, dans lequel des primes d'encouragement viennent s'ajouter, chaque année, aux versements effectués par certaines catégories de personnes à la « Caisse de Retraite » fonctionnant sous la

---

(1) La pension de vieillesse est accordée de plein droit à tout assuré, à partir de 70 ans.

garantie de l'Etat. L'intervention patronale est facultative, comme les versements des intéressés.

La solution apportée en Belgique au problème des retraites ouvrières est donc fondée sur des principes nettement opposés à ceux qui constituent la base de la législation allemande de 1889.

Nous avons cru intéressant d'en étudier le mécanisme et d'en faire connaitre les résultats, dont l'importance, quelque indiscutable qu'elle soit, nous parait avoir été souvent exagérée par les adversaires irréductibles de tout système d'assurances sociales reposant sur l'obligation.

L'exposé de l'état actuel de la question des retraites ouvrières en Belgique comporte, d'autre part, l'étude des diverses institutions dues, soit à l'initiative de l'Etat, soit à celle des patrons ou des intéressés eux-mêmes, qui fonctionnent aujourd'hui dans ce pays.

Enfin, il est nécessaire, pour apprécier la valeur d'une institution ou d'un système de retraites, de se faire une idée nette des conditions dans lesquelles doit fonctionner normalement un organisme destiné à servir à ses affiliés des pensions viagères de vieillesse ou d'invalidité.

Nous nous proposons donc d'étudier tout d'abord le mécanisme financier d'une Caisse de Retraite.

Les conclusions de cette étude nous permettront de nous mieux rendre compte de la valeur des principales institutions de retraites ouvrières belges dont nous aurons à faire connaitre le fonctionnement.

Nous pourrons ensuite aborder l'examen de la loi de 1900 sur les Pensions de Vieillesse, qui doit former l'objet principal de ce travail.

*
* *

Nous nous faisons un agréable devoir de remercier MM. *Van Cleemputte*, avocat, membre de la Chambre des Représentants, le très distingué président de la commission des pensions ouvrières; *H. Denis*, député; *Dubois*, Directeur général de l'office du travail; *O. Velghe*, Directeur au ministère de l'agriculture, secrétaire de la commission; MM. *O. Lepreux*, Directeur général, *Deroover*, Directeur et *de Molinari*, chef de bureau à la Caisse Générale d'Epargne et de Retraite; *Maës*, bibliothécaire de la Chambre des Représentants, et *D. Warnotte*, bibliothécaire au Ministère du Travail, à la bienveillance et à l'obligeance desquels nous devons la plupart des renseignements contenus dans ce volume.

M. *Fontaine*, Directeur du Travail au Ministère du Commerce, à Paris, a bien voulu nous accorder, auprès de M. le Directeur général de la Caisse Générale de Retraite, à Bruxelles, l'appui de sa haute recommandation; MM. *P. Soulier*, actuaire, chef de la statistique des Chemins de Fer de l'Etat, et notre ami *Clamagirand*, actuaire à la compagnie d'assurances sur la vie « La Nationale », à Paris, nous ont très aimablement prêté le concours de leur compétence bien connue pour la partie technique de notre étude; nous tenons à leur en exprimer toute notre reconnaissance.

Paris, mai 1903.

INTRODUCTION

Fonctionnement théorique d'une caisse de retraites.

Les allocations pécuniaires nécessaires pour faire face aux besoins d'une personne vivant de son travail, lorsque la vieillesse ou l'invalidité prématurée la condamnent à l'inaction, supposent le versement d'un capital au moment où se produit l'invalidité ou bien à l'âge fixé pour l'origine de la vieillesse.

Il est même prudent, si l'on veut assurer à cette personne, jusqu'à la fin de ses jours, le revenu jugé indispensable pour qu'elle ne tombe pas dans la misère, de transformer ce capital en rente viagère.

La plupart des auteurs de projets relatifs aux retraites ouvrières se sont ralliés à cette dernière solution qui a été adoptée, en particulier, par le législateur belge de 1900.

Tables de mortalité.

Nous nous proposons, en conséquence, de rechercher s'il existe des procédés financiers permettant d'assurer à un individu, à partir d'un âge donné, la jouissance d'un revenu annuel viager et constant.

En supposant que l'on puisse évaluer exactement à treize le nombre d'années qui restent à vivre à l'intéressé, (tel est le cas d'un homme de 60 ans en moyenne) il suffirait, pour lui assurer un revenu annuel de 100 francs, par exemple, de déposer dans une caisse soit une somme de 1.300 francs, non productive d'intérêts, soit un capital s'élevant à 1.100 francs environ, placé à intérêts simples, au taux annuel de 3 %; soit enfin une somme de 3.333 francs, dont le revenu annuel, à 3 %, assurerait le service des arrérages de la rente de 100 francs et qui redeviendrait disponible au décès du bénéficiaire.

Cette dernière solution a le grave inconvénient d'exiger l'immobilisation d'un capital considérable (plus de trente-trois fois la rente à servir, dans l'exemple choisi); les deux premières sont inacceptables, puisqu'elles ne permettraient pas d'assurer le service des arrérages, dans le cas où l'intéressé vivrait plus que la vie moyenne, évaluée à l'âge de la retraite.

Le problème que nous avons posé ne parait donc pas susceptible de recevoir une solution véritablement pratique pour un individu isolé; il n'en est plus de même si l'on considère un nombre assez considérable de personnes mettant en commun leurs efforts et constituant ainsi une véritable MUTUALITÉ D'ASSURANCE CONTRE L'INCAPACITÉ DE TRAVAIL RÉSULTANT DE LA VIEILLESSE.

En effet, de nombreuses observations sur la durée de la vie humaine ont permis de constater que la disparition progressive des individus composant un groupe suffisamment nombreux de personnes du même âge suit une loi sensiblement constante. Il a été possible, dans ces conditions, de construire des *tables*, dites de *mortalité* (ou, plus exactement, de *survie*) qui indiquent, sur un certain nombre de têtes vivantes à un âge initial, le nombre de celles qui survivent à un âge postérieur quelconque.

Les résultats indiqués par ces tables varient, il est vrai, suivant qu'ils ont été obtenus au moyen d'observations portant, soit sur l'ensemble de la population d'un pays, soit sur une partie limitée de cette population (hommes ou femmes, groupes professionnels), soit encore sur des pays différents (1); cependant, si l'on considère un groupe de personnes dont les conditions d'existence sont comparables à celles de la population dont la mortalité a servi de base à l'établissement d'une table particulière, il est possible d'évaluer, au moyen de cette table, et avec une précision d'autant plus grande que le nombre des individus observés est plus considérable, le nombre des survivants de ce groupe à une époque quelconque.

C'est ainsi que, sur un groupe de 100.000 Français âgés de 3 ans, il en survivra 59.093 à 60 ans, 50.736 à 65 ans, 1.838 à 90 ans, etc. (2). De même, sur 1.000 individus nés viables, en Belgique, 635 survivent à 20 ans, 345 à 60 ans et un seul à 98 ans (3).

Enfin, l'on peut considérer comme certaine l'extinction, en 39 années, d'un groupe de 345 Belges âgés de 60 ans, (3) aux écarts près susceptibles de se produire entre la mortalité effective du groupe et celle de la population dont l'observation a servi à établir la table considérée.

Nous allons montrer comment il est possible, la loi de mortalité relative à une population donnée étant connue,

---

(1) Consulter à cet égard V. Pareto, *Economie politique pure*, tome Ier, page 82 et s.

(2) D'après la table de mortalité de la Caisse Nationale des Retraites (C.R.).

(3) D'après la table de mortalité de Quetelet dressée d'après les observations faites de 1841 à 1845 sur l'ensemble de la population belge. Voir cette table ci-après, annexe I, p. 311.

d'assurer le fonctionnement d'une *mutualité de retraite* dans des conditions de *justice* et de *sécurité* absolues, c'est-à-dire de telle sorte que les sacrifices des affiliés soient proportionnels aux charges qu'ils apportent à l'institution et que, d'autre part, les avantages correspondant à ces sacrifices soient complètement garantis pour l'avenir.

Note sur les tables de mortalité.

Les tables de mortalité les plus connues sont les suivantes :

1° La *table de Halley* a été dressée en 1693 pour la population de la ville de Breslau.

2° La *table de Deparcieux*, établie d'après les résultats observés dans plusieurs tontines, celles de 1689, 1696 et de 1734 — sur 10.000 cas environ. Une autre table concernait les religieux et religieuses de divers couvents de Paris.

3° *Table de Duvillard*. Elle a été publiée en 1806 dans un ouvrage intitulé *Analyse de l'influence de la petite vérole sur la mortalité*, d'après une statistique étudiée pour comparer la mortalité des personnes inoculées avec celle de la population générale de la France. Les observations, antérieures à la Révolution, ont porté sur 2.920.072 têtes ayant fourni 101.542 décès.

4° Il existe également des tables dressées par les compagnies d'assurances ; celle des 20 compagnies anglaises dressées par « l'Institute of actuaries »; celles des compagnies françaises, relatives, soit aux assurés, soit aux rentiers viagers ; la table de la Caisse Nationale des Retraites a été déduite des faits observés sur les rentiers viagers et les déposants ayant versé à capital réservé pour obtenir des rentes différées.

5° Les tables dressées d'après les observations faites sur les retraités de divers États.

6° La *table de Quetelet*, que nous utiliserons dans les calculs qui vont suivre, a été établie d'après le recensement Belge de 1846 ; elle a servi au calcul des tarifs de la Caisse Générale de Retraite instituée en 1851. Voir annexe I, p. 311.

Mécanisme d'une Caisse de retraites pour la vieillesse.

Le mécanisme d'une institution destinée à servir des retraites à ses adhérents étant trop compliqué pour qu'il soit possible de l'exposer immédiatement, dans toute sa généralité, nous en diviserons l'étude en plusieurs parties, afin de passer progressivement du simple au composé.

Nous supposerons, en premier lieu, que tous les intéressés ont le même âge au moment de leur affiliation.

Nous aurons ensuite à examiner le cas dans lequel l'institution recevrait, chaque année, un nouveau groupe d'affiliés du même âge — et nous pourrons enfin aborder le problème général.

Nous admettrons, dans tout ce qui va suivre, afin de fixer les idées :

1° Que les individus considérés disparaissent suivant la loi indiquée par la table de mortalité de Quetelet ;

2° Que les intéressés reçoivent une somme de 100 francs au commencement de chaque année, à partir du moment où ils atteignent l'âge de 60 ans.

3° Que le taux de l'intérêt ne varie pas pendant toute la durée de l'institution et reste égal à 3 %.

Nous montrerons, d'ailleurs, que les conclusions auxquelles nous allons aboutir sont indépendantes de ces hypothèses particulières.

I. — Cas d'un groupe composé de personnes du même age

Nous chercherons tout d'abord comment il est possible d'assurer à 345 (1) individus, âgés de 60 ans, la jouissance

(1) Ce chiffre n'a pas été choisi arbitrairement : il correspond au nom-

d'un revenu annuel de 100 francs jusqu'à leur décès (1), le premier arrérage de 100 francs étant versé à l'époque où ces individus atteignent 60 ans (2).

Total des sommes nécessaires au service des rentes. — Si les 345 membres du groupe considéré disparaissent d'après la loi représentée par la table de Quetelet, les sommes nécessaires, chaque année, au service des pensions seront proportionnelles aux nombres des survivants indiqués par cette table, soit :

345 × 100, pour le groupe initial ;
334 × 100, pour les survivants âgés de 61 ans ;

. . . .

. . . .

216 × 100, pour les survivants âgés de 70 ans ;

. . . .

. . . .

1 × 100, pour le dernier survivant âgé de 98 ans.

Au total :

(1) 100 (345 + 334 + ... + 216 + ... + 1) = 479.700 fr. (3).

Il est donc permis de formuler la règle suivante : *La somme totale des rentes viagères à payer à un groupe*

---

bre des survivants, à 60 ans, d'un groupe de 1.000 personnes nées viables, d'après la table de Quetelet.

(1) Ce revenu annuel a reçu le nom de *rente viagère* ou de *pension de retraite*.

(2) La méthode *élémentaire, purement arithmétique*, que nous allons appliquer est analogue à celle employée par M. *P. Soulier*, membre agrégé de l'Institut des actuaires français, dans son livre intitulé : « *Les institutions de retraites des Cies de chemins de fer* » (Paris, Dulac, 1899). Cet ouvrage contient une théorie très simple et très complète des Caisses de retraite (p. 181 et suiv.).

(3) Voir tableau A, colonne 6, p. 38.

de retraités du même âge est égale au produit du montant de la rente par la somme des nombres de survivants indiqués par la table de mortalité employée, depuis et y compris l'âge auquel est effectué le paiement du premier arrérage, jusqu'à la limite extrême de la table.

Procédés permettant d'assurer le service des rentes. — Le service des rentes peut être assuré par deux procédés différents.

a) Le plus simple consiste à payer annuellement, sans provision aucune, les pensions des survivants.

Les charges annuelles décroissent alors pour s'éteindre lorsque le dernier survivant du groupe de rentiers a disparu ; le total des sommes affectées au service des pensions croît au contraire pour atteindre lors de l'extinction du groupe, le chiffre de 479.700 francs.

b) Le deuxième procédé consiste à immobiliser dans une caisse, à l'époque où les intéressés atteignent 60 ans, une somme qui, augmentée chaque année de ses intérêts et déduction faite des pensions à servir, permette d'obtenir le même résultat.

Calcul du capital nécessaire au service des pensions.— Ce capital, à l'époque où sont versés les premiers arrérages, doit être *équivalent* à l'ensemble des sommes qui seront nécessaires, chaque année, au service des rentes, jusqu'à la disparition du dernier survivant.

Il se compose donc : 1° du montant des pensions à payer aux membres du groupe, au moment où ils atteignent l'âge de 60 ans, soit 345 × 100 ; 2° de la valeur actuelle des pensions à payer aux survivants âgés de 61 ans, c'est-à-dire de la somme qui, placée à 3 % pendant 1 an, produira 334×100 francs, soit $\frac{334 \times 100}{(1+0,03)} = \frac{334 \times 100}{1,03}$ (1).

De même, les pensions qui seront versées aux 322 survivants âgés de 62 ans représentent au début, c'est-à-dire deux ans auparavant, une somme de $\frac{322 \times 100}{(1+0,03)^2} = \frac{322 \times 100}{1,03^2}$ et ainsi de suite. Le dernier versement de 100 francs aura lieu lorsque le dernier survivant du groupe atteindra 98 ans ; il a donc, au moment où la caisse commence à fonctionner, c'est-à-dire 38 ans auparavant, une valeur de $\frac{1 \times 100}{(1+0,3)^{38}} = \frac{1 \times 100}{1,03^{38}}$. Par suite, le capital nécessaire à l'ensemble du service des rentes est égal à

$$(2)\ {}_{3}C_{60} = 100 \left(345 + \frac{334}{1,03} + \frac{322}{1,03^2} + \dots + \frac{1}{103,^{38}}\right) = \frac{100}{1,03^{38}}$$

$$(345 \times 1,03^{38} + 334 \times 403^{37} + \dots\dots + 1) = 377.192 \text{ fr. } 57.$$

Il résulte des développements précédents que *le capital nécessaire pour assurer le service des rentes viagères*

---

(1) On sait, en effet, qu'un capital a placé à un taux annuel $r = 100i$ produit, au bout d'un an, une somme égale à

$$S_1 = a + \frac{ra}{100} = a + (1 + \frac{100\,i}{100}) = a\,(1+i)$$

et qu'il devient après n années, en le supposant placé à intérêts composés :

$$S_n = a\,(1+i)^n \text{ ; d'où l'on tire : } a = \frac{S_n}{(1+i)_n} = S_n\,(1+i)^n$$

Dans l'espèce, $r = 3$; par suite, $i = 0,03$ et $1 + i = 1,03$.

d'un groupe de personnes d'âge donné s'obtient en multipliant le montant de la pension par la somme des produits de chacun des nombres de survivants aux différents âges et d'une puissance du taux de capitalisation (1,03) égale au nombre d'années qui restent à courir, dans chaque cas, jusqu'à la limite de la table de mortalité (1).

Influence de la variation du taux de l'intérêt. — Si le taux du placement augmente et devient égal à 5 %, par exemple, l'expression (2) du capital nécessaire au service des rentes devient :

$$(2)' \quad C'_{60} = 100\left(345 + \frac{334}{1,05} + \frac{322}{1,05^2} + \dots + \frac{1}{1,05^{38}}\right)$$

Le dénominateur de chacune des fractions comprises dans la parenthèse étant plus grand que celui des termes correspondants de l'expression (2), chacun des termes compris dans la parenthèse (2)' — et, par suite, leur somme, — est inférieur au terme correspondant de l'expression (2).

Lorsque le taux de l'intérêt diminue, c'est le contraire qui se produit, et la somme des termes compris dans la parenthèse de l'expression (2) augmente.

Nous pouvons donc énoncer la règle suivante :

Le capital nécessaire au service des rentes viagères d'un groupe déterminé d'individus du même âge varie en sens inverse du taux de l'intérêt.

Cas où le taux de l'intérêt devient nul. — Lorsque le taux de l'intérêt diminue, le capital C_{60} augmente, ainsi que nous venons de le montrer.

---

(1) C'est-à-dire jusqu'à la limite des plus grandes longévités observées et, par suite, jusqu'à l'extinction du groupe.

(2) Voir *suprà*, p. 18.

Il est possible de concevoir que ce taux soit nul, c'est-à-dire que l'argent ne rapporte plus d'intérêt.

Dans ce cas limite, chacun des dénominateurs de l'expression (2) devient égal à 1 et l'on a :

$$ {}_{0-60}C = 100\ (345 + 334 + 322 + \ldots + 1) $$

expression identique à l'expression (1).

Ce résultat, qu'il était facile de prévoir *a priori*, nous permet d'insister sur ce fait *qu'il est possible de concevoir une institution de retraites fonctionnant dans le cas même où le taux de l'intérêt deviendrait nul.*

Dans cette hypothèse, *le capital nécessaire au service des rentes est égal au produit du montant de l'annuité viagère à servir par la somme des nombres d'affiliés survivant chaque année, jusqu'à la limite de la table de mortalité employée.*

Influence de l'âge de la retraite. — Le nombre des survivants du groupe considéré diminuant chaque année, il est facile de comprendre que le capital C, nécessaire au service des pensions, sera d'autant moins élevé que le versement de la première annuité de la rente viagère sera différé davantage. Cela résulte d'ailleurs de la règle générale énoncée plus haut (p. 17).

Il est donc possible, *a priori*, en reculant l'âge de la retraite, de compenser l'influence de la diminution du taux de l'intérêt.

Ainsi, nous avons trouvé que le capital nécessaire au service de 345 pensions viagères, le taux des placements étant de 3 %, est égal à 377.293 fr. Or, si l'on applique les règles précédentes au cas où, l'intérêt étant nul, les survivants du groupe considéré recevraient à 62 ans le premier arrérage de leur rente, on a :

$$C_{0-62} = 100\,(322 + 310 + \ldots. + 1) = 379.600 \text{ fr.}$$

Il suffit, par conséquent, de reculer de deux ans l'âge d'entrée en jouissance pour compenser la disparition du taux de l'intérêt.

En pratique, il suffira donc d'une faible élévation de l'âge de la retraite pour combattre l'influence de l'abaissement du taux de l'intérêt (1).

Remarque importante. — Il ressort des explications qui précèdent que le service des rentes peut être assuré, soit par le versement successif des arrérages des pensions, dont le total s'élève à 479.700 fr., soit par le placement à 3 °/₀ d'un capital égal à 377.293 fr.

Il est d'ailleurs facile de vérifier l'exactitude de cette proposition en évaluant, à l'époque où le dernier survivant du groupe considéré atteint 98 ans, la valeur des sommes déboursées dans chacune de ces deux hypothèses.

En effet, au moment où nous nous plaçons, les pensions versées aux 345 personnes de 60 ans auraient acquis une valeur égale à

$$345 \times 100 \times 1{,}03^{38} \text{ (2).}$$

Les 334 arrérages de 100 fr. versés aux survivants âgés

---

(1) Consulter à cet égard P. Soulier, *op. cit.*, p. 198.

(2) On sait, en effet, que, si un capital C est placé à intérêts composés, c'est-à-dire si les intérêts viennent s'ajouter chaque année au capital pour produire intérêt à leur tour, il devient :

$C + C\,i = C\,(1 + i)$ à la fin de la 1re année, i représentant l'intérêt annuel de 1 fr. Il devient ensuite : $C\,(1 + i)\,(1 + i) = C\,(1 + i)^2$, à la fin de la 2e année ; $C\,(1 + i)^3$ à la fin de la 3e . . . . . etc., et, d'une façon générale : $C\,(1 + i)^n$ à la fin de la n^e année.

Dans l'exemple considéré, $i = 0{,}03$; donc, $1 + i = 1{,}03$, et l'on a, au bout de 38 ans : $C^{38} = C\,(1 + i)^{38} = C \times 1{,}03^{38}$.

de 62 ans représentent, à la même époque, une somme égale à :

$$334 \times 100 \times 1,03^{37}$$

et ainsi de suite, jusqu'à la dernière annuité de 100 fr.

L'ensemble des arrérages, évalué à l'époque considérée est donc égal à :

100 fr. pour la pension versée au dernier survivant du groupe, à 98 ans ;

$+ 100 \times 1,03$ pour la pension versée au survivant âgé de 97 ans ;

$+ 2 \times 100 \times 1,03^2$ pour les pensions versées aux deux survivants, âgés de 96 ans ;

$+ 2 \times 100 \times 1,03^3$ pour les pensions versées aux deux survivants âgés de 95 ans..... ;

. . . .

$+ 334 \times 100 \times 1,03^{37}$ pour les pensions versées aux 334 survivants âgés de 61 ans ;

$+ 345 \times 100 \times 1,03^{38}$ pour les pensions versées aux 345 retraités à 60 ans, soit au total :

$$(3) \quad 100 (1 + 1 \times 0,03 + 1 \times 1,03^2 + 2 \times 1,03 + \ldots\ldots + 334 \times 1,03^{37} + 345 \times 1,03^{38})$$

D'autre part, nous avons obtenu le capital 377.293 fr. en développant l'expression

$$(2) \quad {}_{3-60}C = \frac{100}{1,03^{38}} (345 \times 1,03^{38} + 334 \times 10,3^{37} + \ldots\ldots + 1)$$

et nous savons que la valeur de ce capital, au moment où le dernier survivant atteint 98 ans, c'est-à-dire après 38 ans révolus, serait devenue (4)

$${}_{3-60}C \times 1,03^{38} = 100 (345 \times 1,03^{38} + 334 \times 1,03^{37} + \ldots\ldots + 1)$$

L'identité de l'expression (3) et du second membre de l'expression (4) vérifie la proposition énoncée.

Nous reviendrons sur cette remarque dont les conséquences sont importantes au point de vue des avantages relatifs des systèmes de la capitalisation et de la répartition.

Cas où le nombre des membres du groupe est égal à N et où la pension est égale à P. — Lorsque le nombre des membres du groupe est différent du nombre de survivants indiqués par la table de mortalité choisie à l'âge du versement du premier arrérage, il suffit de multiplier les résultats obtenus par $\frac{N}{345}$, N représentant le nombre des retraités à 60 ans.

De même, si l'annuité viagère est égale à un nombre quelconque P, ces résultats devront être multipliés par $\frac{P}{100}$. L'expression du capital suffisant et nécessaire au service des rentes devient alors

$$(5)\quad {}_{3-60}C = \frac{N}{345} \times \frac{P}{100} \times \frac{100}{1{,}03^{38}} (345 \times 1{,}03^{38} + \ldots\ldots + 1)$$

⁂

Nous pouvons tirer de ce qui précède les conclusions suivantes :

Le service des annuités viagères concernant un groupe de personnes du même âge nécessite un capital invariable pour une table de mortalité et un taux d'intérêt donnés — aux écarts près qui peuvent se produire entre la mortalité observée et celle indiquée par la table (1).

---

(1) Le calcul des probabilités permet de déterminer la probabilité pour que le nombre des décès ne diffère de la probabilité indiquée par la table que d'une quantité donnée. (V. Poterin du Motel, *Les assuran-*

Ce capital et le taux de l'intérêt varient en sens contraires.

Divers modes de constitution du capital nécessaire au service des annuités viagères

1° *Versement du capital nécessaire au service des rentes au moment du paiement de la première annuité viagère.* — Le capital de 377.293 fr. peut être versé au moment des mises à la retraite (1) ; il correspond à une cotisation de 1.093 fr. 60 pour chacun des 345 membres du groupe.

La somme de 1.093 fr. 60 peut avoir été constituée elle-même, par chacun des 345 intéressés, au moyen de versements égaux effectués chaque année dans une caisse — une caisse d'épargne, par exemple, — et capitalisés (2) à un taux que nous supposerons encore égal à 3 %.

Afin d'évaluer l'épargne annuelle nécessaire pour produire le capital de 1.093 fr. 60, nous chercherons à calculer tout d'abord la somme produite, à l'époque où l'intéressé atteint l'âge de 60 ans, par quarante versements annuels égaux à un franc, effectués de 20 à 59 ans.

Le versement de un franc effectué à 20 ans aura pro-

ces sur la vie, p. 21 et 22. Il suffit d'ailleurs de prendre un nombre de rentiers assez considérable pour avoir une probabilité aussi grande que l'on voudra de voir la mortalité effective concorder avec celle de la table (*id.*, p. 15).

(1) En général, les arrérages des pensions sont versés en fin d'année aux intéressés et le premier de ces arrérages est alloué à la fin de l'année de la mise à la retraite. On dit que *l'âge d'entrée en jouissance* est de 59 ans lorsque le premier terme de la pension est versé, comme dans notre espèce, à 60 ans.

(2) C'est-à-dire placés à intérêts composés.

duit, au moment où l'intéressé atteindra 60 ans, c'est-à-dire après 40 ans de capitalisation, une somme égale à $1 \times 1{,}03^{40}$.

Le versement suivant, capitalisé pendant 39 ans aura produit une somme de $1 \times 1{,}03^{39}$ à la même époque, et ainsi de suite. Le dernier versement, effectué à 59 ans donnera $1 \times 1{,}03$.

L'ensemble de ces sommes est donc représenté par l'expression suivante :

(6) $A = 1\,(1{,}03 + 1{,}03^2 + 1{,}03^3 + \ldots + 1{,}03^{39} + 1{,}03^{40}) = 77$ fr. 6633

Le capital de 77,6633 étant produit par des versements annuels de un franc, il faudra donc, pour obtenir un capital de 1.093 fr. 60 verser, de 20 à 59 ans inclusivement, une cotisation annuelle :

$$\underset{3-20}{A} = \frac{1.093{,}60}{77{,}6633} = 14.0813$$

dans les conditions ci-dessus indiquées.

Des calculs analogues permettraient d'obtenir les versements annuels à effectuer, à partir d'un âge quelconque, pour obtenir le même résultat.

C'est ainsi que l'on trouve

$$\underset{3-30}{A} = 22{,}3172 \text{ et } \underset{3-40}{A} = 39{,}5138.$$

Variations du taux annuel avec le taux du placement. — Nous observerons que la valeur de A donnée par l'expression (6) varie dans le même sens que le taux de l'intérêt, chacun des termes de la parenthèse augmentant ou diminuant avec cette quantité.

Il en résulte que la cotisation annuelle ou prime devra être d'autant plus forte que le taux de l'intérêt sera moins élevé.

Cas particulier. — Si le taux de l'intérêt est nul, l'expression (6) devient :

$$(6)\quad A = 1\,(1+1+\ldots+1) = 40$$

Et l'on a, par suite :

$$a_{0-20} = \frac{1.093,60}{40} = 27 \text{ fr. } 34$$

Ce résultat, qu'il a été aisé de prévoir *a priori*, correspond au cas où l'intéressé se contenterait de mettre, chaque année, son épargne dans un bas de laine.

Vérification des calculs relatifs aux cotisations. — Il suffit, pour vérifier les résultats précédents, d'évaluer la somme obtenue par la capitalisation de chacune des cotisations pendant le nombre d'années correspondant.

Si nos calculs sont exacts, le versement annuel de 345 cotisations doit produire le capital de 377. 293 fr., soit 345 × 1.093, 60, à la fin de la période de capitalisation considérée. Le tableau ci-après (1) montre qu'il en est bien ainsi, en réalité.

Il est facile, d'ailleurs, de se rendre compte que les résultats obtenus sont indépendants de l'âge des participants.

---

(1) Extrait d'une *Note concernant l'organisation rationnelle d'une Caisse de pensions de retraite* due à M. A. Bégault et publiée dans le volume des *Travaux des membres de la commission des pensions ouvrières*, p. 31 et s. — Publication de l'Office du travail belge (Bruxelles, Hayez, 1900.)

Résultats obtenus par la capitalisation de 345 cotisations annuelles (taux de 3 %).

Après	20 versements annuels de 39,5138 soit au total 13632 fr.	30 versements annuels de 22,3172 en tout 7.699 fr.	40 versements annuels de 14,0813 en tout 4.858 fr.
	pour les 345 participants		
0 année	13.632	7.699	4.858
5 années	74.547	42.104	26.566
10 —	160.967	90.913	57.363
15 —	261.152	147.497	93.065
20 —	377.293	213.097	134.454
25 —		289.137	182.435
30 —		377.293	238.058
35 —			302.540
40 —			377.293

2° *Constitution du capital nécessaire au service des rentes au moyen de versements viagers antérieurs au payement de la première annuité viagère.* — Nous n'avons pas tenu compte, jusqu'à présent, des chances de mortalité.

Or, si nous consultons la table de Quetelet, nous pouvons constater que le groupe de 345 personnes âgées de 60 ans, pris pour base des calculs précédents, peut être considéré comme le résidu d'un groupe plus important, dont les membres seraient moins âgés ; par exemple, d'un groupe comprenant 511 individus âgés de 40 ans, ou bien 635 personnes âgées de 20 ans.

Nous allons chercher, en nous plaçant dans cette dernière hypothèse, quelle devrait être la cotisation annuelle et viagère — ou prime, — à verser par chacun des membres du groupe considéré pour constituer le capital de 377.293 fr., nécessaire au service des annuités viagères de 100 fr. des 345 survivants à l'âge de 60 ans.

Le groupe initial peut être considéré, dans ce cas, comme une véritable *mutualité de retraite* dans laquelle les cotisations des disparus viennent augmenter la part des survivants.

Il est certain que tous les affiliés de la première heure ne seront pas appelés à bénéficier de la pension et que les rentiers n'en jouiront pas dans la même mesure ; cependant, les chances de survie étant les mêmes pour tous, cette solution est en harmonie avec les principes de justice et de solidarité qui doivent former la base des institutions de prévoyance.

Calcul de la cotisation annuelle et viagère dans le cas d'un groupe de 635 individus âgés de 20 ans. — Nous chercherons tout d'abord quel est le capital produit par la capitalisation de versements annuels et viagers de un franc.

Le nombre des cotisations de 1 franc étant égal, chaque année, au nombre de survivants indiqué par la table de Quetelet, il en résulte qu'il entrera dans la caisse de la mutualité de retraite considérée des sommes égales à 635 fr., au début de la première année, 629 fr., au début de la deuxième année, puis 623 fr., 610 fr., ... etc., et enfin, 346 fr. au début de la 40ᵉ année, alors que les survivants ont atteint l'âge de 59 ans.

A l'époque où les survivants du groupe initial atteindront 60 ans, et recevront la première annuité viagère (1), les premières cotisations auront été capitalisées pendant 40 ans ; elle auront produit, en conséquence, une somme égale à :

$$635 \times 1{,}03^{40}.$$

(1) On dit, dans ce cas que l'âge *d'entrée en jouissance de la rente* est 59 ans, les arrérages étant versés à terme échu.

Les 629 cotisations versées par les survivants, à 21 ans auront produit, à la même époque.

$$629 \times 1{,}03^{39}$$

et ainsi de suite, jusqu'aux 356 cotisations des survivants âgés de 59 ans, qui, placées pendant un an, produisent une somme égale à

$$356 \times 1{,}03.$$

L'ensemble des versements de 1 fr. effectués par les survivants, aura donc produit, au bout de 40 ans, un capital représenté par l'expression suivante :

$$(7) \quad {}_{3-60}C = 635 + 1{,}03^{40} + 629 \times 1{,}03^{39} + 623 \times 1{,}03^{38} + \ldots$$
$$\ldots + 367 \times 1{,}03^{2} + 356 \times 1{,}03 = 41.490 \text{ fr. } 61.$$

Le capital de 41.490 fr. 61 étant obtenu au moyen de cotisations de 1 fr., il faudra, pour produire le capital de 377.293 fr. nécessaire au service des annuités viagères des 345 survivants âgés de 60 ans, verser une prime annuelle et viagère p égale à

$$(8) \quad \overset{(1)}{{}_{3-60}p^{20}} = \frac{377.293}{635 \times 1{,}03^{40} + \ldots + 356 \times 1{,}03} = \frac{377.293}{41.490{,}61} = 9{,}09344$$

La cotisation annuelle à verser dans ces conditions est donc notablement inférieure à celles que nous avions obtenues dans les hypothèses précédentes. Ce résultat pouvait être prévu d'avance, puisque les survivants bénéficient des versements effectués par les disparus.

---

(1) ${}_{3-60}p^{20}$ représente la prime correspondant à des versements effectués de 20 à 60 ans (non compris), le taux de capitalisation étant égal à 3 %.

Remarque 1. — En rapprochant les expressions (2) et (8), on voit qu'il est possible d'écrire :

$$(8)' \quad p_{3-60} = \frac{C_{3-60}}{c_{3-60}} = \frac{100\left(345 + \frac{334}{1,03} + \frac{322}{1,30^{2}} + \dots\dots + \frac{1}{1,03^{38}}\right)}{635 \times 1,03^{40} + 629 \times 1,03^{39} + \dots + 356 \times 1,03}$$

Lorsque le taux de capitalisation diminue, tous les termes du numérateur augmentent, à l'exception du premier et tous les termes du dénominateur diminuent ; par suite, le numérateur augmente tandis que le dénominateur diminue, et *la fraction augmente*.

D'autre part, si l'âge du versement de la première annuité viagère est reculé, — s'il est reporté à 61 ans, par exemple, — l'expression de la prime devient :

$$(8)'' \quad p^{20}_{3-61} = \frac{C_{3-61}}{c_{3-61}} = \frac{100\left(334 + \frac{322}{1,03} + \dots\dots + \frac{1}{1,03^{37}}\right)}{635 \times 1,04^{41} + 629 \times 1,03^{39} + \dots + 345 \times 1,03}$$

Le numérateur de cette fraction étant plus petit et son dénominateur plus grand que ceux de p_{3-60}, la valeur de p^{20}_{3-61} est donc inférieure à celle de p^{20}_{3-60}.

Nous pouvons tirer de ces remarques la conclusion suivante :

La cotisation ou prime doit être d'autant plus forte que le taux de l'intérêt est plus faible et que l'âge de la retraite est moins reculé.

D'une façon plus générale, on peut dire que *la prime annuelle et viagère varie en sens inverse du taux de l'intérêt et de l'âge fixé pour l'entrée en jouissance.*

Il suffit, d'ailleurs, ainsi que nous l'avons vu, *de reculer l'âge de la retraite pour compenser la diminution du taux de l'intérêt* (1).

Remarque 2. — Dans le cas limite où le taux de l'intérêt serait nul, on aurait :

$$p^{20}_{0\text{-}60} = \frac{100\ (345 + 334 + \ldots\ldots + 1)}{635 + 629 + \ldots\ldots + 356}$$

$$= \frac{479.700}{20.320} = 23 \text{ fr. } 60$$

Remarque 3. — Dans le cas particulier où le capital serait constitué au moyen d'un versement unique effectué à l'âge de 20 ans, on aurait :

$$p^{20}_{3\text{-}60} = \frac{377 \times 292{,}57}{635 \times 1{,}03^{40}} = 182 \text{ fr. } 14.$$

C'est la *prime unique* ou prix d'achat d'une rente viagère de 100 fr. différée de 40 ans.

Il est possible, au moyen de calculs analogues à ceux qui précèdent, de déterminer : 1° la cotisation annuelle et viagère nécessaire pour acquérir une pension viagère donnée à un âge quelconque ; 2° la rente viagère que l'on peut acquérir, soit au moyen d'un versement unique, soit par des versements annuels, — soit encore, par conséquent, par une série de primes uniques versées à des âges différents.

Le dernier cas est celui dont l'application se présente le plus fréquemment en matière de retraites ouvrières, puisque les versements effectués par les intéressés, en vue de la constitution d'une pension, ne peuvent pas, dans la

(1) Consulter P. Soulier, *op. cit.*, p. 198.

pratique, être égaux et effectués régulièrement, à cause de l'instabilité même de leur situation.

*
* *

Formation et absorption progressives du capital nécessaire au service des rentes. — Les résultats que nous venons d'obtenir vont nous permettre de suivre, d'année en année, la formation et l'absorption progressives du capital nécessaire au service des rentes viagères du groupe de de pensionnés considéré.

Nous croyons utile de rappeler que nous avons envisagé ce groupe, composé de 345 rentiers recevant à partir de 60 ans, une pension viagère de 100 fr., comme le résidu d'un groupe initial de 635 personnes versant, à partir de 20 ans et au début de chaque année, une cotisation viagère de 9 fr. 09344.

Formation du capital. — Nous avons vu que, chaque année, le nombre des cotisations perçues est égal au nombre de survivants indiqué par la table de Quetelet.

La somme ainsi encaissée étant supposée placée au taux de 3 %, il est facile de calculer, de proche en proche, le capital accumulé au début de chaque année ; il se compose de l'ensemble des cotisations versées par les survivants, augmentée de la somme capitalisée à 3 %, des fonds accumulés au début de l'année précédente.

C'est ainsi que, la première année, les 635 cotisations versées représentent une somme de

$$635 \times 9{,}09344 = 5.774{,}33.$$

A la fin de l'année, cette somme est devenue :

$$5.774{,}33 \times 1{,}03 = 5.947{,}56.$$

Au début de l'année suivante, l'encaisse se compose de

cette somme de 5947 fr. 56, augmentée des cotisations versées par les survivants âgés de 21 ans, soit :

$$5.947,56 + 629 \times 9,09341 = 11.667,33$$

dont la capitalisation à 3 % produit, à la fin de l'année 12.017 fr. 35..., etc., etc.

Les résultats obtenus de la sorte sont indiqués, de 5 en 5 ans, à la colonne 10 du tableau A ci-après (p. 38).

Absorption progressive du capital par les rentes servies. — A partir de l'époque où les survivants atteignent l'âge de 60 ans, le capital formé par la capitalisation des cotisations est absorbé peu à peu.

Il est également facile de suivre, d'année en année, la marche de sa disparition, en tenant compte des intérêts produits par les sommes qui restent en caisse après le prélèvement des pensions.

L'encaisse, au début de chaque année, se compose, en effet, de l'excédent de la somme produite par le placement, à 3 %, du capital restant au début de l'année précédente, sur le total des arrérages versés, qui est proportionnel au nombre des rentiers survivants.

C'est ainsi que, ces premières rentes étant prélevées, il reste, sur le capital calculé ci-dessus, une somme disponible de :

$$377.292,57 - 34.500 = 342.792,57.$$

Cette somme, étant placée à 3 %, produit, au bout d'un an, un intérêt égal à :

$$342.792,57 \times 0,03$$

et le capital disponible à l'époque où les survivants du groupe atteignent 62 ans est égal à :

$$342.792,57 + 342.792,57 \times 0,03$$
$$= 342.792,57 \times 1,03 = 353.076,36.$$

Les rentiers survivants étant alors au nombre de 322, d'après la table de Quetelet, il faut prélever, sur ce capital disponible, une somme de 32.200 francs ; il restera donc, après ce prélèvement,

$$353.076,36 - 32.200 = 319.676,35$$

Cette somme, placée à 3 %, aura produit, au moment où les survivants atteignent 63 ans, un capital égal à

$$319.676,35 \times 1,03 = 329.266,65.$$

Et ainsi de suite.

Les résultats ainsi obtenus sont indiqués ci-après ; ils sont résumés dans la colonne 10' du tableau A. (p. 38).

Age	Nombre des survivants.	Capital net restant au début de chaque année (pensions déduites). (C)	Ensemble des pensions de 100 fr. payées chaque année.	Capital à la fin de chaque année (C × 1,03)
		377.292 57 (1)		
60	345	342.792 57	34.500	353.076 35
1	334	319.676 35	33.400	329.266 64
2	322	297.066 64	32.200	305.978 17
3	310	274.978 64	31.000	283.228 »
4	297	253.528 »	29.700	261.133 84
5	284	232.733 84	28.400	239.715 85
6	271	212.615 85	27.100	218.994 32
7	257	193.294 32	25.700	199.093 15
8	244	174.693 15	24.400	179.933 94
9	230	156.933 94	23.000	161.641 95
70	216	140,041 96	21.600	144.243 22
1	201	124.143 22	20.100	127.867 52
2	186	109.267 52	18.600	112.545 54
3	170	95.545 54	17.000	98.411 90
4	154	83.011 90	15.400	85.502 26
5	139	71.602 26	13.900	73.750 33
6	125	61.250 33	12.500	63.087 84
7	111	51.987 84	11.100	53.547 47
8	99	43.647 47	9.000	44.956 89
9	86	36.356 89	8.600	37.447 60
80	75	29.947 60	7.500	30.846 03
1	65	24.346 03	6.500	25.076 41
2	55	19.576 41	5.500	20.163 70
3	46	15.563 70	4.600	16.030 61
4	38	12.230 61	3.800	12.597 53
5	31	9.497 53	3.100	9.782 45
6	25	7.282 45	2.500	7.500 92
7	20	5.500 92	2.000	5.665 95
8	15	4.165 95	1.500	4.290 93
9	12	3.090 93	1.200	3.183 66
90	9	2.283 66	900	2.352 17
1	7	1.652 17	700	1.701 72
2	5	1.201 72	500	1.237 77
3	4	837 77	400	862 90
4	3	562 90	300	579 79
5	2	379 79	200	391 18
6	2	191 18	200	196 91
7	1	96 91	100	99 82
8	1	» »	100	
9	0			

(1) Capital destiné à assurer le service des pensions.

Il reste donc, à l'époque où le versement du dernier arrérage doit être opéré, une somme suffisante pour faire face à cette dernière charge de l'institution.

Le capital de 377.293 francs est, par suite, *nécessaire* et *suffisant* pour assurer le service des pensions viagères du groupe considéré, dans les conditions où nous nous sommes placés.

Remarque importante. — Il ne faut pas perdre de vue que le capital constitutif des rentes ne peut pas être employé à un autre usage (tel que des allocations de secours, de pensions aux veuves ou aux orphelins des membres du groupe), sous peine de détruire l'équilibre financier de la combinaison.

Tableau A et graphique correspondant (1)

Nous avons réuni en un seul tableau les resultats des calculs numériques correspondant aux différentes hypothèses que nous avons examinées, afin de permettre au lecteur de les comparer plus aisément.

Le graphique qui accompagne ce tableau permet, d'autre part, de suivre, dans chacune de ces hypothèses, la marche de l'accumulation et de la disparition progressives des sommes nécessaires au service des rentes. Il a été construit en prenant pour abscisses (2) des longueurs proportionnelles au nombre des années de capitalisation et pour ordonnées (3) des longueurs proportionnelles aux capitaux accumulés au début de chaque année. Les lignes ainsi obtenues portent, pour plus de commodité, les mêmes numéros que les colonnes du tableau A correspondantes.

---

(1) Pages 38 et 39.

(2) Longueurs portées sur la ligne horizontale O X.

(3) Longueurs portées parallèlement à la ligne verticale O Y.

Formation du capital nécessaire au service des rentes. — Les lignes 1, 2, 3, 4, 8, 10, 12, représentent la progression des sommes accumulées pour arriver à constituer le capital S K = 377.293 fr. nécessaire au service des pensions, dans les différents cas passés en revue ci-dessus.

Leur comparaison fait ressortir l'influence du taux de l'intérêt sur la durée de la période de capitalisation.

La comparaison des lignes 1, 2 et 3 montre en outre que, si l'on ne veut exiger, pour une période de capitalisation de vingt ans, qu'une cotisation de 22 fr., 3172, par exemple, (celle qui correspond normalement à une annuité de 7.699 fr. et à une période de capitalisation de 30 ans), il sera nécessaire de se procurer, au début de la période, une somme correspondant à la hauteur « 40 D », soit 90.913 fr., pour constituer le capital de 377.293 fr.

Lorsque les versements sont insuffisants, il faut donc constituer, soit au début, soit à un moment quelconque, un capital destiné à les compléter.

Il en serait de même si l'on considérait des cotisations viagères (cas de la ligne 8).

(A) *TABLEAU indiquant la formation et la disparition progressives du capital nécessaire au service de 345 pensions de 400 francs à des personnes âgées de 60 ans.*

Lignes du graphique		1	2	3	4	5	6	7	8	9	10	11	12	13	5
Durée de la capitalisation	Âge des affiliés	Résultats obtenus par 345 cotisations annuelles — au taux de 3 % : De 39 f. 5138 pendant 20 ans	De 22 f. 3172 pendant 30 ans	De 14 f. 0813 pendant 40 ans	De 27,34 pend. 40 ans sans intérêt	Nombre de survivants (Quetelet)	Résultats obtenus avec des primes viagères de 9 fr. 09344 capitalisées pendant 40 ans au taux de 3 % : Cotisations par année	Total des cotisations versées	Cotisations capitalisées		Capital au début de l'année	Réserves (Pensions déduites)	Cas de 635 cotisations uniques capitalisées à 3 %	Marche de l'encaisse lorsque le taux est nul — Primes viagères de 23 fr. 607	Nombre des survivants
0	20			4.858	9.432	635	5.774	5.774	5.774		5.774	5.774	115.661	14.990	635
5	25			26.566	56.594	604	5.492	33.800	36.471		36.471	36.471	134.083	87.747	604
10	30		7.699	57.363	103.755	573	5.210	60 399	70.539		70.539	70.539	155.439	156 798	573
15	35		42.101	93 065	150,917	543	4.938	85.633	108.586		108.586	108 586	180.196	222.307	543
20	40	13.632	90,913	134,454	198.078	511	4 647	109.439	151.177		151.177	151.177	208.897	284.110	511
25	45	74.547	147 497	182.435	245.240	476	4.328	131.718	198.932		198.932	198.932	242.168	341 947	476
30	50	160 967	213.097	238.058	292.410	440	4.001	152.397	252.595		252.595	252.595	280.739	395.630	440
35	55	261.152	289.137	302,540	339,563	397	3,610	171.257	312.877		312.877	312.877	325.454	444.591	397
40	60	377.293	377.293	377.293	377 293	345	0	201.867	377.293		377.293	377.293	377.293	479.700	345
		Prélèvement annuel de 345 pensions de 100 fr. ; capital accumulé au début de l'année, avant le prélèvement des pensions.					Prélèvement annuel de pensions de 100 fr. pour les survivants, à partir de 60 ans.								
							Pensions par année	Total des pensions	Cotisations capitalisées	Pensions capitalisées					
40	60	377.293	377.293	377.293	377.293	345	34.500	34.500	377.293	34.500	377.293	342.793	377.293	479.700	345
45	65	248.725	248.725	248.725	204.790	284	28.400	189.200		204.651	261.134	232.734	261.134	318.900	284
50	70	99.681	99.681	99.681	32.290	216	21.600	311.000	507.050	367 008	161.642	140.042	161.642	190.300	216
55	75					139	13.900	396.000		516.207	85.502	71.602	85.502	97.600	139
60	80	Le capital est réduit à 33.615 fr., dans ces trois cas, au début de la 53e année ; il est donc totalement absorbé en moins de 14 ans			Le capital est totalement absorbé à la fin de la 50e année, c'est-à-dire en moins de 11 ans.	75	7.500	445.600	681.433	651.484	37.448	29.948	37.448	41.600	75
65	85					31	3.100	469.100		780.469	12.597	9.497	12.597	13.700	31
70	90					9	900	477 200	915.789	913.504	3.184	2.284	3.184	3.400	9
75	95					2	200	479.300		1 061.269	580	380	580	600	2
78	98					1	100	479.700	1.160.094	1.160.093	100	0	100	100	1
79	99					0	0				0		0	0	0
Ligne correspondante du graphique		Ligne 1' : 1	2	3	4'	5	6'	7'	8'	9	10'	11'	12	13'	5

(Les chiffres des colonnes 1, 2 et 3 sont empruntés au mémoire de M. Bégault. Travaux des membres de la Con des Pensions.)

Formation et absorption progressives du Capital nécessaire au service de 345 pensions viagères de cent francs.

(le premier arrérage étant versé à soixante ans)

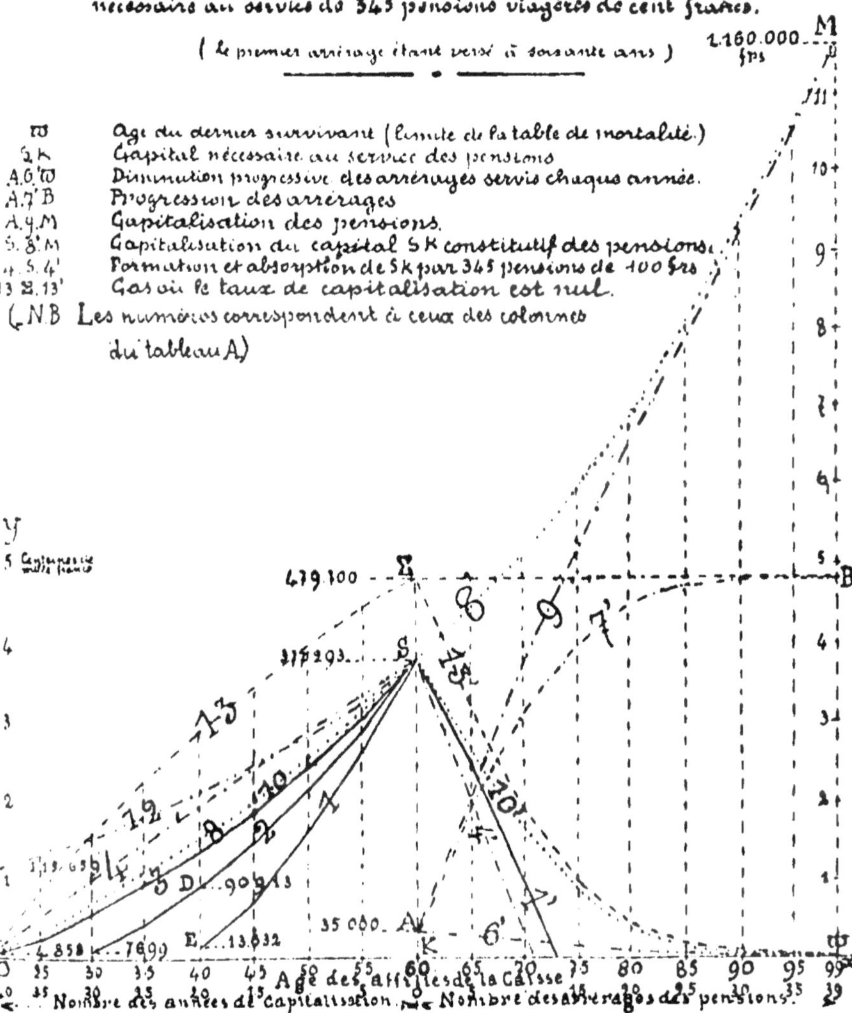

N.-B. — Les ordonnées sont proportionnelles aux nombres indiqués dans les diverses colonnes du tableau A.

Variations, avec le taux de l'intérêt, du capital constitutif des rentes. — S K représente le capital C constitutif des rentes. Nous avons montré que ce capital varie dans le même sens que le taux de l'intérêt.

Le point S se confond avec Σ lorsque le taux de l'intérêt est nul ; il se rapproche de K lorsque ce taux augmente.

Le point S sera donc d'autant plus rapproché de Σ que le taux de l'intérêt sera moins élevé. Il se déplacera de Σ jusqu'à K lorsque ce taux, partant de 0, augmentera indéfiniment.

Disparition progressive du capital. — Les lignes 1', 4', 10', représentent la diminution progressive du capital S K, à partir du moment où les arrérages des pensions sont servis aux rentiers. 1' et 4' correspondent au cas de 345 pensions annuelles, dans les cas où le capital S K est placé à un taux de 3 %, ou bien lorsqu'il ne produit pas d'intérêt.

La ligne 10' représente la variation des sommes accumulées, lorsqu'il est tenu compte, à la fois de l'intérêt des cotisations versées et de la mortalité. La comparaison de ces trois lignes montre que l'absorption du capital est retardée : 1° par le jeu de l'intérêt (lignes 4' et 1'), et 2°, par l'influence de la mortalité (lignes 1' et 10').

Cas où le taux de l'intérêt est nul. — La somme nécessaire au service des rentes est alors égale à 479.700 francs ; elle est représentée par Σ K. Les lignes 13 et 13' indiquent la progression et leur décroissance des capitaux, dans cette hypothèse, jusqu'à l'extinction du groupe.

Pensions. — Les sommes nécessaires chaque année au service des arrérages sont représentées par la ligne A $6'\omega$; elles décroissent de 35.000 francs à 0 — et la ligne 6' est identique à la courbe représentative de la mortalité de 60 à 99 ans pour la table de Quetelet.

Le total des arrérages suit une progression indiquée par la ligne A 7' B ; il atteint 179.700 francs (somme représentée par ω B) au moment de l'extinction du groupe.

La valeur, capitalisée à 3 °/₀, des sommes ainsi accumulées, est représentée par la ligne A 9 M : elle croît de 35.000 francs, (pour les 635 retraités âgés de 60 ans) à 1.160.093 francs (somme représentée par ω M).

Capitalisation du capital constitutif des pensions. — La ligne 8' représente la progression du capital S K, en supposant qu'il soit capitalisé à 3 °/₀ et qu'aucune pension ne soit prélevée.

Capitalisation des sommes nécessaires chaque année au service des arrérages. — La ligne 9 représente, d'autre part, la marche de l'ensemble des sommes absorbées par le service des rentes, ces sommes étant également capitalisées à 3 °/₀.

Encaisse nette ou réserves.—Le capital restant en caisse au début de chaque année, dans ces conditions, est représenté par la différence des ordonnées correspondantes des lignes 8' et 9.

Or, ces deux lignes se coupent au point M, sur la verticale du point ω ; par suite, le capital S K, capitalisé à 3 °/₀ est entièrement absorbé à la fin de la période représentée par K ω, c'est-à-dire à l'époque de l'extinction du groupe des rentiers.

L'examen des lignes 8', 9 et 7' fait ressortir également cette conclusion très importante *qu'au point de vue de l'ensemble des charges, il revient au même de servir annuel-*

lement les pensions (lignes 7' et 9) ou de constituer un capital S K, dans les conditions où nous sommes placés.

Il n'est pas inutile d'insister sur cette conclusion, car elle a été trop souvent perdue de vue dans la discussion des mérites relatifs des systèmes de la répartition et de la capitalisation.

Réserve des cotisations au profit des ayants-droit des affiliés décédés. — Considérons les lignes 8, 10 et 3 : elles représentent deux modes de formation du capital S K : le premier, par des cotisations viagères de 9 fr. 09344 et le second par 345 cotisations annuelles de 14 fr. 023, capitalisées, les unes et les autres, pendant 40 ans.

La différence des primes provient, ainsi que nous l'avons vu, de ce que les versements effectués par les affiliés dans le cas de la courbe 8-10, sont perdus au profit des survivants.

Si l'on exigeait que les versements capitalisés fussent restitués aux ayants-droit, il deviendrait nécessaire de relever la contribution de chacun des affiliés à 14,0813, et la ligne brisée 8-10 prendrait la forme de la ligne 3.

Calcul direct de la prime.

Principe de l'espérance mathémathique. — Il est d'usage courant, dans les publications relatives aux institutions de prévoyance, de dire que l'organisation financière de ces institutions doit être basée sur le *principe de l'espérance mathémathique.*

Nous croyons donc nécessaire de faire connaitre ce principe et de montrer comment il permet de calculer directement la cotisation annuelle que nous avons obtenue précédemment par une suite de raisonnements et de calculs plus élémentaires.

Rappelons, à cet égard, deux définitions :

1° On appelle *probabilité* d'un événement le rapport du nombre des cas favorables à l'arrivée de cet événement au nombre total des cas susceptibles de se réaliser, tous les cas étant supposés également possibles (1).

Ainsi, la table de Quetelet indique que, sur 635 Belges vivants à l'âge de 20 ans, il en survit 629 à 21 ans, 356 à 59 ans, 345 à 60 ans, etc.

La probabilité de survie d'un membre du groupe initial à l'âge de 21, 59 ou 60 ans, sera donc représentée, par définition, par l'une des fractions $\frac{629}{635}, \frac{356}{635}, \frac{345}{635}$.

2° On appelle *espérance mathématique* d'une somme C à recevoir *éventuellement* le produit de cette somme par la probabilité que l'on a de la gagner (1).

Il résulte de ces définitions que, si l'on désigne par p la cotisation ou prime viagère à verser par une personne actuellement âgée de 20 ans, *l'espérance mathématique* de cette somme aux âges de 21, 59 ou 60 ans est représentée par l'un des produits suivants :

$$p \times \frac{624}{635};\ p \times \frac{356}{635};\ p \times \frac{345}{635}.$$

De même, l'espérance mathématique correspondant au paiement des arrérages d'une pension de 100 francs à 60, 61, 62,... 98 ans est égale à $100 \times \frac{345}{635}$ pour 60 ans,

(1) Poterin du Motel, *Théorie des assurances sur la vie*, Paris, Warnier et Dulac, éd. 1899, p. 2 et 31.

$100 \times \frac{334}{635}$ pour 61 ans, etc.; $100 \times \frac{2}{635}$ pour 96 ans, et $100 \times \frac{1}{635}$ pour 97 ans et pour 98 ans.

Ceci posé, il est facile de calculer directement la cotisation annuelle à demander à chaque affilié âgé de 20 ans ou à verser pour lui, pour que les charges qu'il apporte à l'institution chargée du service des retraites soient strictement équivalentes aux avantages qu'il en pourra retirer éventuellement.

Nous observerons, en effet, que la somme des cotisations versées doit être égale à l'ensemble des arrérages qui pourront être servis, en tenant compte : 1° du jeu de l'intérêt (capitalisation des primes à 3 %, dans l'hypothèse choisie) ; 2° de la probabilité de survie à chacun des âges considérés.

Le tableau suivant indique les calculs correspondants : nous avons désigné par *p* la cotisation viagère cherchée.

La valeur de chacune des primes ou des pensions est calculée au moment du versement du premier arrérage, c'est-à-dire à l'époque où les survivants du groupe initial atteignent 60 ans.

	Prime annuelle.	Valeur de p à l'époque du payement du 1er arrérage (60 ans).	Probabilité de survie à chacun des âges considérés.	Espérance mathématique de chaque versement évalué à l'âge initial (20 ans).
20	p	$p.\ 1{,}03^{40}$	1	$p \times 1{,}03^{40}$
21	p	$p.\ 1{,}03^{39}$	$\frac{629}{635}$	$p \times \frac{629}{635} \times 1{,}03^{39}$
22	p	$p.\ 1{,}03^{38}$	$\frac{623}{635}$	$p \times \frac{623}{635} \times 1{,}03^{38}$
23	p	$p.\ 1{,}03^{37}$	$\frac{616}{635}$	$p \times \frac{616}{635} \times 1{,}03^{37}$
....	....	.....	.....	....
....	....	.....	.....	....
....	....	.....	.....	....
59	p	$p.\ 1{,}03$	$\frac{356}{635}$	$p \times \frac{356}{635} \times 1{,}03$

	Pension annuelle.	Valeur de la pension évaluée à l'époque du versement du 1er arrérage.	d°	Espérance mathématique de chaque arrérage évalué à l'âge initial (20 ans)
60	100	100	$\frac{345}{635}$	$100 \times \frac{345}{635}$
61	100	$100 : 1{,}03$	$\frac{334}{635}$	$100 \times \frac{1}{1{,}03} \times \frac{334}{635}$
62	100	$100 : 1{,}03^{2}$	$\frac{322}{635}$	$100 \times \frac{1}{1{,}03^{2}} \times \frac{322}{635}$
....	....	.....	.....	....
....	....	.....	.....	....
96	100	$100 : 1{,}03^{36}$	$\frac{2}{635}$	$100 \times \frac{1}{1{,}03^{36}} \times \frac{2}{635}$
97	100	$100 : 1{,}03^{37}$	$\frac{1}{635}$	$100 \times \frac{1}{1{,}03^{37}} \times \frac{1}{635}$
98	100	$100 : 1{,}03^{38}$	$\frac{1}{635}$	$100 \times \frac{1}{1{,}03^{38}} \times \frac{1}{635}$

On devra donc avoir :

$$p \times 1{,}03^{40} + p \times \frac{629}{635} \times 1{,}03^{39} + \dots + p \times \frac{356}{635} \times 1{,}03$$

$$= 100 \times \frac{345}{635} + 100 \times \frac{1}{1{,}03} \times \frac{322}{635} + \dots + 100 \times \frac{1}{1{,}03^{38}} \times \frac{1}{635}$$

d'où l'on tire :

$$p^{20}_{s-60} = \frac{100\left(345 + \frac{322}{1{,}03} + \dots + \frac{1}{1{,}03^{38}}\right)}{635 \times 1{,}03^{40} + 629 \times 1{,}03^{39} + \dots + 356 \times 1{,}03}$$

expression identique à celle que nous avons déjà obtenue.

II

Cas d'une institution dans laquelle entrent, chaque année, un même nombre d'affiliés.

Nous supposerons maintenant que l'institution chargée d'assurer le service des rentes reçoive, chaque année, un nombre constant d'adhérents du même âge.

Les conclusions auxquelles nous venons d'aboutir seront applicables à chacun des groupes ainsi constitués et, par suite, à l'ensemble de ces groupes.

En particulier, la cotisation annuelle nécessaire et suffisante pour assurer le service des rentes d'un groupe déterminé permettra d'équilibrer, à chaque instant, les charges et les ressources de l'institution, aux écarts près qui pourront se produire entre la mortalité indiquée par la table et la mortalité effective des affiliés.

Nous allons, pour fixer les idées, étudier les variations susceptibles de se produire dans la population, les charges et les ressources d'une caisse recrutant chaque année 635 adhérents nouveaux, âgés de 20 ans.

Population de la caisse. — Le nombre total des affiliés se compose, à un moment quelconque, de l'ensemble des survivants de chacun des groupes entrés successivement dans la caisse.

C'est ainsi que, la 1re année, la caisse ou la mutualité comprend 635 personnes âgées de 20 ans ; au début de la 2e année, elle comprend les 629 survivants du groupe précédent, âgés de 21 ans et 635 affiliés nouveaux, âgés de 20 ans ; au début de la 3e année de fonctionnement, 635 nouveaux affiliés de 20 ans sont venus s'ajouter aux survivants des 2 groupes précédents, au nombre de 623, pour les survivants âgés de 22 ans, et de 629, pour ceux du deuxième groupe, âgés de 21 ans. Il est aisé d'obtenir, en procédant ainsi, de proche en proche, la population totale de la caisse au début d'une année quelconque.

Il est également facile de voir que la population de la caisse croit constamment jusqu'au début de la 99e année, époque à laquelle elle atteint la valeur suivante :

$$1 + 1 + 2 + ... + 635 = 25.117$$

Tous les membres du premier groupe ayant alors disparu, le nombre des entrées compense, chaque année, celui des décès ; il en résulte que *la population totale de la caisse reste constante à partir de l'époque de la disparition du dernier survivant du 1er groupe.*

Affiliés non retraités. — Nous remarquerons que le nombre des affiliés non retraités, c'est-à-dire âgés de 20 à 59 ans, dans l'exemple choisi, se confond avec la population totale de la caisse jusqu'à l'époque des premières mises à la retraite. Il croit donc de 635 à :

$$635 + 629 + ... + 356 = 20.320.$$

Les admissions à la retraite et les décès compensent ensuite chaque année, l'entrée des 635 affiliés nouveaux.

Il en résulte que *le nombre des affiliés non retraités*

reste constant à partir de l'époque des premières mises à la retraite.

Pensionnés. — Le nombre total des pensionnés se compose, chaque année, de la somme des survivants, âgés de 60 ans au moins, de chacun des groupes entrés dans la caisse à l'époque considérée.

Il est égal à 345 pour les premiers retraités ; l'année suivante, il se compose de 345 nouveaux retraités et des 344 survivants, âgés de 61 ans, du premier groupe de rentiers, et ainsi de suite.

Le nombre des pensionnés augmente ainsi jusqu'à la disparition du dernier survivant du premier groupe ; il est alors égal à

$$345 + 334 + 322 + \ldots + 2 + 1 + 1 = 4.797$$

et demeure ensuite constant.

Résumé. — L'existence d'une institution destinée à servir de retraites, dans les conditions où nous nous plaçons, peut se diviser en trois périodes bien distinctes, au point de vue de la population.

1° Le nombre des affiliés non retraités augmente jusqu'à l'année qui précède les premières mises à la retraite, et reste constant à partir de cette époque.

2° Le nombre des pensionnés, nul jusqu'alors, croît depuis l'année des premières mises à la retraite jusqu'à la disparition du dernier membre du premier groupe d'affiliés et devient également constant à partir de cette époque.

3° La population totale de la caisse (composée des cotisants et des retraités) atteint alors son maximum et reste constante.

On donne à cette 3e période le nom d'*état constant* ou de période du *roulement continu*.

Le graphique suivant permet d'embrasser d'un coup d'œil l'ensemble de ces résultats que l'on trouvera résumés, d'autre part, au tableau B, colonne 12.

VARIATIONS DE LA POPULATION D'UNE MUTUALITÉ DE RETRAITES.

Age de l'affiliation : 20 ans. — Retraite à 60 ans.

A, B, D, E, F. Population totale de la caisse.
A, B, C. Cotisants ou participants.
D', E', F'. Pensionnés.

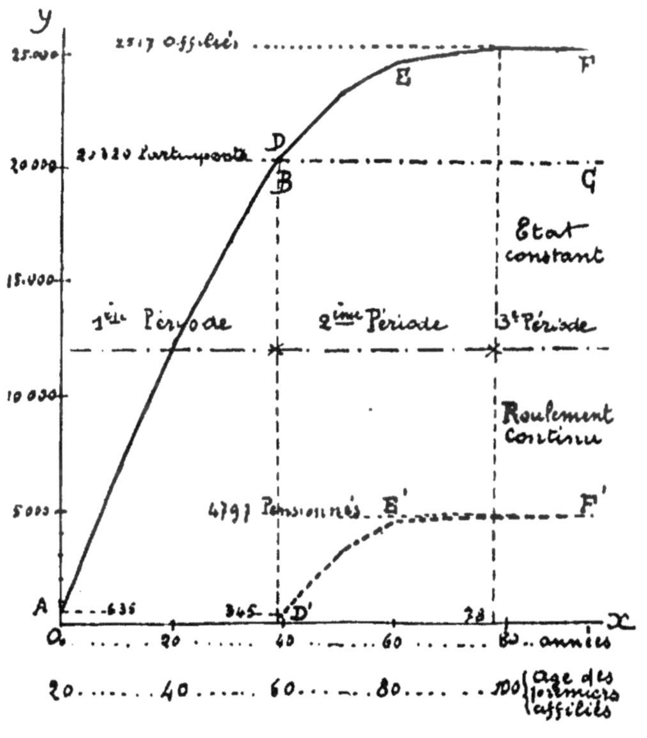

Charges annuelles. — Les sommes nécessaires pour payer les pensions chaque année sont proportionnelles au nombre des retraités survivants.

Elles suivent donc une progression analogue à celle de la population des retraités et leur maximum, pour des pensions de 100 fr., est égal à : 4797 × 100 = 479.700.

La progression des charges annuelles est donc représentée par une ligne semblable à la ligne D' E' F' de la figure 3. Nous l'avons indiquée, en résumé, dans la colonne 11 du tableau B (page 56).

Ressources de l'institution. — Les observations relatives à un groupe d'affiliés du même âge étant applicables à un ensemble de groupes analogues, il en résulte que, dans notre hypothèse, deux procédés peuvent encore permettre d'assurer le service des rentes viagères à servir par la caisse ou mutualité de retraites.

Nous rappelons que le premier consiste à répartir, chaque année, entre les affiliés non retraités, la somme nécessaire au payement des arrérages échus, sans qu'aucune provision ait été constituée à cet effet. Il a reçu le nom de *système de la répartition* des arrérages (1).

Le deuxième procédé consiste à accumuler, par avance, les sommes nécessaires à la constitution du capital destiné au service des pensions ; on le désigne sous le nom de *système de la capitalisation* (2).

---

(1) C'est celui qui est mis en pratique par l'Etat français, depuis 1857, pour le service des retraites de ses fonctionnaires ; les arrérages des pensions sont inscrits annuellement au budget de l'Etat.

(2) C'est celui qui est employé par les compagnies d'assurances sur la vie.

Système de la répartition. Progression des charges et des cotisations. — Nous avons montré quelle était, dans ce cas, la progression des charges annuelles de l'institution (p. 50.)

Si l'on suppose que le service des rentes est assuré au moyen des cotisations versées par les affiliés non pensionnés, il résulte de ce qui précède que, le nombre de ces derniers étant égal à 20.320 à partir de la quarantième année d'existence de la caisse, la cotisation annuelle sera égale

successivement à $\frac{34.500}{20.320} = 1$ fr. 69; $\frac{67.9\text{[illegible]}}{20.320} = 3$ fr. 34,

et, pour la 78ᵉ année, $\frac{479.700}{20.320} = 23$ fr. 60.

Elle restera constante à partir de cette époque, le nombre des retraités et, par suite, le total des arrérages, demeurant constants pendant la période de roulement continu.

Il résulte de ce qui précède que, *dans le système de la répartition, les charges de la caisse et les cotisations ou primes annuelles, nulles jusqu'à l'époque des premières mises à la retraite, croissent ensuite chaque année pour atteindre une valeur qui reste constante à l'époque du roulement continu.*

Nous ferons observer que, dans ce système, les affiliés de la première heure sont avantagés au détriment de leurs successeurs dont la cotisation annuelle, à l'époque du roulement continu, est égale à plus de deux fois et demie celle qu'ils auraient eu à payer dans le système de la capitalisation.

Système de la capitalisation. — Dans le système de la capitalisation, l'ensemble des cotisations versées par les affiliés d'un groupe permet d'assurer les retraites des survivants de ce groupe.

Nous avons montré comment il est possible de calculer, dans ce cas, la prime ou cotisation annuelle et viagère nécessaire pour assurer, à toute époque, l'égalité des charges et des ressources correspondantes au groupe considéré (1).

Nous nous proposons maintenant d'étudier la progression des capitaux accumulés dans une caisse composée d'un ensemble de groupes semblables et de faire ressortir la nécessité qui s'impose, pour un organisme de cette nature, de constituer des *réserves* destinées à maintenir, pendant toute la durée de son fonctionnement, l'équilibre financier indispensable à la réalisation de ses engagements (2).

Progression de l'encaisse. Couverture complète par des primes annuelles. — Les *recettes annuelles* sont proportionnelles au nombre des affiliés non retraités (cotisants ou participants), à l'époque considérée.

La prime annuelle et viagère étant de 9 fr. 09344, la somme encaissée chaque année variera de : 635×9,09344 =5.774 fr. 33, pour la 1re année, à : 20.320×9,09344= 184.778,67 pour la 39e année ; elle restera constante à partir de cette époque (tableau B, colonne 8) (3).

---

(1) Pages 28 et s.

(2) La prime ou cotisation annuelle et viagère porte, dans ce cas, le nom de *prime* ou *cotisation normale* et l'on dit que les charges de la caisse sont *couvertes* par ses ressources.

Lorsque la prime demandée effectivement est égale à la prime normale, on dit que la *couverture est complète;* dans le cas contraire, la *couverture* est dite *incomplète.*

(3) Voir p. 56.

Il est d'ailleurs possible de calculer aisément les recettes correspondantes à une année quelconque, en additionnant les cotisations versées par les survivants de chacun des groupes entrant, à ce moment, dans la composition de la caisse, c'est-à-dire en faisant la somme des nombres inscrits au tableau B, colonne 6, relatifs à chacun de ces groupes.

Remarque. — A l'époque du roulement continu, les charges annuelles s'élèvent à 479.700 francs, tandis que les recettes ne dépassent pas 184.778 francs.

Il faut donc, pour que le service des pensions viagères soit assuré, que la différence, soit 294.922 francs, soit comblée par le revenu des capitaux accumulés dans la caisse à cette époque. Nous vérifierons bientôt qu'il en est réellement ainsi.

Réserves. — Pendant les 39 premières années de son fonctionnement, la caisse n'a aucune dépense à faire, et les primes versées sont accumulées avec leurs intérêts.

A partir de la mise à la retraite des premiers adhérents, l'encaisse est diminuée, au début de chaque année, du montant des arrérages échus.

Il est aisé de calculer le capital en caisse au début de chaque année, en remarquant que ce capital se compose de l'ensemble des encaisses de chacun des groupes entrés à ce moment dans l'institution. Nous avons reproduit, aux colonnes 4 et 5 du tableau B, les nombres indiquant la marche des capitaux dans une caisse comprenant un seul groupe ; si l'on considère une caisse ou mutualité de retraites dans laquelle entrent successivement des groupes analogues, les nombres inscrits dans la colonne 4 représentent les sommes accumulées par chacun d'eux, après un certain nombre d'années de capitalisation ; la somme de ces nombres donnera donc l'encaisse totale d'une institution telle que celle dont nous étudions le fonctionnement, à une époque quelconque de son existence.

Ainsi, lorsque les affiliés du premier groupe atteignent 25 ans, l'encaisse totale comprend les sommes accumulées par les groupes d'affiliés âgés de 24, de 23, de 22, 21 et 20 ans, soit 125.485 francs en chiffres ronds. Il suffit, en conséquence, d'ajouter chacun des nombres de la colonne 4 à la somme des nombres précédents pour obtenir, de proche en proche, la progression annuelle des sommes accumulées, déduction faite des pensions, s'il y a lieu.

Nous avons indiqué les résultats de ces calculs, en les résumant, au tableau B, colonnes 7, 8, 9, 10 et 11, (p. 56.)

Tableau B. — *Remarques.* — L'examen des chiffres de la colonne 7 montre que le capital accumulé (déduction, faite des sommes nécessaires au service des pensions) croît constamment depuis l'origine de l'institution jusqu'à l'époque de l'extinction du premier groupe d'affiliés et reste constant à partir de l'époque du roulement continu (9.830.715 fr., dans l'exemple choisi).

Les sommes ainsi accumulées ont reçu le nom de *réserves* ; elles permettent de faire face à l'insuffisance des recettes annuelles à partir du moment où les charges deviennent supérieures aux recettes (vers la 45e année de fonctionnement, dans notre espèce).

Nous ferons observer qu'à l'époque du roulement continu, l'intérêt annuel des réserves, soit : 294.921 fr. 40, à 3 %, augmenté des cotisations annuelles, c'est-à-dire 184.778 fr. 60, donne le total de 479.700 fr. nécessaire au service des pensions.

Ainsi se trouve vérifiée l'exactitude de la proposition que nous avions énoncée dans la remarque précédente (1), à savoir que :

A partir du roulement continu, l'intérêt des réserves augmenté des cotisations annuelles donne un total égal à l'ensemble des arrérages des pensions à servir.

CALCUL DIRECT DES RÉSERVES A L'ÉPOQUE DU ROULEMENT CONTINU. — Cette remarque nous permettra de calculer directement le capital des réserves dans diverses hypothèses.

Couverture par primes uniques versées au début de l'affiliation. — Ainsi, dans le cas où la couverture est assurée par des primes uniques versées au moment de l'affiliation, nous avons trouvé, pour la cotisation, une valeur de 182 fr. 144 (2).

A l'époque du roulement continu, la caisse reçoit chaque année une somme de

$$635 \times 182.144 = 115.661,44$$

proportionnelle au nombre des entrants.

La somme affectée annuellement au service des pensions étant alors égale à 479.700 fr., on devra avoir, d'après la remarque précédente, en désignant par R le capital des réserves :

$$R \times 0,03 = 479.700 - 115.661,44$$

D'où l'on tire : R = 12.134.700 fr. en chiffres ronds.

Couverture par primes uniques versées au moment des mises à la retraite. — Lorsque l'on veut assurer le service des pensions par des versements effectués au

(1) Page 53. — (2) P. 31.

(B) *Système de la capitalisation. — Couverture complète par primes annuelles de 9 fr. 09344. — Retraite de 100 francs à 60 ans. — Taux, 3 %.*

Age.	Nombre d'années de capitalisation.	Survivants.	Cas d'un groupe d'affiliés du même âge. Capital au début de l'année (diminué des pensions).	En caisse à la fin de l'année.	Recettes annuelles du groupe.	Cas de groupes successifs du même âge. Entrée à 20 ans. Retraite à 60 ans. Capital net ou réserves au début de l'année.	Recettes annuelles.	Intérêt des réserves à 3 %.	Ressources annuelles totales (intérêt des réserves et cotisations).	Total des pensions servies chaque année.	Population.	Nombre d'années de capitalisation.	Age.
20		635	5.774 33	5.947 56	5.774 33	5.774	5.774 »	173	»		635		20
21	1	629	11.667 33	12.017 35	5 719 77	»	»	»	5.791		1.264	1	21
22	2	623	17.682 56	18.213 03	5.665 21	»	»	»	»		1.887	2	22
23	3	616	23.814 59	24.528 03	5.601 56	»	»	»	»		2.503	3	23
24	4	610	30.076 03	30.978 31	5.547 00	»	»	»	»			4	24
25	5	604	36.470 74	37.564 86	5.492 43	125.485	33.800 »	2.835	36.635		3.717	5	25
30	10	573	70.539 49	72.655 67	5.210 54	498.569	60.398 »	10.297	70.695		6.642	10	30
35	15	543	108.586 16	111 843 74	4.937 74	873.696	85.632 »	23.101	108.733		9.417	15	35
40	20	511	151.177 58	155.712 90	4.646 75	1.542.448	109.439 »	41.877	151.316		12.035	20	40
45	25		198.932 54	204.900 50	4.328 48	2.439.406	131.718 »	67 344	199 062		14.485	25	45
50	30		252.594 78	260.172 61	4.001 11	3.592.529	152 396 »	100.318	252.714		16.759	30	50
55	35		312 877 48	322.263 79	3.610 10	5.033.576	171.256 »	141.729	312 985		18.833	35	55
59	39	356	366.303 47	377.292 57	3.237 26	6.417.139	184.778 67	»	»		20.320	39	59
	40		377.292 57	»	0.000 00	»	184.778 67	192.514	377.292		20 320	40	60
60					Pensions.						Etat constant		
	40	345	342.792 57	353.076 35	34.500 »	»	»	»	»	34.500	345	40	60
61	41	334	319 676 35	329.266 64	33.400 »	»	»	»	»	67.900	679	1	61
62	42	310	297.066 64	305.978 17	31.000 »	»	»	»	»	100.100	1.001	2	62
65	45	284	232.733 84	239.715 85	28.400 »	8.137 914	184.778 67	245.375	430.153	189.200	1.892	45	65
70	50	216	140.041 96	144.243 22	21.600 »	9.015.494	184.778 67	270.464	455.212	311.000	3.110	50	70
75	55	139	71 602 26	73.750 33	13.900 »	9.499.065	184.778 67	284 971	469.749	396.000	3.960	55	75
80	60	86	29.947 60	30.846 03	8.600 »	9.722.254	184 778 67	291.667	476.445	445.600	4 456	60	80
85	65	31	9 497 53	9.782 45	3.100 »	9.803.469	184.778 67	294.104	478.882	469.100	4.691	65	85
90	70	9	2.283 66	2.352 17	900 »	9.825.793	184 778 67	294 773	479.551	477.200	4.772	70	90
95	75	2	379 79	391 18	200 »	9.830.427	184.778 67	294.912	479.690	479.300	4.793	75	95
96	76	2	191 18	196 91	200 »	»	»	»	»	»	»	76	96
97	77	1	96 91	99 82	100 »	»	»	»	»	»	»	77	97
98	78	1	00 00	0 00	100 »	9.830.715	184.778 67	294.921	479.699	479.700	4.797	78	98
99	79	0	0 00	0 00	0 »	Etat constant	Etat constant	Etat constant	Etat constant	Etat constant	Etat constant	80	99
1	2	3	4	5	6	7	8	9	10	11	12	13	14

Population (ages 20 to 60): Affiliés non pensionnés. — (ages 65 to 99): Pensionnés.

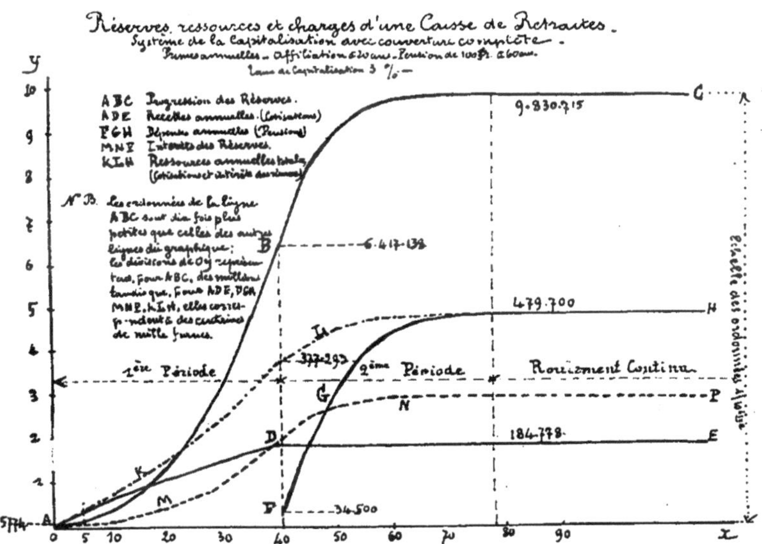

Réserves, ressources et charges d'une Caisse de Retraites.
Système de la Capitalisation avec couverture complète.
Primes annuelles – Affiliation à 20 ans – Pension de 100 fr. à 60 ans.
Taux de Capitalisation 3 %.
ABC Progression des Réserves.
ADE Recettes annuelles. (Cotisations)
FGH Dépenses annuelles (Pensions)
MNP Intérêts des Réserves.
KIH Ressources annuelles totales
N. B. Les ordonnées de la ligne ABC sont dix fois plus petites que celles des autres lignes du graphique; les divisions de Oy représentent, pour ABC, des millions tandis que, pour ADE, FGH, MNP, KIH, elles correspondent à des centaines de mille francs.
9.830.715
6.417.138
479.700
377.293
184.778
34.500
5774
1ère Période
2ème Période
Roulement Continu
y
x
0 5 10 20 30 40 50 60 70 80 90
1 2 3 4 5 6 7 8 9 10

moment des mises à la retraite, la prime unique correspondante doit s'élever à 1.093 fr. 60, le taux de capitalisation étant de 3 %.

L'ensemble des cotisations versées annuellement s'élèvera, dans ce cas, à

$$345 \times 1.093,60 = 377.292 ;$$

chaque cotisation sera de $\frac{377.292}{20336} = 18$ fr. 56, et l'on devra avoir :

$$R \times 0,03 = 479.700 - 377.292,$$

d'où : R = 3.413.600 fr.

Cas où le taux de l'intérêt est nul. — Cette méthode de calcul de R n'étant pas applicable au cas où le taux est nul, il faut alors procéder de proche en proche, comme nous l'avons fait plus haut.

On trouve ainsi que les réserves doivent s'élever, dans ce cas, à 29.408.300 fr. (en chiffres ronds), chiffre bien supérieur à ceux que nous avions obtenus précédemment.

Importance des réserves. — Si l'on compare le capital des réserves à l'époque du roulement continu aux charges annuelles de la caisse, on constate que ces réserves atteignent 61 % des charges, dans le cas de primes annuelles et viagères versées de 20 à 60 ans ; 75 %, au cas de primes uniques versées à 20 ans, et 21 % seulement, dans le cas de versements effectués à l'époque des premières mises à la retraite.

Le capital des réserves à l'époque du roulement continu permet donc de faire face à une part des charges de la caisse d'autant plus importante que le taux de l'intérêt est plus élevé et l'âge de la retraite plus reculé.

Liquidation de la caisse. — Le rôle des réserves est plus important encore, si l'on envisage l'éventualité d'une liquidation, c'est-à-dire le cas où les affiliations cesseraient à un moment donné.

S'il en est ainsi, les recettes annuelles diminuent à partir de l'ouverture de la liquidation pour s'annuler à l'époque de la mise à la retraite des derniers affiliés, et, l'excédent des charges sur les ressources augmentant chaque année, ce sont les réserves seules qui permettent d'assurer le service des rentes viagères jusqu'à la disparition du dernier survivant.

C'est à ce dernier point de vue qu'il serait nécessaire de constituer des réserves, dans le cas limite où le taux de l'intérêt deviendrait nul.

Résumé. — En résumé, l'existence d'une Caisse de retraites, normalement gérée, peut être divisée, au point de vue financier, en quatre phases distinctes.

1° Les recettes annuelles augmentent et atteignent un maximum à l'époque des premières mises à la retraite.

2° A partir de ce moment, les dépenses annuelles, nulles jusqu'alors, augmentent jusqu'à la disparition totale des affiliés du premier groupe

Les réserves augmentent jusqu'à cette époque.

3° *Période de roulement continu.* — Les recettes et les dépenses annuelles restent constantes, ainsi que les réserves ; le paiement des rentes est assuré par les cotisations et l'intérêt du capital des réserves.

4° *Période de liquidation.* — A partir de l'époque où la caisse cesse de recevoir de nouveaux affiliés, les cotisations, les pensions et les dépenses diminuent progressivement, ainsi que le capital des réserves, et s'annulent en même temps que ce dernier.

Couverture incomplète. — Les primes que nous avons calculées permettent d'équilibrer exactement, ainsi que nous l'avons vu, les recettes et les engagements de la Caisse de retraites.

Une prime ou cotisation annuelle inférieure à la prime normale correspondrait, en régime normal, à des pensions inférieures à 100 francs. Si, par conséquent, la caisse consentait à verser des pensions de 100 francs, les versements étant inférieurs à ceux que nous avons calculés, il en résulterait un déficit et, dès l'époque des premières mises à la retraite, les réserves seraient progressivement absorbées. Elles s'annuleraient d'autant plus vite que la prime versée différerait davantage de la prime normale que nous avons calculée. La caisse se trouverait donc, au bout d'un certain nombre d'années, dans la même situation qu'une institution pour laquelle aucune réserve n'aurait été constituée (1).

Comparaison des charges annuelles dans les divers systèmes étudiés. — Le graphique, p. 62, permet de comparer la marche des dépenses annuelles nécessaires pour assurer l'équilibre financier d'une institution de retraites telle que celle que nous venons d'étudier, dans chacune des hypothèses envisagées.

Il permet de constater aisément que c'est le système de la répartition qui entraine, à l'époque du roulement continu, les dépenses annuelles les plus élevées, tandis que le système de couverture complète par primes uniques

(1) Pour l'étude détaillée de ce cas, voir l'ouvrage de M. Soulier, *Pensions de retraites des chemins de fer français*, p. 211 et suiv.

versées au moment de l'affiliation est le plus avantageux à ce point de vue : les autres systèmes sont intermédiaires entre les deux précédents.

Le système de la couverture par primes uniques est appliqué par les Caisses de retraites de l'État en France, en Belgique et en Italie. Les pensions y sont constituées, en effet, par le versement d'une série de primes uniques.

Ces institutions délivrent à chacun de leurs adhérents, au moment de leur affiliation, un *livret individuel* (1) sur lequel sont portées les rentes acquises correspondant

(1) *Livret individuel et Fonds commun.* — Le livret individuel a l'avantage d'assurer au titulaire, dès l'époque où il effectue un versement, la pension correspondante.

On lui oppose le système du *fonds commun*, auquel les mutualités françaises ne semblent pas disposées à renoncer de sitôt, malgré les inconvénients qu'il présente.

Dans ce système, les cotisations destinées à alimenter les pensions de retraite sont versées à un *fonds commun inaliénable* sur lequel sont prélevées, à l'époque de la mise à la retraite, les sommes nécessaires au service des arrérages ; ces sommes font retour à la société lors du décès du titulaire d'une pension.

Si ce mode de constitution des pensions présente l'avantage d'accroître indéfiniment les ressources applicables au service des pensions, il a le grave inconvénient de favoriser les pensionnés de l'avenir, au détriment des affiliés de la première heure.

Il est juste d'observer que, si les mutualistes français se refusent encore à renoncer au *fonds commun*, cela tient surtout à ce que, dans le cas où chaque mutualiste reçoit un livret individuel, les sommes versées en son nom se trouveraient fréquemment perdues pour la société, au cas assez fréquent où, l'intéressé ayant cessé ses versements, il abandonne ou perd son livret ; il en résulterait que, non seulement son épargne, mais aussi les cotisations supplémentaires de la société resteraient acquises définitivement à la caisse des retraites, tandis que le *fonds commun* permet aux membres de la société d'en bénéficier.

La loi de 1898 permet cependant d'éviter cet inconvénient (*fonds libres*).

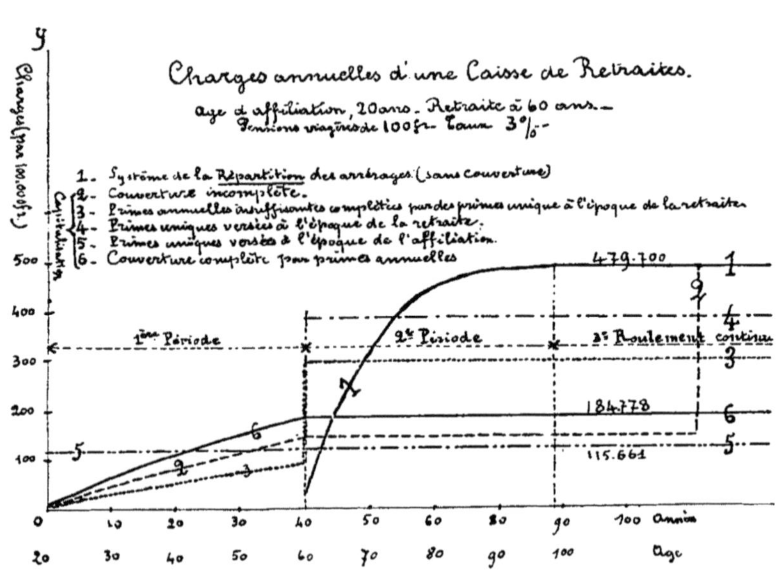
Charges annuelles d'une Caisse de Retraites.
Age d'affiliation, 20 ans. Retraite à 60 ans.
Pensions viagères de 100 fr. Taux 3 %.
1. Système de la Répartition des arrérages (sans couverture)
2. Couverture incomplète.
3. Primes annuelles insuffisantes complétées par des primes unique à l'époque de la retraite.
4. Primes uniques versées à l'époque de la retraite.
5. Primes uniques versées à l'époque de l'affiliation.
6. Couverture complète par primes annuelles
Capitalisation
Charges (par 100.000 fr.)
y
500
400
300
200
100
1ère Période
2e Période
3e Roulement continu
479.700
184.778
115.661
0
10
20
30
40
50
60
80
90
100
Années
20
30
40
50
60
70
80
90
100
Age

aux versements successifs, calculées à l'époque où ces versements sont effectués.

Il faut évidemment rejeter les systèmes dans lesquels les versements seraient insuffisants (1), puisqu'ils nécessitent (sous peine, pour la caisse, de ne pas tenir ses engagements) une élévation brusque des charges à l'époque des premières mises à la retraite. Nous ferons remarquer à cet égard que, dans un cas semblable, il est avantageux de compléter les versements le plus tôt possible, afin de ne pas tomber dans le cas de la ligne 2 (couverture incomplète), qui aboutit, au bout d'un certain nombre d'années, à des résultats aussi désavantageux que le système sans couverture (ligne 1).

Nous pouvons conclure de ce qui précède qu'au double point de vue de la répartition annuelle des charges et de leur importance à l'époque du roulement continu, c'est le système de la capitalisation avec couverture par primes annuelles qui présente les avantages les plus considérables.

Il ne faut pas oublier cependant que, *si l'on tient compte des intérêts capitalisés, les systèmes de la répartition et de la capitalisation nécessitent exactement les mêmes dépenses.*

En terminant, nous insisterons encore sur ce fait que, dans tous les systèmes de couverture complète, les ressources des premières années sont de beaucoup supérieures aux charges et que l'intérêt des réserves ainsi accumulées permet, avec les ressources annuelles, d'assurer

(1) Tel est le cas des Caisses de retraites des chemins de fer français (voir Soulier, *op. cit.*) et de la plupart des Caisses belges.

exactement le service des pensions jusqu'à la disparition du dernier affilié, en cas de liquidation.

Il est donc indispensable de constituer des réserves normales dans toute institution de retraites, sous peine de voir les dépenses annuelles atteindre, à l'époque du roulement continu, une importance beaucoup trop considérable — ou de se trouver un jour dans l'impossibilité de remplir les engagements antérieurs.

III. — Cas général

Dans la pratique, le nombre des affiliés qui entrent chaque année dans une institution de retraites n'est pas constant, ainsi que nous l'avons supposé, pour plus de simplicité, dans les exemples précédents. De plus, l'âge de l'affiliation est variable, ainsi que l'âge fixé pour l'entrée en jouissance de la rente. (1)

Il est permis, cependant, de considérer l'ensemble des affiliés d'une institution de ce genre comme étant composé d'un certain nombre de groupes analogues à ceux dont nous venons d'étudier le fonctionnement. La loi des grands nombres assurerait à cet organisme complexe un fonctionnement régulier en harmonie avec les principes que nous avons établis. Mais il est indispensable, pour que les résultats auxquels nous avons abouti soient applicables, que le nombre des adhérents de l'institution soit assez grand pour que les écarts entre leur mortalité et

---

(1) Les rentes viagères étant payées à terme échu, on dit que l'âge d'entrée en jouissance est 59 ans lorsque le premier arrérage de la pension est remis à l'intéressé à la fin de sa 59e année, c'est-à-dire lorsqu'il a atteint 60 ans, comme dans l'exemple numérique que nous avons choisi.

celle de la table choisie (celle de Quetelet, dans l'espèce), ne soit pas trop considérable.

C'est pourquoi la loi française de 1898 (1) a fixé à 1000 le nombre minimum des membres d'une mutualité de retraites pour l'autoriser à fonctionner d'une façon autonome.

En Belgique, on a même reculé devant les aléas de telles entreprises et les Sociétés de secours mutuels ne sont autorisées à servir des pensions à leurs membres que par l'intermédiaire d'une caisse unique (Caisse Générale d'épargne et de retraite) qui centralise tous les risques.

Pensions d'invalidité.

Un grand nombre des institutions de retraites qui fonctionnent actuellement en Europe ont été amenées à accorder à leur affiliés des pensions viagères ou des secours annuels en cas d'invalidité.

C'est ainsi qu'en France, les caisses de secours et de retraites des chemins de fer et des mines allouent des pensions aux victimes d'accidents et des retraites anticipées en cas d'invalidité prématurée.

La plupart des projets de loi relatifs aux retraites ouvrières prévoient des pensions de cette nature ; il en est ainsi, en particulier, du dernier projet soumis au Parlement français, projet qui fut repris au cours de la présente législature, avec certaines modifications, par MM. Millerand et Guieysse, députés.

En Allemagne, les caisses régionales et les caisses

(1) Plus exactement, le règlement d'administration publique prévu par l'article 15.

spéciales d'assurance contre l'invalidité et la vieillesse, instituées par la loi du 22 juin 1889, ont accordé, de 1891 à 1899, 833.185 pensions dont 477.930 pour l'invalidité; et l'on prévoit que, lorsque la loi aura atteint son plein fonctionnement, sur 100 assurés, il y aura *un* pensionné pour vieillesse (à 70 ans) et *onze* pensionnés pour invalidité (1).

En Autriche, les caisses d'assurance contre les accidents, instituées par la loi du 27 décembre 1887, ont payé 6.665.900 couronnes aux invalides en 1897 et les caisses de secours mutuels des ouvriers mineurs ont alloué 3.040.000 couronnes aux invalides, pendant la même année (2).

En Belgique, 40 % environ des secours distribués par les caisses de prévoyance des ouvriers mineurs ont été alloués par suite d'invalidité (3) et la Caisse de retraite et de secours des ouvriers des chemins de fer, postes et télégraphes, n'accorde de pensions viagères, en principe, que pour cause d'invalidité permanente (4).

Le rôle des caisses de pensions étendues à l'assurance contre l'invalidité semble donc appelé à devenir de plus en plus important, étant donné surtout le développement des assurances ouvrières dans la plupart des pays d'Europe.

Mais le fonctionnement normal d'une caisse destinée à

---

(1) Dr Zacher, *Guide pour l'assurance ouvrière de l'Empire allemand*, recomposé pour l'Exposition universelle à Paris. Ascher et Cie, éd. Berlin, 1900.

(2) Dr Kaan, *L'assurance ouvrière en Autriche*. Vienne, Imprimerie impériale-royale, 1900.

(3) Compte rendu de la Commission permanente de surveillance des caisses de prévoyance. Bruxelles. Narcisse, éditeur, 1902.

(4) Voir Statuts, arrêtés royaux du 28 décembre 1881 et 7 juillet 1894.

servir à ses adhérents des pensions viagères en cas d'invalidité permanente, ne peut être assuré qu'à la condition de posséder des données analogues à celles qui nous ont permis d'étudier le fonctionnement d'une institution de retraites pour la vieillesse.

Il sera indispensable, tout d'abord, de connaître, âge par âge, les risques d'invalidité courus par les membres de l'institution.

D'autre part, étant donné un groupe d'individus atteint d'invalidité, on a constaté, et il est facile de le concevoir *a priori*, que les lois qui régissent la mortalité générale ne lui sont plus applicables.

Sans qu'il soit nécessaire d'entrer ici dans les détails de la construction des tables de mortalité d'invalides, nous pouvons donc avancer que les barêmes des pensions viagères d'invalidité différeront de ceux que l'on a établis pour les pensions de vieillesse.

Malheureusement, on est loin de posséder sur la mortalité spéciale des invalides « des renseignements aussi » comparables et aussi dignes de foi que ceux qui consti- » tuent les tables de mortalité ordinaires » (1).

C'est ainsi que les données recueillies sur les institutions similaires dans des pays voisins de même race, tels que l'Allemagne et l'Autriche, offrent des différences beaucoup plus considérables que celles que fait ressortir la comparaison des tables de mortalité ordinaires dressées dans divers pays et à des époques diverses.

---

(1) L. Weber. *Étude sur les tables de mortalité d'invalides et sur les tables d'invalidité.* (Extrait du *Bulletin de l'institut des actuaires français*, octobre 1897).

Le problème est donc beaucoup moins simple en réalité qu'il ne semble l'être au premier abord (1).

Ces indications, bien que trop sommaires, nous le reconnaissons, suffiront cependant pour donner une idée de l'importance et de la complexité du problème.

Nous croyons d'ailleurs inutile d'insister davantage sur ce point, en raison de ce que, étant données les incertitudes mêmes qui règnent encore, en l'état actuel de la science actuarielle, sur le risque d'invalidité, la législation belge, qui fait l'objet principal de notre étude, s'est bornée à l'assurance contre la vieillesse.

Combinaisons diverses pratiquées par les Caisses de retraites.

Pour terminer cette étude, il nous reste à faire connaître succinctement les diverses combinaisons pratiquées le plus ordinairement par les Caisses de retraites.

Les exemples numériques que l'on trouvera ci-après

---

(1) Sur la construction des tables de mortalité d'invalides et sur les tables d'invalidité, consulter L. Weber, *op. cit.*, qui contient un exposé très clair et très complet des conditions du problème et de l'état de la question.

Voir également *La loi allemande d'assurance contre l'invalidité et la vieillesse*. Historique, analyse et critique par Th. Young, traduit de l'anglais par Georges Adam, publié en annexe des *Travaux de la commission des pensions ouvrières*, publication de l'Office du travail belge, Bruxelles, 1900.

Exposé des travaux préparatoires de la loi allemande du 22 juin 1889. Traduction française publiée par l'Office du travail belge, Bruxelles, 1895; *L'assurance contre l'invalidité et la vieillesse en Allemagne;* Critique mathématique de la loi du 22 juin 1889, par Louis Maingie. (Extrait de la *Revue* de l'université de Bruxelles; tome II. *Bulletin* de l'institut des actuaires français; comptes rendus des congrès internationaux d'actuaires, Bruxelles, 1895, Paris, 1900.

sont calculés à l'aide des tarifs de la Caisse Générale de Retraite du royaume de Belgique, basés actuellement sur la table de Quetelet et sur un taux de capitalisation de 3 %.

Rentes viagères différées et immédiates

Versements à capital aliéné ou abandonné. — Ainsi que nous l'avons fait observer au cours des explications qui précèdent, une rente viagère peut être différée ou immédiate, suivant que l'entrée en jouissance est fixée à l'époque du versement ou bien à une époque postérieure.

Le prix de la rente peut être versé en une seule fois (*prime ou cotisation unique*) ou bien chaque année, jusqu'à l'époque de l'entrée en jouissance.

Nous ferons observer que, *lorsque l'entrée en jouissance est fixée à 60 ans*, le premier arrérage de la rente est versé au bénéficiaire à *la fin de la 60e année*, si la rente est annuelle, ou bien à la fin du trimestre ou du semestre qui suit la date de l'entrée en jouissance si la rente est trimestrielle (1) ou semestrielle.

En principe, les cotisations ou primes sont acquises à la Caisse de retraites lorsque le membre participant vient à décéder avant l'époque fixée pour l'entrée en jouissance des rentes acquises par lui. Ce mode de versement est dit à *capital aliéné* ou *abandonné*.

Dans les Caisses de retraites gérées par l'État ou sous la garantie de l'État, en Belgique, comme en France, les

(1) C'est le cas, en particulier, des rentes servies par la Caisse Nationale des retraites, en France, et par la Caisse Générale, en Belgique.

rentes s'acquièrent par une succession de primes uniques.

Dans les contrats de rentes viagères différées souscrits par les compagnies d'assurances sur la vie, au contraire, c'est la prime annuelle qui est le cas le plus général.

Nous rappellerons d'autre part qu'il résulte des formules que nous avons établies que, toutes choses égales d'ailleurs, la rente acquise par un versement déterminé est d'autant plus faible que l'âge auquel est effectué ce versement est plus avancé.

Par exemple, une somme de 10 fr. versée à des âges différents produit à 65 ans, des rentes décroissantes et l'on peut remarquer, en se reportant aux tarifs, que la moitié de la rente finale est acquise avec le tiers des versements annuels à effectuer pour obtenir ce résultat. Il ne faudrait donc pas liquider une caisse de retraites en prenant comme base la proportionnalité de la retraite au nombre des versements annuels effectués.

Versements à capital réservé — Nous avons vu qu'une rente viagère peut s'acquérir, soit par le versement de primes successives, soit par le versement d'une prime unique. L'affilié peut stipuler, en outre, que les primes versées par lui seront remboursées à une personne désignée ou à ses héritiers ; c'est ce que l'on appelle la *réserve du capital*.

L'opération peut être envisagée des deux manières suivantes :

1° Versement d'une prime qui devra être conservée intacte, pour le remboursement, en cas de décès, les intérêts seuls devant servir à la constitution d'une rente viagère : cette manière de voir est particulièrement applicable au cas d'une prime unique, ou de primes uniques successives (1).

2° La prime versée peut être considérée comme se composant de deux parties, dont la première sert à l'acquisition d'une rente viagère et la seconde au payement de la prime d'une assurance vie entière correspondant au versement total effectué (2).

Pour un versement déterminé, il est donc clair que les rentes différées acquises à capital réservé, devront être inférieures à celles que l'on acquiert en versant à capital aliéné, puisque, dans ce dernier cas, le capital et les intérêts concourent à la formation de la rente viagère.

D'autre part, l'assurance vie entière étant d'autant plus coûteuse que l'âge de l'assuré est plus avancé, il en résulte que l'acquisition de rentes par des versements à capital réservé doit être d'autant plus désavantageuse que l'âge de l'affiliation est plus avancé.

C'est ce que fera mieux comprendre le tableau ci-dessous (3).

---

(1) C'est de cette manière qu'ont été calculés les tarifs.

(2) L'assurance *dite sur la vie* ou, plus exactement, l'assurance *en cas de décès*, est un contrat par lequel une personne appelée *assureur* s'engage à payer un capital déterminé au décès d'une autre personne (ou d'un groupe de personnes) désignée. Cette dernière personne reçoit le nom d'*assuré*.

Il est facile de comprendre que, les chances de mortalité croissant avec l'âge, la *prime* ou *cotisation*, annuelle ou unique, à payer par l'assuré, doit être, toutes choses égales, d'autant plus élevée, que son âge est plus avancé.

Il suffit, pour le vérifier, de consulter les tarifs des compagnies d'assurances sur la vie.

(3) Extrait d'un travail de M. Mahillon, ancien directeur de la Caisse Générale d'Épargne et de Retraite de Belgique, intitulé : *Les pensions ouvrières et les fonds spéciaux de retraites.*

Age de l'affilié à l'époque du versement.	PART DU VERSEMENT CONSACRÉE		Capital remboursé au décès.
	A la rente.	A l'assurance au décès.	
10 ans	68	32	97 (1)
15 —	66	34	97
20 —	63	37	97
25 —	61	39	97
30 —	58	42	97
35 —	54	46	97
40 —	50	50	97
45 —	46	54	97
50 —	41	59	97
55 —	36	64	97
60 —	31	69	97
65 —	26	74	97

L'examen de ce tableau permet de constater que, si l'opération peut être avantageuse, à certains égards, jusqu'à 40 ans, elle ne l'est plus au-delà de cet âge, puisque la somme consacrée à la rente décroît d'année en année, pour arriver, vers 65 ans, à ne guère dépasser le 1/4 du versement ; à 60 ans, la somme consacrée à l'acquisition de la rente atteint à peine 1/3 du versement.

A 50 ans, par exemple, un versement de 100 francs à capital réservé ne donne qu'un revenu viager de 2 fr. 875 ; autant vaudrait acheter des titres de rentes sur l'Etat.

On remarquera, d'autre part, que la réduction des rentes à capital réservé est d'autant plus grande que ces rentes sont moins différées et qu'elles sont acquises à un âge plus avancé.

L'avantage que présente ce mode de versement est de

(1) La Caisse de Retraite belge prélève 3 % pour frais d'administration.

permettre, en même temps que la constitution d'une pension de retraite, la formation d'un patrimoine pour la famille de l'affilié.

Par contre, les versements à capital réservé présentent des inconvénients de nature à les faire écarter en pratique, soit par un affilié éclairé, soit surtout par une société de secours mutuels servant des retraites à ses membres, à l'exception de cas tout à fait particuliers.

Le plus souvent, en effet, les personnes qui adoptent ce mode de versement ont pour but de faire bénéficier leurs ayants-droit, en cas de décès, de l'épargne destinée à l'acquisition d'une rente viagère.

Mais il est évident que cette combinaison offre le très sérieux inconvénient de ne permettre de laisser aux héritiers que des sommes insignifiantes, lorsque le décès de l'affilié se produit pendant les premières années de l'affiliation. A cet égard, la combinaison qui consiste à verser simultanément des primes d'assurance sur la vie avec des cotisations destinées à l'achat de rentes viagères à capital aliéné est bien préférable.

En ce qui concerne les sociétés de secours mutuels, l'inconvénient de la constitution de rentes à capital réservé, au profit des dites sociétés, au moyen des cotisations de leurs membres, est bien plus considérable encore. En effet, ce mode de versement a pour effet de faire bénéficier les mutualistes de l'avenir d'une partie des efforts accomplis par les affiliés de l'heure présente ; ces derniers, par conséquent, se trouvent ainsi lésés au bénéfice de leurs successeurs.

Telle est la grave objection soulevée par la constitution d'un fonds commun inaliénable, dont le principe a été maintenu, cependant, par la loi française du 1er avril 1898.

en raison, semble-t-il, des préférences nettement manifestées par un grand nombre de mutualités.

Nous ferons remarquer à ce sujet que, lorsqu'un patron veut aider un ouvrier à se constituer une pension de retraite, il a tout intérêt, d'après ce qui précède, à effectuer ses versements à capital aliéné, afin d'atteindre le maximum d'effet utile et cela, d'autant plus que, moins l'ouvrier est âgé, plus les versements effectués sont productifs.

Dans plusieurs cas cependant, il a paru, utile, à certains chefs d'industrie de constituer des versements à capital réservé ; ce procédé permet, en effet, au décès de l'ouvrier, le retour à la caisse de retraites patronale du capital de la rente, qui peut servir à la constitution de nouvelles pensions. De plus, le patron constitue de la sorte, pour sa caisse de retraites un capital dont les intérêts pourront devenir suffisants pour alimenter un jour tout le service des pensions, qui restera dès lors à l'abri des fluctuations de l'industrie.

Quant aux sociétés de secours mutuels qui opèrent des versements au nom de leurs affiliés à capital réservé en leur faveur, elles font une opération que l'on ne peut que condamner, au moins lorsqu'il s'agit des versements personnels de ces affiliés.

En effet, la rente de ceux-ci se trouve par là même diminuée dans une notable proportion, au bénéfice exclusif de leurs successeurs : cette opération est donc contraire à toute idée de justice distributive.

La réserve des capitaux au profit de la société et la constitution d'un fonds commun inaliénable ne peuvent donc guère se comprendre que dans le cas de sommes acquises en subventions, dons ou legs, qui seules pourront être considérées comme versées au bénéfice exclusif de l'être moral et supposé perpétuel qu'est la société de secours mutuels.

La question du fonds commun (ou des fonds collectifs de retraite) a d'ailleurs perdu de son actualité en Belgique, par suite de la solution légale admise (1).

Versements à capital réservé remboursable, soit au décès de l'affilié, s'il se produit avant l'époque de l'entrée en jouissance, soit, à ce moment, à l'affilié lui-même. — La Caisse de Retraite belge a été autorisée par arrêté royal en date du 11 mars 1901, pris en exécution de l'article 52 de la loi du 16 mars 1865 et de la loi de 1900 (art. 17), à rembourser, sur leur demande, aux personnes entrées en jouissance de leurs rentes, la valeur de rachat du capital réservé.

Cette mesure, longtemps réclamée par les sociétés de secours mutuels, aura pour effet, d'après ceux qui l'ont préconisée, de favoriser beaucoup l'extension du mouvement mutualiste en faveur de la retraite.

Nous remarquerons tout d'abord que les versements effectués dans ces conditions sont destinés : 1° à l'achat d'une rente viagère ; 2° à l'achat d'une assurance mixte sur la vie, assurance qui se décompose elle-même en deux autres opérations : *a*) acquisition d'une assurance temporaire sur la vie jusqu'à l'époque de la retraite ; *b*) assurance d'un capital différé.

Or, cette opération est plus coûteuse encore que la

---

(1) Voir : H. Schoenfeld, *La critique des fonds spéciaux de retraite ;* L. Mahillon, *Les pensions de retraite ouvrières et les fonds spéciaux de retraite ; Rapport sur les travaux de la commission des pensions ouvrières*, p. 45 ; Soenens, *op. cit.*, p. 62.

précédente, l'assurance mixte étant d'un prix plus élevé que l'assurance vie entière.

Le tableau suivant permet de se rendre compte des proportions dans lesquelles les versements servent, dans ce cas, à acquérir une rente (1).

Age de l'affilié à l'époque du versement.	ENTRÉE EN JOUISSANCE A					
	55 ans.		60 ans.		65 ans.	
	Rente.	Assurance.	Rente.	Assurance.	Rente.	Assurance.
10 ans	61	39	63	37	65	35
15 —	58	42	60	40	62	38
20 —	54	46	57	43	59	41
25 —	49	51	53	47	56	44
30 —	44	56	48	52	52	48
35 —	38	62	43	57	47	53
40 —	30	70	37	63	42	58
45 —	21	79	30	70	36	64
50 —	10	90	21	79	28	72
55 —			10	90	20	80
60 —					10	90

A partir de 30 ans, au maximum, l'opération devient donc désavantageuse pour l'affilié, et ce mode de versement est toujours plus désavantageux que le précédent, ainsi que la comparaison des deux tableaux permet de s'en rendre compte.

Il est vrai que l'affilié peut arriver, de la sorte, à se constituer un capital qui, au moment de l'entrée en jouissance des rentes, peut lui permettre d'acheter un lopin de terre ou une petite maison pour y passer ses vieux jours (1).

(1) Extrait d'une brochure de M. E. Deroover, membre agrégé de l'Association des actuaires belges, directeur à la Caisse générale d'épargne et de retraite, *De divers modes de versement à la Caisse de retraites*, p. 11.

(1 Il faut reconnaître que ce résultat paraît de nature à rallier les

Quoi qu'il en soit, les réductions de rente sont toujours importantes avec le mode de versement; à dix ans, elle est de 4,41 % par une r.d... à 65 ans, à 55 ans, par exemple, elle atteint 44 % à 65 ans et 72 % à 60 ans; elles sont d'autant plus grandes que l'âge d'entrée en jouissance est moins éloigné.

Autres modes de versement.— On peut concevoir d'autres modes de versement, dérivant également des mêmes combinaisons : formation d'un capital différé, assurance vie entière, assurance mixte.

Les plus intéressantes consistent à faire des versements simultanés à la caisse de retraites et à la caisse d'assurance sur la vie, ou bien dans l'achat de rentes de survie à capital décroissant.

Rente différée à capital aliéné et assurance sur la vie. — Nous avons vu que les versements à capital réservé servent à acquérir une rente viagère et une assurance sur la vie d'un capital égal au versement effectué, soit au décès du titulaire (assurance vie entière), soit à l'époque de sa retraite (assurance mixte).

Il semble donc naturel que l'on puisse songer à effectuer ces deux opérations simultanément.

Cette combinaison présenterait de réels avantages au point de vue qui nous occupe.

En effet, l'assurance à capital réservé a le grave inconvénient de laisser la famille ouvrière dans une gêne d'autant

---

suffrages d'un grand nombre d'intéressés, principalement dans la population agricole; si l'on s'en rapporte, tout au moins, aux desiderata exprimés en Belgique par les congrès ou les organes mutualistes et surtout, en France, aux vœux formulés par un très grand nombre de syndicats agricoles ou de sociétés d'agriculture, à l'occasion de l'enquête ouverte, au sujet du projet de loi sur les retraites ouvrières, en 1901.

plus grande que le décès de l'affilié se produit à un âge moins avancé, alors que ses enfants sont encore en bas-âge. La combinaison dont nous parlons présente, au contraire, ce grand avantage de permettre l'acquisition d'une rente viagère à peu près égale à celle que l'on obtiendrait en versant à capital aliéné, tout en assurant immédiatement un capital relativement considérable au décès de l'affilié. L'assurance sur la vie pourrait d'ailleurs être limitée à l'époque de la retraite.

Dans ce cas, la prime annuelle serait diminuée pour un même capital assuré, ou bien ce capital serait augmenté, la prime restant la même.

Par exemple, un affilié âgé de 20 ans peut acquérir à 65 ans une rente de 188 fr. 23 par des versements annuels de 10 francs à capital aliéné (ou abandonné).

D'autre part, le versement d'une prime annuelle de 10 francs à partir de 20 ans assure un capital de 547 fr. 77 au décès, le versement des primes cessant à 65 ans.

Il en résulte qu'un versement annuel de 20 francs permet d'acquérir une rente de 188 fr. 23 avec entrée en jouissance à 65 ans et une assurance sur la vie de 545 fr. 77.

Or il faudrait 545 : 20 = 27 ans, pour obtenir le même résultat (au décès) en effectuant des versements à capital réservé, et la rente obtenue dans ces conditions ne dépasserait pas, d'après les tarifs de la Caisse de Retraite belge, 208 fr. 35.

Il faut bien reconnaître, cependant, que cette combinaison présente, au point de vue de la petite épargne, l'inconvénient de nécessiter le versement des primes d'assurance à époques fixes. D'autre part, sa complication apparente n'est pas de nature à en généraliser facilement l'application.

LES RETRAITES OUVRIÈRES
EN BELGIQUE

Historique

La pratique d'opérations sur la vie humaine analogues à la constitution de rentes viagères remonte, en Belgique, à une époque déjà reculée.

Des *lettres de rentes viagères* datant du XIIIe siècle ont été retrouvées, en effet, dans les archives communales à Tournay et à Gand; mais les opérations dont elles constatent l'existence ne sont pas, à proprement parler, des rentes viagères telles que nous les concevons à l'heure actuelle, car le capital des rentes semble hors de proportion avec leur montant (1).

Il paraît également démontré que la constitution de rentes viagères était de pratique assez courante au XVIe siècle, et l'existence d'un « Comptoir Lijfrenten binnen Gend » a été signalée par l'almanach de Gand pour l'année 1794.

Sous le régime français furent créées, avec une caisse de

(1) *Mémoires pour servir à l'histoire des assurances sur la vie et des rentes viagères aux Pays-Bas*, réunis et publiés par la Société générale néerlandaise d'assurances sur la vie et de rentes viagères, ouvrage cité par Edm. Lefranc dans sa *Notice sur la marche de la science actuarielle en Belgique*, insérée dans le compte rendu du Congrès international des actuaires. Paris, 1900.

prévoyance des ouvriers mineurs, diverses « tontines administratives » destinées à servir des pensions aux fonctionnaires ainsi qu'à leurs veuves et orphelins. Mais ces institutions, mal équilibrées, ne survécurent pas à l'Empire.

De 1814 à 1830, le gouvernement néerlandais institua plusieurs caisses de pensions de fonctionnaires qui semblent avoir été organisées en dehors de toute préoccupation scientifique.

Le même reproche peut être adressé aux caisses de pensions créées ou organisées, de 1831 à 1850, par le gouvernement Belge (1).

Il existait alors, en dehors des compagnies privées d'assurances sur la vie humaine, dont la clientèle ne se recrute pas dans les classes ouvrières (2), un certain nombre de caisses de secours et de retraites ; mais ces institutions, établies sur des données imparfaites, ne pouvaient offrir aux intéressés les garanties de sécurité et de stabilité indispensables en matière de prévoyance à long terme.

Les institutions patronales existantes avaient d'ailleurs le grave inconvénient d'exposer les ouvriers affiliés à perdre le bénéfice des retenues opérées sur leurs salaires, parfois durant de longues années, soit en cas de faillite de l'établissement auquel elles étaient annexées, soit par suite du départ de l'intéressé avant l'âge fixé pour la retraite.

---

(1) Le premier établissement de ce genre, la Compagnie Belge d'assurances générales, a été fondé en 18[illegible].

(2) Caisse des veuves et orphelins des officiers de l'armée (fondée en 1815, réorganisée en 1831) ; Caisse de pensions et de secours en faveur du personnel du chemin de fer de l'État, etc. ; Caisse de retraites du ministère des finances ; Pensions des fonctionnaires de l'État et Caisses des veuves et orphelins des fonctionnaires de l'État Belge, organisées par la loi du 20 juillet 1844.

C'est en 1850 seulement que fut créé un établissement officiel d'assurances organisé sur des bases scientifiques et destiné spécialement à venir en aide à la classe ouvrière pour la constitution de rentes viagères.

L'histoire de la prévoyance en vue de la vieillesse ne remonte donc guère, en Belgique, au delà de cette époque; elle se confond en partie, dans la suite, avec celle de la Caisse Générale de Retraite. Cette institution, qui fonctionne sous la garantie de l'Etat, n'a donné, jusqu'en 1890, que des résultats insignifiants ; mais elle a pris, depuis lors, un développement considérable et tend en réalité, depuis la mise en pratique de la loi votée en 1900 par le Parlement belge, à monopoliser en Belgique toutes les opérations relatives à la constitution de rentes viagères pour les classes laborieuses.

En se plaçant à un autre point de vue, on constate que l'État semble s'être à peu près complètement désintéressé de la question des retraites ouvrières pendant toute la première moitié du XIXe siècle.

A partir de 1850, au contraire, il intervient en mettant à la disposition des intéressés un organisme présentant toutes les garanties désirables de bon fonctionnement, de durée et de stabilité, mais là se borne son action.

Dans les dix dernières années du XIXe siècle, des crédits dont l'importance augmente d'année en année sont affectés à des encouragements aux efforts tentés par les travailleurs pour se constituer une retraite.

Enfin, la loi de 1900, en étendant et en consolidant le système des primes d'encouragement dit « système de la liberté subsidiée » vient de donner un nouvel essor à la pratique de la prévoyance libre.

Nous nous proposons, avant d'exposer le mécanisme de la loi du 10 mai 1900, d'étudier le fonctionnement des diverses institutions de retraites existant aujourd'hui en Belgique (1). Les unes sont dues à l'initiative des pouvoirs publics ; les autres ont été créées par l'initiative privée : c'est en les groupant d'après cette distinction que nous allons les passer successivement en revue.

(1) Nous nous bornerons à étudier celles qui se rapportent directement à notre sujet, c'est-à-dire les caisses destinées à constituer des retraites au bénéfice des travailleurs manuels. Il est à remarquer qu'il n'existe pas d'organisme spécial aux travailleurs agricoles.

PREMIÈRE PARTIE

Institutions dues à l'initiative des pouvoirs publics.

CHAPITRE Ier

Institutions gouvernementales. (1)

---

§ Ier. — Généralités

Les institutions créées par les pouvoirs publics peuvent être divisées elles-mêmes, d'après leur origine, en institutions gouvernementales, provinciales, communales et institutions créées par les établissements charitables.

Avant 1844, il existait déjà en Belgique quelques caisses de pensions et de secours au profit de certains fonctionnaires et de leurs veuves et orphelins (2).

Un projet de revision des pensions civiles, soumis en 1838 à la Chambre des Représentants par le baron d'Huart,

---

(1) Sources. — Duboisdenghien, *Institutions de Prévoyance de la Belgique*. Bruxelles, Bruyland, 1900.

O. Velghe, *Rapport de la Commission des Pensions ouvrières*. Publication de l'Office du travail Belge. Hayez, imprimeur, Bruxelles, 1900.

Varlez, *Économie Sociale*. Rapport général, présenté à l'Exposition universelle de Paris. Bruxelles, Alfred Vromant, 1901.

(2) Caisse des veuves et orphelins des officiers de l'armée belge (insti-

ministre des finances, ayant été repoussé en 1841, une commission fut nommée en 1843 pour reprendre l'étude de la question.

Les conclusions de cette commission, dont Visschers fut le rapporteur, servirent de base à la loi du 24 juillet 1844. Cette loi posa deux principes :

1° Obligation pour l'État de rémunérer les loyaux services de ses fonctionnaires, lorsque l'âge ou les infirmités les mettent hors d'état de continuer leurs fonctions.

2° Création de caisses de pensions, alimentées par des retenues sur les traitements, au profit des veuves et des orphelins des magistrats, fonctionnaires et employés.

Visschers eut un rôle prépondérant dans l'organisation de la plupart des institutions qui furent créées à cette époque. C'était, dit Mahillon, « un esprit élevé qui devança véritablement son époque dans l'étude des questions ouvrières, où il produisit le plus grand bien. Malheureusement, il n'avait pas, en matière d'institutions de prévoyance, les connaissances techniques indispensables pour lui permettre d'établir les rapports nécessaires entre les excellents principes qu'il assignait comme bases à ces institutions et les détails de leur fonctionnement » (1).

C'est ainsi que, contrairement à l'opinion de Quetelet, qui, s'appuyant sur la nécessité, pour une caisse de retraite, d'avoir un grand nombre d'adhérents, préconisait

---

tuée en 1815, réorganisée en 1831); Caisse de pensions et de secours en faveur du personnel du chemin de fer de l'État et de l'Administration Centrale du Département des Travaux publics, constituée en 1838; Caisse des veuves et orphelins du Corps des Ponts et Chaussées; Caisse de Retraite du ministères des Finances, etc.

(1) Mahillon, *Les pensions de retraite ouvrières et les fonds spéciaux de retraite*. Bruxelles, Weissenbruch, 1891.

la création d'une caisse unique de veuves et d'orphelins, Visschers fit prévaloir la solution consistant à créer plusieurs caisses (par catégories de fonctionnaires). Il invoquait des arguments d'ordre sentimental (1) qui, pour généreux qu'ils étaient, n'en auraient pas moins dû être écartés, alors qu'il s'agissait d'institutions ne devant, en aucun cas, être subsidiées par les pouvoirs publics (loi de 1844, art. 44), et se trouvant, par suite, dans la nécessité absolue d'équilibrer leurs charges et leurs ressources.

La loi de 1844 et les arrêtés royaux destinés à la compléter sont d'une telle complexité que la détermination de la situation financière réelle des organismes qu'elle a créés est à peu près impossible (2) à l'heure actuelle.

Les auteurs de la loi s'étaient bien préoccupés de l'avenir financier réservé aux caisses de veuves et orphelins; mais les principes rationnels de la science des assurances étaient peu connus à cette époque et le principe de l'espérance mathématique est resté étranger à l'organisation des institutions de prévoyance fondées par l'Etat, la Caisse Générale d'Épargne et de Retraite exceptée.

Si nous avons cru devoir dire quelques mots d'institutions qui ne rentrent pas, à proprement parler, dans le cadre de cette étude, c'est qu'elles ont servi de modèle à la plupart des caisses de retraite belges et que, par suite, les justes critiques formulées contre leur organisation

---

(1) « C'est, disait-il, le principe de confraternité, de solidarité entre » les fonctionnaires d'un même ordre qui a présidé à l'organisation des » caisses, *bien plus que la combinaison des chances de survie.* »

Or, le principe de solidarité ne doit pas exclure l'idée de justice qui demande que les sacrifices consentis par les intéressés soient proportionnels aux charges apportées par chacun d'eux dans l'institution à laquelle ils sont affiliés.

(2) Duboisdenghien, *op. cit.*, p. 18.

peuvent s'appliquer à presque tous les organismes de même nature fonctionnant à l'heure actuelle en Belgique.

On peut, en effet, leur adresser le reproche commun de ne pas observer les principes sans lesquels il ne peut y avoir ni sécurité, ni équité, en matière de prévoyance. De plus, l'absence, à peu près générale, de toute comptabilité rationnelle, a fait naître des illusions qui se traduisent quelquefois par des demandes de majoration du taux des pensions (1).

D'ailleurs, les défauts qui caractérisent le régime financier de ces caisses ont été officiellement reconnus et M. le ministre Liebaert, dans une discussion assez récente du budget des chemins de fer, disait à la Chambre des Représentants, en parlant de la Caisse des ouvriers des chemins de fer : « Je ne ferai pas l'éloge de cette caisse, pas plus que mes collègues ne feront l'éloge des caisses instituées dans leur département ; elles datent d'une époque où la science des actuaires était à peine connue. Si elles devaient liquider, elles liquideraient toutes en pertes. »

Les spécialistes avaient, depuis longtemps déjà, signalé les dangers résultant d'un tel état de choses (2).

La Caisse Générale de Retraite échappe cependant à ces critiques. Fonctionnant sous la garantie de l'Etat, c'est, à l'heure présente, la seule institution belge qui offre aux travailleurs, avec la sécurité indispensable aux opérations de prévoyance à long terme, la possibilité de se constituer une rente viagère, pour ainsi dire à prix coûtant, et dont chaque fraction est définitivement acquise au moment où

---

(1) Duboisdenghien, *op. cit.*, p. 32.

(2) Notamment, M. Adam, en 1871, dans son ouvrage sur les *Caisses de veuves et orphelins et la nécessité de leur réforme*. Lire, à ce sujet Edm. Lefrancq, *op. cit.*, p. 11 et s., 15 et s., 19 et s., 31 et s.

le versement correspondant est opéré par l'intéressé. (1)

Aussi, la Caisse Générale de Retraite a-t-elle été choisie par les pouvoirs publics comme organe d'exécution de la loi de 1900 sur les retraites ouvrières.

L'étude de son développement et de son fonctionnement présente donc une importance capitale au point de vue qui nous occupe ; elle forme la préface naturelle de tout exposé du régime actuel des retraites ouvrières en Belgique.

§ 2. — La caisse générale d'épargne et de retraite (2)

Trois fois en vingt ans, de 1830 à 1850, des catastrophes financières étaient venues ébranler la confiance du public à l'égard des caisses d'épargne les plus solides en apparence.

Frappé des inconvénients qui résulteraient, pour le dé-

---

(1) Cependant, dit M. Duboisdenghien (*Institutions de prévoyance*, Belgique, p. 20), « la Caisse de Retraite n'est pas tout à fait irréprochable au point de vue technique : en effet, l'article 50, § 2 de la loi du 16 mars 1865 prévoit, dans certains cas, la jouissance anticipée de la totalité des rentes différées acquises depuis au moins 5 ans, et l'article 54 de la même loi oblige la Caisse à payer une indemnité de frais funéraires aux ayants-droit de rentiers indigents, décédés postérieurement à l'entrée en jouissance de leur rente.

« Il n'a pas été tenu compte de ces charges spéciales dans le calcul des tarifs. De plus, la Caisse de Retraite contracte des opérations de rentes immédiates dans des conditions très onéreuses pour elle : le tarif de ces opérations est en effet basé sur une table de mortalité qui ne tient pas compte de l'auto-sélection des affiliés qui font l'acquisition de rentes immédiates. »

(2) Sources. — *Caisse Générale d'Épargne et de Retraite*, documents administratifs; O. P. Velghe, *Rapport sur les travaux de la commission des Pensions Ouvrières*, p. 2 et s.; *Travaux* des membres de la commission;

veloppement si désirable de la petite épargne, de la généralisation des sentiments d'inquiétude et d'insécurité qui régnaient alors dans le public, le gouvernement belge avait institué, dès 1845, une commission qui fut chargée d'étudier « les moyens propres à stimuler la pratique de la prévoyance sous ses diverses formes ».

Les travaux de cette commission n'ayant pas abouti, une seconde commission fut nommée en 1849; elle formula des conclusions tendant à la création d'une caisse générale de retraite, de caisses d'épargne, de caisses d'assurance sur la vie et de sociétés de secours mutuels.

S'appuyant sur ces conclusions, le gouvernement présenta à la Chambre des Représentants, le 29 juin 1849, un projet de loi portant création d'une Caisse Générale de Retraite placée sous la surveillance et la garantie de l'État (1).

La loi fut promulguée le 8 mai 1850 et la Caisse commença à fonctionner en 1851.

---

note de L. Mahillon, p. 30; O. Lepreux, p. 145, 289. (Publication de l'Office du travail Belge, 1900). *Comptes rendus annuels* publiés par la direction générale d'épargne et de retraite; Recueil des lois et arrêtés royaux; Ed. Lefrancq, *Note sur la marche de la science actuarielle en Belgique*, publié dans le compte rendu du congrès international des actuaires. Paris, 1900; Louis Varlez, Exposition de Paris, 1900. Rapport sur l'économie sociale en Belgique (Bruxelles, Vromant, éd. 1901); L. Duboisdenghien, *Institutions de prévoyance de Belgique* (Bruxelles, Bruylant, éd. 1900). *La Caisse Générale d'Épargne et de Retraite de Belgique* (brochure publiée par la Caisse à l'occasion de l'exposition de 1900 à Paris, Bruxelles, 1900); Varlez, *op. cit.*, p. 151.

(1) Présentation à la Chambre des Représentants, le 29 juin 1849, exposé des motifs. *Annales parlementaires*, 1849, p. 34; rapport par M. T'Kint de Naeyer, le 6 décembre, *id.*, p. 170. Discussion du 11 au 19 décembre, adoption le 21, par 75 voix contre 5 et 6 abstentions.

Rapport au Sénat par M. Cogels, le 7 février 1850 (*Ann.*, p. 98). Discussion les 9, 11, 13, 14, 15 et adoption le 16, par 30 voix contre 12.

Renvoi à la Chambre des Représentants et nouveau rapport par M.

L'histoire de la Caisse Générale de Retraite belge peut se diviser en quatre périodes.

La première s'étend de 1850 à 1868 ; l'institution fonctionne alors sous le régime de la loi de 1850.

La deuxième période est caractérisée par la mise en application de la loi de 1865, modifiant la précédente ; elle s'étend jusqu'en 1888.

De 1888 à 1900, de nouveaux tarifs, calculés sur un taux de 3 %, au lieu de 4 1/2 %, sont mis en application ; des subsides d'encouragement sont accordés par les pouvoirs publics, afin de développer la prévoyance en vue de la retraite. C'est la troisième période.

Enfin, depuis la loi du 10 mai 1900, la Caisse Générale de Retraite, devenue le pivot du système de retraites ouvrières adopté par le Parlement, tend à étendre de plus en plus le champ de ses opérations.

Ajoutons que ces deux dernières périodes sont caractérisées en outre par la progression constante des affiliations collectives, dues principalement à l'intervention des sociétés mutualistes.

1re Période (*1851-1868*). — *Régime de la loi de 1850.* — D'après la loi de 1850, l'administration de la caisse était complètement placée sous la main du gouvernement, chargé de fixer les bases des calculs, d'arrêter les tarifs (art. 5), de déterminer un minimum de versement, lequel ne devait pas, toutefois, dépasser 5 francs (art. 7), ainsi que les formalités relatives à la délivrance des livrets et à l'acquisition des rentes.

T'Kint de Naeyer, le 5 mai. Discussion et adoption le 8, par 55 voix contre 9.

Rapport au Sénat par M. Cogels, le 12 avril. Discussion les 15 et 16 et adoption par 26 voix contre 3 et 1 abstention.

Une commission de cinq membres, nommés par le roi, était chargée d'administrer la caisse, sous le contrôle de neuf commissaires délégués par les conseils provinciaux.

Le service de la caisse était dirigé, sous l'autorité immédiate du ministre des finances, par le directeur de l'administration de la caisse d'amortissement et de la caisse des dépôts et consignations, exerçant les fonctions d'agent comptable.

Les recettes devaient être versées au Trésor public, les fonds disponibles ne pouvant être employés qu'en achats d'inscriptions sur le grand livre de la dette publique, au nom de la caisse.

Les comptes étaient arrêtés, chaque année, par la Cour des comptes.

Conditions de l'affiliation et des versements. — La loi de 1850 consacrait le principe du livret individuel, grâce auquel la rente correspondant à chaque versement est définitivement acquise à l'intéressé au moment où il opère ce versement.

Il fallait être âgé de 18 ans pour effectuer des versements à la Caisse de Retraite.

Ces versements ne pouvaient être inférieurs à 5 fr. et restaient improductifs d'intérêts jusqu'au moment où leur ensemble permettait à l'intéressé d'açquérir une rente minima de 24 fr.

De plus, l'entrée en jouissance des rentes devait être différée de 10 ans au moins et ne pouvait être fixée qu'à 55, à 60 ou à 65 ans.

De telles conditions n'étaient certes pas de nature à attirer la clientèle de la petite épargne.

Tarifs. — Deux arrêtés royaux, en date du 5 décembre

1850, avaient réglé les divers points de détail laissés en suspens par la loi et fixé le prix d'acquisition des rentes différées.

Les tarifs mis en vigueur avaient été calculés d'après la table de mortalité de Quetelet, déduite des observations des années 1841 à 1845 (1). Ils tenaient compte : 1° d'un taux de capitalisation de 4 1/2 %; 2° de la longévité exceptionnelle des rentiers viagers, en compensation de laquelle la valeur de la rente a été augmentée de 7 %; 3° des frais d'administration, du chef desquels le prix de la rente a été augmenté de 5 %.

Il est à remarquer que ces tarifs concernaient uniquement l'acquisition de rentes différées, à *capital aliéné*.

Organisée dans de telles conditions, la Caisse Générale de Retraite offrait toutes les garanties désirables au point de vue de son avenir financier (2).

L'organisation de la Caisse Générale présentait, à vrai

---

(1) *Annuaire de l'Observatoire Royal de Bruxelles*, 1850.

(2) « La Caisse de Retraite fut donc la première institution officielle d'assurance en Belgique organisée scientifiquement.

» Ses premiers tarifs de *Rentes à capital abandonné, différées jusqu'à 55, 60 ou 65 ans*, furent calculés d'après la table de Quetelet, de 1850, qui avait été établie spécialement dans ce but, au taux de 4 1/2 % et un chargement de 5 %.

» Les formules employées sont absolument correctes et basées sur le principe de l'espérance mathémathique. »

» Appelée à fonctionner sous la garantie de l'État, la Caisse Générale de Retraite devait éviter de devenir onéreuse pour lui ; aussi, la commission chargée d'élaborer les tarifs, crut-elle utile de charger de 6 2/3 % de leur montant les prix de rentes calculés d'après le tableau de mortalité générale, afin de tenir compte de la longévité spéciale des rentiers viagers. » [illegible]n. Lefrancq, *Notice succincte sur la marche de la science actuarielle en Belgique, depuis ses débuts jusqu'à la fin du XIXe siècle.*

dire, au point de vue financier, deux légères causes de déficit.

C'était, tout d'abord, la faculté de jouissance anticipée des rentes accordée par l'art. 9 de la loi de 1870, (complété par l'article 19 du 1er arrêté royal d'exécution), en cas d'invalidité prématurée, et, d'autre part, les frais de funérailles prévus par l'article 11, complété par les articles 24 à 25 des mêmes arrêtés.

L'article 23, de l'arrêté royal du 5 décembre 1850 autorise, en effet, le paiement sur les fonds de la caisse, d'une somme de 20 francs pour frais de funérailles de l'assuré indigent décédé postérieurement à l'entrée en jouissance de sa rente.

Or, la prévision de ces deux cas spéciaux n'étant pas entrée dans le calcul des tarifs, il aurait pu en résulter des mécomptes; mais, le nombre très restreint des applications qui ont été faites de ces dispositions en a jusqu'ici rendu les inconvénients à peu près nuls en pratique.

Il n'en est pas moins certain que l'article 50 de la loi de 1865 impose à la Caisse de Retraite des charges qui ne sont compensées par aucune ressource ; aussi M. Lepreux, le directeur général actuel, a-t-il déclaré l'intention de soumettre au gouvernement des propositions tendant à « débarrasser la caisse des défauts d'ordre technique dont on l'a affligée à l'origine et qui pourraient menacer sa situation financière » (1), étant donné surtout le développement considérable que semblent devoir prendre ses opérations depuis 1900.

Résultats obtenus pendant la première période. — La

---

(1) Procès verbaux des séances de la Commission des pensions ouvrières, p. 455.

Caisse de Retraite, qui devait être particulièrement applicable aux classes laborieuses (1) commença à fonctionner en 1851.

Une propagande active avait été organisée, dès le début, en faveur de la nouvelle institution.

Mais bientôt, la Commission se trouva aux prises avec de grandes difficultés ; si elle put obtenir de quelques industriels l'engagement d'affilier leurs ouvriers à la Caisse de Retraite, elle échoua dans les négociations qu'elle entreprit pour amener de nombreuses affiliations ouvrières, en particulier auprès de l'établissement Cockerill et des nombreuses associations ouvrières de l'arrondissement de Charleroi (2).

En somme, les résultats obtenus par la Caisse de Retraite pendant la première période de son existence peuvent être considérés comme nuls, puisqu'au 31 juillet 1868, le nombre des livrets créés ne dépassait pas 1951, sur lesquels 1397 avaient été ouverts de 1851 à 1856 ; la commission administrative semble, en effet, avoir renoncé à tout nouvel effort de propagande depuis cette époque.

2e Période. — Les causes d'un échec aussi caractérisé résidaient, de l'aveu même de cette commission, dans les vices de l'institution, et plus particulièrement dans les conditions relatives au minimum des versements (5 fr.), au minimum des rentes (24 fr.), au peu de latitude laissée aux intéressés en ce qui concernait le choix de l'âge de l'entrée en jouissance, ainsi que dans l'irrévocabilité de l'aliénation des versements.

---

(1) Arrêté royal du 15 avril 1849 nommant la commission d'études.

(2) Certaines administrations provinciales et communales avaient également institué, pour les élèves des écoles d'adultes, des prix consistant en livrets de retraite, mais cette tentative ne réussit pas.

Ces causes avaient été signalées dès 1856, par Visshers(1), dans un mémoire concluant à la nécessité d'apporter au fonctionnement de la caisse d'importantes modifications.

Aussi, dès cette époque, des négociations s'engagèrent-elles avec le gouvernement. M. Frère Orban, alors ministre des finances, mit la question à l'étude et déposa en 1859 un projet de loi relatif à la création d'une *Caisse Générale d'Epargne et de Retraite*. Le projet, longuement discuté, fut voté en 1862 à la Chambre des Représentants ; mais il ne fut ratifié par le Sénat qu'en 1864, et c'est le 16 mars 1865 seulement que la loi fut promulguée. Elle n'a subi, depuis lors, que des modifications de détail (au moins en ce qui touche la Caisse de Retraite) et constitue encore à l'heure actuelle, la charte de cette institution : nous devrons donc entrer dans quelques détails à ce sujet.

Loi du 16 mars 1865. — La loi est divisée en 4 chapitres : le 1er est relatif à l'organisation de la caisse, le 2e traite de la Caisse d'Epargne, le 3e concerne spécialement la Caisse de Retraite. Quant au 4e, il contient des dispositions transitoires.

Aux termes de l'article 66, des arrêtés royaux devaient fixer les dates auxquelles les dispositions de la loi seraient « successivement » appliquées, celles de la loi de 1850 devant rester en vigueur jusqu'à la mise à exécution des dispositions nouvelles.

L'arrêté royal concernant la Caisse d'Epargne parut le 22 mai 1865, et la Caisse d'Epargne put ouvrir ses guichets le 1er septembre de la même année.

Quant à la Caisse de Retraite, elle ne fonctionna d'après

(1) *Visshers*, Mémoire annexé au compte rendu des opérations et de la situation de la Caisse Générale de Retraite pour 1856.

les dispositions nouvelles que le 1er août 1868, des revisions des tarifs ayant été jugées nécessaires et les arrêtés royaux d'exécution n'ayant paru, en conséquence, que le 21 juin de la même année.

La loi de 1865 institue une Caisse d'Épargne sous la garantie de l'État, à laquelle est annexée la Caisse de Retraite fondée en 1850.

Les deux caisses fonctionnent ensemble, sous la même direction et sous le titre de Caisse Générale d'Épargne et de Retraite; mais il doit être tenu des comptes distincts des capitaux de chacune d'elles. Les deux caisses sont donc complètement indépendantes au point de vue financier (1).

La loi de 1865 apportait d'importantes modifications au fonctionnement de la Caisse Générale de Retraite.

Administration de la caisse. — Tout d'abord, l'administration de la caisse devient plus complexe que par le passé.

Elle est confiée :

1° A un conseil général, composé d'un président et de 24 membres, nommés pour six ans par le roi et révocables par lui ;

2° A un conseil d'administration choisi dans le sein du conseil général, comprenant un président, six membres nommés également pour 6 ans (2) ;

---

(1) Sauf peut-être en ce qui concerne les frais d'administration.

(2) Le Congrès de la Ligue démocratique belge a exprimé le vœu « de voir l'Office du travail représenté, au sein du conseil de la Caisse Générale d'Épargne et de Retraite, soit par un administrateur, soit par un commissaire ». (*Compte rendu du Congrès de 1900*, p. 42.)

3° A un directeur général (dont les fonctions sont incompatibles avec tout mandat législatif).

Afin d'étendre rapidement le champ d'action de la Caisse Générale, la loi prévoit l'établissement de succursales dans toutes les localités où il est possible de s'assurer le concours des communes, des établissements publics ou de personnes bienfaisantes (loi de 1865, art. 2).

Affiliations, versements et rentes. — Les dispositions relatives aux affiliations sont beaucoup plus larges que sous le régime antérieur.

C'est ainsi que, tout en maintenant, en principe, à 18 ans, l'âge minimum exigé pour effectuer des versements, la loi autorise les versements effectués au nom de tiers âgés de 10 ans au moins. Elle maintient, d'autre part, les dispositions relatives à l'irrévocabilité des acquisitions de rentes, à la faculté de désigner, au moment de chaque versement, l'âge d'entrée en jouissance correspondant.

Elle abaisse à 12 francs le minimum des rentes (au lieu de 24 francs), mais, d'autre part, l'arrêté royal du 21 juin 1868, porte de 5 à 10 francs le minimum des versements.

On ne peut guère s'expliquer une mesure aussi peu libérale lorsqu'il s'agit d'une institution destinée à recueillir les capitaux de la petite épargne, si ce n'est, peut-être, par le désir de diminuer, dans la plus large mesure possible, les frais d'administration.

La loi de 1865 contient également des innovations importantes, au point de vue des rentes à acquérir.

L'entrée en jouissance des rentes différées peut être désormais fixée par l'affilié, lors de chaque versement, à un âge entier compris entre 50 et 65 ans.

De plus, les rentes peuvent être *immédiates* ou *différées* et elles peuvent être constituées *avec* ou *sans réserve* du capital au décès de l'assuré. Une heureuse innovation est introduite dans la loi en ce qui concerne les versements partiels. Les sommes versées sont déposées provisoirement à la Caisse d'Epargne jusqu'à ce que leur total permette d'acquérir une rente de 12 francs ou d'un multiple de cette somme, alors que la loi de 1850 déclarait les versements improductifs d'intérêts jusqu'à ce qu'ils permissent d'acquérir 24 francs de rente.

L'exception inscrite dans la loi de 1850 en faveur de *toute personne assurée dont l'existence dépend de son travail et qui, avant l'âge fixé par l'assurance, se trouve incapable de pourvoir à sa subsistance* est maintenue avec une légère modification, dans la nouvelle loi.

En règle générale, l'article 50 stipule que les recettes acquises sont réduites en proportion de l'âge réel de l'assuré au moment de l'entrée en jouissance. Ce n'est que lorsque l'incapacité de travail provient de la perte d'un membre ou d'un accident professionnel que l'assuré peut jouir immédiatement des rentes qu'il a acquises depuis 5 ans au moins, sans que ces rentes puissent dépasser 360 francs.

L'application de cette mesure a d'ailleurs été des plus restreintes, puisque 13 personnes seulement ont obtenu jusqu'ici l'application de l'article 50, § 1, et une seule, l'application du § 2 (rente entière).

L'article 54 de la loi de 1865 confirme une disposition de la loi précédente relative aux frais de funérailles des assurés indigents, décédés postérieurement à l'entrée en jouissance de leur rente, et l'article 15 (chap. V) d'un arrêté royal du 8 juin 1868, fixe à 25 francs ces frais funéraires. Il décide, à cet effet, la création d'un fonds de réserve prélevé, soit sur les frais d'administration, soit sur les excédents de revenu provenant des placements (1).

Cette faveur a même donné lieu, dans ces dernières années, parait-il, à une petite spéculation un peu macabre ; un certain nombre de présidents de sociétés de secours mutuels ou de patrons auraient fait affilier des ouvriers déjà âgés, afin d'obtenir l'indemnité de funérailles de 25 fr., accordée aisément sur le vu d'un certificat d'indigence délivré par le bourgmestre. Or, à 63 ans, par exemple, il suffit de verser 29 francs environ, à capital réservé, et 7 fr. 80 à capital aliéné, pour acquérir 1 franc de rente, c'est-à-dire pour pouvoir bénéficier de l'indemnité.

Maximum des rentes. — La loi de 1865 fixe à 720 fr. le maximum des rentes inscrites au nom d'un affilié (art. 47). Cette limitation entraînait deux conséquences, à savoir, l'interdiction de posséder deux livrets et la nullité des inscriptions de rentes supérieures au maximum. Les capitaux irrégulièrement versés sont d'ailleurs remboursés sans intérêt, à moins que l'affilié ait touché un ou plusieurs termes de l'excédent de rente. Dans ce dernier cas, le capital devient la propriété de la caisse.

Tarifs. — Les tarifs sont établis sur les mêmes bases que ceux de 1850.

Ils tiennent compte :

a) de l'intérêt composé à 4 1/2 %;

---

(1) En réalité, un fonds spécial de frais funéraires a été constitué sur la caisse A. Jusqu'à présent, toutes les allocations de frais funéraires sont imputées sur ce fonds unique et l'on n'en dépense même pas les intérêts, quelques centaines de francs par an.

b) des chances de mortalité, calculées d'après la table de Quetelet ;

c) des frais d'administration établis sur le pied de 5 %. (arrêté royal du 21 juin 1868).

L'article 45 de la loi stipule que les rentes s'acquièrent d'après des tarifs à régler par arrêté royal.

C'est là une véritable soupape de sûreté, puisque (le fait s'est produit en 1888), il suffit d'un arrêté royal pour abaisser le taux de capitalisation et pour adopter, au besoin, une nouvelle table de survie, dans le cas où les tarifs en vigueur donneraient lieu à des mécomptes.

Placements. — Nous avons vu que la Caisse d'Epargne et la Caisse de Retraite ont été placées sous la même direction par la loi de 1865 (article 1er), mais que des comptes distincts sont ouverts pour les diverses natures de capitaux de la Caisse d'Epargne et pour ceux de la Caisse de Retraite. Néanmoins, les écritures des deux caisses sont réunies et tenues en parties doubles (1).

Toutes les recettes doivent être versées à la Banque nationale, au nom de la Caisse d'Epargne et de Retraite, et appliquées en achats d'inscriptions sur le grand livre de la dette publique, au nom de cette caisse.

Cette disposition était empruntée à la loi votée en 1850 ; elle se justifiait, alors, par le fait que, le 4 1/2 et le 2 1/2 étant sensiblement au-dessous du pair, produisaient, à cette époque, un intérêt relativement élevé.

Mais peu à peu, les crédits de l'Etat belge s'améliorant, les fonds publics avaient augmenté, de telle sorte qu'en 1869 le 4 1/2 avait dépassé le pair et atteignait le cours de 102,50, tandis que le 2 1/2 était coté 62,35, ce qui repré-

(1) Règlement organique de la Caisse d'Epargne du 12 août 1865.

sentait un revenu de 4,01 à peine. La Caisse de Retraite n'était donc plus en mesure de s'assurer un revenu suffisant pour faire face aux engagements résultant de l'application de ses tarifs.

Deux solutions se présentaient pour remédier à une situation qui serait devenue d'autant plus dangereuse que les affaires de la caisse se seraient développées davantage.

Ou bien modifier les tarifs, en abaissant le taux de capitalisation qui leur servait de base, ou bien autoriser la caisse à placer ses fonds disponibles en valeurs dont le revenu fût supérieur à celui des fonds d'Etat. C'est ce qui avait été fait pour la Caisse d'Épargne, autorisée à faire un choix entre un certain nombre de placements et la différence de situation faite à cet égard à la Caisse de Retraite paraissant d'autant moins justifiée que les deux institutions fonctionnaient, sous la garantie de l'Etat, dans les mêmes conditions.

La première solution fut écartée, le Conseil général et le gouvernement ayant estimé que la caisse devait offrir des avantages tels que les classes laborieuses trouvent intérêts à s'y affilier.

On se rallia donc à la première, qui fut introduite dans une loi du 1er juillet 1869, modifiant sur certains points la loi de 1865.

Loi du 1er juillet 1869. — Aux termes de cette loi, toutes les recettes disponibles doivent être appliquées en achats de valeurs des trois catégories suivantes :

1° Fonds publics belges ou autres valeurs garanties par l'Etat ; 2° obligations sur les provinces, les villes ou les communes de Belgique ; 3° cédules ou prêts hypothécaires.

La loi apportait, d'autre part, deux autres modifications intéressantes à la loi de 1865. Elle fixait à 1.200 fr. le maximum des rentes et autorise le payement de ces rentes à des personnes résidant à l'étranger, contrairement à l'article 14 de la loi de 1850.

Enfin, la *loi de 1869* supprimait la disposition de la loi de 1850 (art. 14) portant que les rentes « *ne sont payées qu'aux rentiers résidant dans le royaume ;* » (art. 57) en sorte que, depuis cette époque, tout rentier, belge ou étranger, est dispensé de demander l'autorisation de demeurer à l'étranger pour conserver la jouissance de ses rentes.

Cette modification s'imposait d'autant plus que la France, le Piémont et l'Angleterre ne faisaient déjà aucune exception de nationalités et que pour la Belgique, en particulier, pareille dispense avait été accordée en 1867 aux rentiers de l'Etat (1).

Résultats obtenus pendant la 2e période. — La loi de 1865 avait corrigé, en partie, les dispositions vicieuses de la loi de 1850.

L'amélioration la plus importante apportée à l'ancien régime consistait dans la faculté offerte au public d'effectuer des versements à capital réservé. Cette mesure ne pouvait que favoriser le développement des versements effectués au bénéfice de tiers, avec réserve du capital au

---

(1) Session 1868-69.— Chambre des Représentants. *Documents parlementaires.* Exposé des motifs et texte du projet de loi. Séance du juin 1869, p. 389. — Rapport, séance du 17 juin, p. 413. — *Annales parlementaires.* Discussion et adoption. Séance du 24 juin 1869, p. 1160-1161. — Sénat. *Documents parlementaires.* Rapport. Séance du 24 juin 1869, p. 69.— *Annales parlementaires.* Discussion et adoption. Séance du 24 juin 1869, p. 321-322.

profit des donateurs ; par suite, elle était de nature à multiplier, avec les versements à capital réservé effectués par les intéressés au bénéfice de leur famille, les versements des patrons en faveur de leurs employés et ouvriers.

Et cependant, les progrès de la Caisse de Retraite ont encore été à peu près nuls pendant cette deuxième période de son existence.

En 1868, la Compagnie du Nord belge avait affilié son personnel, et cet exemple fut suivi par quelques industriels ; mais cependant, malgré les dispositions légales relatées ci-dessus et destinées à augmenter la clientèle de la caisse, le nombre de livrets nouveaux émis entre le 1er août 1868 et le 31 décembre 1887 ne dépassait pas 7.860.

Ce nouvel insuccès n'était pas dû aux mêmes causes que le précédent.

Tout d'abord, le Conseil d'administration avait estimé nécessaire de développer dans le public les idées d'épargne simple, avant de tenter une propagande utile en faveur d'une forme de la prévoyance plus complexe et dont les résultats, toujours aléatoires, ne pouvaient être atteints qu'après de longues années.

La Caisse Générale de Retraite fut donc laissée volontairement dans l'ombre pendant les années qui suivirent la mise en application du nouveau régime.

Lorsque la Caisse d'Epargne eut acquis, plus tard, tout le développement désirable, la commission se trouva en présence d'une difficulté d'un nouvel ordre.

Le taux de l'intérêt de l'argent avait notablement baissé depuis 1868, et la pratique d'opérations à long terme, basées sur un taux de capitalisation de 4 1/2 %, devait sembler d'autant plus dangereuse qu'à cette époque les placements sûrs effectués par la Caisse ne produisaient plus qu'un intérêt voisin de 4 % et que le conseil d'administration prévoyait, pour l'avenir, une nouvelle baisse du taux de l'intérêt.

Il renonça donc à tout effort de propagande, dans la crainte de voir se développer des opérations de rentes viagères susceptibles de se solder par des pertes, avec le tarif de 4 1/2. Aussi, dès 1882, la question de l'abaissement du taux des tarifs fut-elle soulevée ; elle ne fut résolue qu'en 1887.

La grande enquête ouvrière de 1886 a d'ailleurs nettement démontré à quel point la Caisse de Retraite était alors ignorée de ceux-là mêmes pour qui elle avait été particulièrement créée.

Le dialogue suivant peut en donner une idée :

« Nous demandons, — disait un ouvrier, témoin du bassin de Liège, — une Caisse de Retraite à établir par le Gouvernement. »

Et le *Président* de répondre :

« Il y en a une, mais elle n'est malheureusement pas assez connue (1). »

Le *Témoin*. — En effet, personnne ne la connaît.

Un des orateurs du Congrès des Œuvres sociales de Liège, disait encore : « Il nous est arrivé maintes fois à tous de provoquer l'ébahissement des ouvriers en leur disant qu'il existait une Caisse de Retraite et quels en étaient les avantages. »

En résumé, la Caisse de Retraite a été négligée volontairement jusqu'à l'année 1888, et c'est à l'absence de toute propagande que les directeurs successifs de la Caisse ont attribué, avec raison, semble-t-il, les résultats insignifiants obtenus jusqu'à cette époque.

---

(1) Procès-verbaux des séances d'enquête. — Section régionale D, p. 30.

3e Période 1888-1900. — *Arrêté royal du 13 juillet 1887. Tarifs 3 °/o.* — La loi de 1865 stipulait que « les rentes afférentes à chaque versement s'acquièrent d'après des tarifs à régler par arrêté royal. »

Il n'était donc pas nécessaire de faire intervenir une nouvelle loi pour donner satisfaction aux desiderata exprimés depuis 1882 par le Conseil d'administration, en ce qui concernait l'abaissement du taux de l'intérêt.

C'est ainsi que l'*arrêté royal du 13 juillet 1807*, substitua aux tarifs à 4 1/2 °/o, appliqués jusqu'à ce jour, de nouveaux tarifs basés sur un taux de capitalisation de 3 °/o. Le taux des frais d'administration, fixé antérieurement à 5 °/o, était abaissé par le même arrêté à 3 °/o. Ces dispositions sont encore en vigueur à l'heure actuelle.

La troisième période commence avec l'application des nouveaux tarifs de la Caisse de Retraite.

Elle est caractérisée par un essor considérable de l'institution et par des affiliations collectives dont le nombre a été croissant chaque année.

La fin de la seconde période avait été marquée par un léger accroissement du nombre d'opérations, dû très probablement à l'annonce de la mise en application du tarif nouveau, moins avantageux que l'ancien, puisqu'en 1888, sous l'empire du tarif 3 °/o, on constate une légère diminution dans le nombre des versements, par rapport à l'année précédente.

Mais, dès 1889, la marche en avant commence à s'accentuer et l'on voit en 1899, à la veille de la discussion de la loi sur les retraites ouvrières, le nombre des livrets nouveaux atteindre 62.712, le nombre des versements s'élever à 627.100, pour une somme totale de 4.598.638 fr. 98.

Le nombre total des livrets créés de 1890 à 1899 s'élève à 161.312.

Ces résultats remarquables étaient dus à trois causes principales : 1° la propagande entreprise par la Caisse Générale de Retraite ; 2° l'action des congrès, des mutualités et de la presse ; 3° l'action des pouvoirs publics.

Propagande organisée par la Caisse de Retraite.— C'est en grande partie aux efforts de l'administration de la Caisse de Retraite qu'il faut attribuer le développement subit, progressif et considérable des affiliations et des versements.

En effet, tous les moyens de publicité imaginables ont été mis en pratique par la Caisse de Retraite, à partir de 1888. Des notices furent affichées dans tous les bureaux de poste, dans les établissements publics, tels que les succursales de la Banque, les bureaux des receveurs des contributions, dans les gares et les compartiments de chemins de fer ; des brochures de propagande d'une lecture facile, des tarifs accompagnés d'exemples furent distribués à profusion ; des démarches furent faites auprès des chefs d'industries pour les engager à affilier leurs employés et ouvriers ; des fonctionnaires de la Caisse se mirent à la disposition des patrons ou des sociétés pour faire des conférences et leur fournir toutes les explications désirables.

Bref, rien ne fut négligé pour faire connaitre au grand public le mécanisme et les avantages de l'institution.

Action des congrès, des mutualités et de la presse. — La presse est venue seconder la campagne entreprise par la Caisse Générale de Retraite par la publication d'articles de vulgarisation ; la presse mutualiste s'est particulièrement signalée dans cette œuvre de propagande, à laquelle ont contribué également un grand nombre de zélés propagandistes, ainsi que les discussions soulevées dans les nombreux congrès organisés en Belgique pour étudier les questions économiques ou sociales.

Intervention de l'Etat. — L'Etat a favorisé, dans une large mesure, le développement de la Caisse de Retraite et des idées de prévoyance libre par diverses mesures légales ou réglementaires.

Tout d'abord, une *loi du 9 août 1889* (1) *relative aux habitations ouvrières*, a organisé, dans chaque arrondissement administratif, un ou plusieurs *comités de patronage*, composés de 5 à 18 membres nommés pour trois ans, en partie par la députation permanente du conseil provincial, en partie (2 à 8) par le gouvernement.

Ces comités, entre autres attributions, sont chargés (art. 1er) « d'encourager le développement de l'épargne et » de l'assurance, ainsi que des institutions de crédit ou » de secours mutuels et de retraite ».

Ils ont rendu de signalés services à la Caisse des Assurances en vue de la vieillesse, grâce à leurs relations constantes avec les travailleurs de leur circonscription.

Nous verrons, en étudiant la loi de 1900, que l'importance de leur rôle s'est accrue depuis la mise en application de cette loi.

Emploi des fonds de la caisse en prêts pour l'achat ou la construction de maisons ouvrières. — L'article 5 de la loi du 9 août 1889 étend les modes de placements laissés

(1) Modifiée par la loi du 16 août 1897.

à la disposition du conseil d'administration de la Caisse Générale d'Epargne et de Retraite, en disposant dans son article 5 que celle-ci est autorisée à employer une partie de ses fonds disponibles en prêts faits en faveur de la construction ou de l'achat de maisons ouvrières ; elle doit cependant, au préalable, demander l'avis du comité de patronage.

Ces prêts sont assimilés, suivant leur forme ou leur durée, aux placements provisoires ou aux placements définitifs de la caisse.

Les taux et les conditions de ces prêts doivent être déterminés par le conseil général de la Caisse, sous réserve de l'approbation ministérielle.

Arrêté royal du 26 novembre 1889. Abaissement du minimum des versements à 1 franc. — Aux termes de l'arrêté royal du 21 juin 1868, modifié par celui du 21 juillet 1887, les rentes pouvaient être acquises, soit par des versements partiels (de 10 francs), soit par des versements dits complets permettant d'acquérir 12 francs de rente.

Une très heureuse modification de cette disposition autorise des versements partiels de 1 franc au minimum.

Lors de l'entrée en jouissance, les versements insuffisants pour acquérir le minimum de 12 francs sont considérés comme dépôts de caisse d'épargne et remboursés avec les intérêts donnés par la Caisse d'Epargne.

Rentes viagères immédiates.— Un autre arrêté, en date du 10 février 1899, fixe un tarif établi sur les mêmes bases que les précédents, pour les rentes viagères immédiates à capital abandonné à servir dans les cas prévus par l'article 50 de la loi de 1865, pour des âges de 10 à 90 ans.

Arrêté royal du 25 octobre 1890. Participation des agents des postes aux opérations de la Caisse. — Depuis 1879, l'administration des postes avait été chargée de recevoir des dépôts d'espèce et d'effectuer des remboursements pour le compte de la Caisse Générale d'Epargne.

Cette mesure avait eu les plus heureux effets pour le développement de l'épargne ; il semblait donc peu naturel de ne pas étendre à la Caisse de Retraite le bénéfice de cette disposition. La différence de traitement que l'on avait laissé subsister jusqu'alors entre les deux Caisses ne peut s'expliquer que par les considérations financières qui avaient déterminé le conseil d'administration à renoncer à toute propagande en faveur de la Caisse d'Epargne jusqu'en 1887.

L'arrêté du 25 octobre 1890 vint mettre fin à un état de choses si nuisible au développement de la Caisse de Retraite, en assurant au service des versements et des rentes tous les guichets de la poste.

Cette mesure, en multipliant d'une façon considérable les centres d'affiliation et de versements, a puissamment favorisé le développement de la Caisse.

De plus, elle a permis de diminuer dans une notable proportion les frais d'administration.

L'arrêté du 25 octobre 1890 autorisait également les déposants, par une mesure très libérale, appliquée également en France, à constituer au moyen de timbres-poste ordinaires le minimum de 1 fr. prescrit par l'arrêté de 1889.

Il prescrivait l'emploi de coupons-reçus spéciaux à coller sur les livrets des intéressés par les receveurs des postes pour constater les versements, et fixait enfin les formalités de détail relatives à ce nouveau mode de versement ainsi qu'au payement des rentes.

Loi du 21 juin 1894 instituant une caisse d'assurances sur la vie annexée à la Caisse Générale d'Epargne et de Retraite et portant extension des placements de cette institution. — Les opérations de la Caisse Générale d'Epargne et de Retraite avaient déjà été étendues, en 1891, aux opérations d'assurances mixtes nécessitées par la mise en application de la loi sur les habitations ouvrières.

La loi du 21 juin 1894 (1) autorisa une nouvelle extension de ces opérations à l'assurance sur la vie de capitaux n'excédant pas 5.000 fr. par tête d'assuré (2). Elle stipule qu'à l'échéance d'un contrat, la somme assurée pourra être versée à *capital aliéné* à la Caisse de Retraite, pour être employée à l'acquisition de rentes au profit du ou des bénéficiaires.

Arrêté du 4 septembre 1896 abaissant à 1 fr. le minimum des rentes différées. — Jusqu'alors, le minimum des rentes différées était resté fixé à 12 fr.; il fut abaissé à 1 fr. par un arrêt royal de 1896. Désormais, par conséquent, tout versement de 1 fr. est productif d'intérêts, et, dès que l'ensemble des versements partiels de 1 fr. permet d'acquérir 1 fr. de rente, cette rente est acquise définitivement à l'intéressé.

Si les versements ou une fraction de ces versements partiels ne sont pas assez élevés pour acquérir 1 fr. de rente à l'époque de l'entrée en jouissance, l'assuré est invité par l'administration à parfaire cette quotité. Lorsqu'il s'y refuse, les versements partiels lui sont remboursés avec les intérêts (art. 2 de l'arrêté).

---

(1) Complétée par l'arrêté royal du 16 juin 1896.

(2) La Caisse d'assurance sur la vie fut annexée à la Caisse de Retraite en 1896.

Loi du 9 août 1897 et arrêté royal du 27 août 1897 concernant l'affiliation d'enfants âgés de 6 ans au moins. — Afin de faciliter aux enfants des écoles l'affiliation à la Caisse de Retraite, le législateur admet, par la loi du 9 août 1897, toute personne âgée de 18 ans révolus à effectuer des versements au nom de tiers âgés de 6 ans au moins. Cette mesure avait principalement pour but de favoriser le développement des mutualités scolaires, instituées en Belgique sur le modèle des « petites Cavé » françaises, ces sociétés étant appelées à bénéficier, d'autre part, des subsides de l'Etat, lorsqu'elles obtiennent la reconnaissance légale.

La loi du 9 août 1897 donne au gouvernement la faculté d'autoriser les versements en faveur des tiers âgés de moins de 6 ans ; mais il n'a pas encore été fait usage de cette faculté et les tarifs annexés à l'arrêté royal d'exécution du 27 août 1897 concernent seulement les versements opérés de 6 à 9 ans.

Intervention des provinces et des communes. — Les provinces et un certain nombre de communes ont suivi peu à peu l'exemple de l'Etat, en accordant des primes d'encouragement à l'affiliation à la Caisse de Retraite, dans des conditions qui ont varié d'année en année et suivant les cas.

Un certain nombre de provinces ou de communes ont également affilié leurs employés ou leurs ouvriers à leur Caisse de Retraite, le plus souvent en les faisant entrer dans une société mutualiste de retraite. Nous reviendrons d'ailleurs sur cette intervention que nous nous contentons de signaler ici, en raison de l'influence qu'elle a pu avoir sur le développement de la Caisse de Retraite.

Intervention patronale. — Nous verrons également, en passant en revue les institutions patronales, qu'un assez grand nombre de patrons ont encouragé l'affiliation de leur personnel à la Caisse de l'Etat.

Résultats obtenus pendant la troisième période. — Sous l'influence des diverses causes que nous venons de passer en revue, le nombre des affiliations et celui des versements se sont accrus, depuis 1880, dans une proportion considérable ; ce fait était de nature à fournir un excellent argument aux partisans de l'assurance libre.

C'est ainsi que le nombre des versements, qui ne dépassait pas 18.567 en 1890, s'est élevé, en 1899, à 627.100, pour une somme de 4.598.636 fr. 98 (1).

Le nombre annuel de livrets nouveaux passait, en même temps, de 1750 en 1890, à 66.712 en 1899.

4e Période. — Le gouvernement avait institué, en 1896, une commission extraparlementaire chargée d'étudier la question des retraites ouvrières.

M. Mahillon, directeur général de la Caisse d'Epargne et de Retraite, et M. Lepreux, qui lui succéda à la tête de cet établissement, ont pris une part très active aux travaux de cette commission ; il y ont défendu avec éclat et fait triompher la cause de l'assurance libre, consacrée en 1900 par le Parlement.

C'est donc à l'action de la Caisse de Retraite elle-même que pourront encore être attribués en grande partie, les progrès de cette institution dans l'avenir.

En résumé, c'est à l'unité de vues qui a présidé à son développement et aux efforts persévérants du conseil

---

(1) Dont 1.167.183 fr. 32 à capital abandonné, 1.936.441 fr. 99 à capital réservé et 1.495.008 fr. 67 pour rentes immédiates.

d'administration et de la direction, que sont dus principalement les progrès remarquables accomplis depuis 1888.

Loi du 10 mai 1900 sur les retraites ouvrières. — La mise en application de la loi de 1900 semble devoir donner un nouvel essor à la Caisse de Retraite en assurant à ses opérations un développement considérable ; elle constitue en sa faveur, ainsi que nous le verrons, une sorte de monopole des opérations de rentes viagères concernant les classes laborieuses.

Arrêté royal du 11 mars 1901 autorisant le rachat des capitaux réservés. — Afin de donner satisfaction aux vœux formulés par un grand nombre de propagandistes, la loi précitée avait décidé (1) que la Caisse de Retraite pourrait être autorisée, par arrêté royal, à rembourser à l'assuré, après l'entrée en jouissance de sa rente, la valeur de rachat du capital réservé.

L'arrêté royal du 11 mars 1901, pris en exécution de cette disposition, fixe le tarif qui doit servir de base au calcul des sommes correspondantes.

Résultats obtenus en 1901. — Le mouvement ascensionnel des années précédentes s'est encore accentué en 1900 et en 1901.

On a remarqué qu'il s'est produit, pendant les sept premiers mois de 1900, moins d'affiliations que pendant chacun des mois correspondants de l'année précédente (2) — ce qui semble dénoter une certaine hésitation au moment où l'on attendait le vote de la loi sur les pensions de vieil-

(1) Loi de 1900, art. 7.

(2) Voir compte rendu de la Caisse de Retraite, année 1900, publié en 1901, p. 112.

lesse, et même pendant quelque temps après sa promulgation.

Mais, peu à peu, de nombreuses adhésions se sont produites, surtout au mois de décembre 1900 (69.453), alors que les hésitants se sont décidés à s'affilier pour bénéficier des primes afférentes à l'année 1900.

Les tableaux statistiques reproduits ci-après et empruntés aux derniers comptes rendus de la Caisse de Retraite, permettront au lecteur de se faire une idée très nette de la progression des résultats obtenus et de la situation très florissante de cette institution à l'heure actuelle.

TABLEAU comparatif du nombre d'affiliations nouvelles, du nombre de versements et du montant des versements à la Caisse de Retraite.

ANNÉES	NOMBRE DE COMPTES NOUVEAUX	NOMBRE TOTAL DE VERSEMENTS	MONTANT DES VERSEMENTS
1888	368	4.887	322.726 61
1889	918	6.832	591.810 14
1890	1.750	18.567	916.211 04
1891	3.643	30.970	1.117.097 13
1892	3.874	45.336	1.580.318 76
1893	3.525	58.882	1.620.279 65
1894	4.438	69.242	1.762.792 »
1895	5.790	85.477	2.354.079 46
1896	10.549	111.020	2.558.583 15
1897	17.159	171.506	2.048.682 14
1898	43.873	332.029	3.505.701 01
1899	66.712	627.100	4.598.636 98
1900	130.384	850.116	5.121.056 02
1901	133.606	1.368.406	8.853.414 08

Il ressort de l'examen de ce tableau que le nombre des affiliations et celui des versements ont suivi une progression constante jusqu'en 1901 (1), tandis que la moyenne des versements a diminué dans une sensible proportion, (elle était de 27 fr. environ en 1895 et de 6 fr. seulement en 1901). Ce dernier résultat tient au nombre croissant des versements opérés par les enfants des écoles.

La statistique des livrets nouveaux fait ressortir, en effet, que près du sixième des affiliations nouvelles, en 1900 et 1901, étaient relatives à des enfants âgés de 6 à 9 ans et que la moitié environ des livrets créés étaient destinés à des affiliés âgés de 20 ans au plus.

Classement des versements nouveaux, au point de vue de l'âge des titulaires.

AGE DES TITULAIRES	NOMBRE de LIVRETS CRÉÉS	
	1900	1901
6 à 9 ans inclusivement (Loi du 9 août 1897).	19948	21210
10 à 20 id. id.	46195	45871
21 à 30 id. id.	25582	21551
31 à 40 id. id.	20854	17158
41 à 50 id. id.	14187	12340
51 à 60 id. id.	9079	14942
61 et plus	539	534
	136384	133606

Nature des affiliations. Intermédiaires. — Le nombre des affiliations individuelles et directes tend à diminuer d'année en année ; en général, les affiliations ont lieu par l'intermédiaire d'une société mutualiste, qui se charge des formalités et procure à ses membres des avantages sur lesquels nous aurons à revenir.

Le nombre de ces intermédiaires s'est accru dans une

(1) Le nombre considérable d'affiliations nouvelles en 1900 provient, sans aucun doute, en grande partie du vote de la loi concernant les pensions de vieillesse. Ce nombre a un peu diminué en 1901, mais l'ensemble du mouvement des affiliations est bien caractéristique.

proportion considérable dans ces dernières années et sous l'influence de la loi de 1900, puisqu'il est passé de 1887 en 1899, à 3.601 en 1900 et 4.468 en 1901, parmi lesquels on compte 1.680 mutualités scolaires.

Un certain nombre de patrons — une centaine environ, en 1900, — servent également d'intermédiaires pour l'affiliation de leur personnel ; ils procèdent rarement par affiliations individuelles et préfèrent, le plus souvent, constituer une mutualité entre leurs ouvriers. Ceux-ci ont ainsi l'avantage de bénéficier des encouragements de l'Etat et les patrons évitent, d'autre part, les complications d'écritures qu'entraineraient pour eux des affiliations individuelles.

L'intervention patronale, alors même qu'elle ne comporte pas de subventions aux versements des intéressés, a le grand avantage d'assurer la régularité des versements. Il serait donc très désirable que cette intervention se généralisât le plus possible; il n'en a pas été ainsi jusqu'à ce jour, ainsi que nous le verrons en parlant des institutions patronales (1).

Statistique des affiliés ; prédominance des versements effectués par des ouvriers. — Depuis 1892, la Caisse de Retraite exige, lors du premier versement, que le nouvel affilié fasse connaitre sa profession; il a été possible, dans ces conditions, de dresser une statistique professionnelle grâce à laquelle on a pu constater que la majeure partie de la clientèle de la Caisse de Retraite appartient aux classes laborieuses.

(1) Nous renvoyons le lecteur aux comptes rendus annuels de la Caisse Générale de Retraite qui contiennent des tableaux très complets relatifs à la progression du nombre des intermédiaires de chaque catégorie et aux sommes totales versées par ces catégories.

Classement des livrets créés de 1892 à 1901 par profession des affiliés.

	NOMBRE TOTAL PAR ANNÉE (HOMMES ET FEMMES)									
	1892	1893	1894	1895	1896	1897	1898	1899	1900	1901
1. Ouvriers mineurs	147	114	324	337	421	378	514	493	961	1189
2. Ouvriers d'industrie et affiliés exerçant un métier quelconque	1422	1410	1889	3357	5936	7116	9496	11940	28436	24269
3. Journaliers et ouvriers agricoles	725	311	251	587	971	1816	3183	4753	12042	13150
4. Domestiques	93	122	83	167	228	264	888	1191	3681	3609
5. Militaires	»	5	3	4	15	12	36	67	55	55
6. Commerçants et détaillants	42	93	54	97	125	178	561	866	3560	2544
7. Professeurs et instituteurs	46	47	42	31	106	144	468	701	817	810
8. Fonctionnaires et employés	231	209	232	378	494	701	1193	1705	2914	2960
9. Professions libérales	25	25	32	102	68	73	270	599	1017	599
10. Chefs d'établissements agricoles, industriels et commerciaux	32	28	17	47	28	57	79	159	520	728
11. Propriétaires, rentiers et personnes n'exerçant aucune profession, ménagères	312	292	296	414	907	870	2769	5162	17393	16714
12. Enfants mineurs	799	869	1215	269	1250	5550	24416	39076	64988	66979
Total	3874	3525	4438	5790	10549	17159	43873	66712	130384	133606

Le nombre des femmes majeures qui s'affilient à la Caisse de Retraite a considérablement augmenté. Il était de 28.670 en 1900, tandis qu'il atteint 30.885 en 1901 (livrets nouveaux). Il est vrai de dire que ce résultat doit provenir, pour une part importante, de la mise en application des mesures transitoires de la loi du 10 mai 1900.

Le tableau précédent permet d'établir approximativement, pendant les dix dernières années, le nombre d'affiliations de personnes appartenant à la classe des travailleurs manuels ; il suffit de réunir les nombres des quatre premières catégories et de tenir compte, dans la proportion de 9 sur 10 (1), des livrets des deux dernières catégories, pour grouper les affiliés de la classe ouvrière. Cette façon de procéder fournit les chiffres suivants :

EXERCICES	LIVRETS créés au nom de personnes appartenant à la classe des travailleurs manuels.	NOMBRE TOTAL des livrets créés.
1892	3387	3874
1893	3002	3525
1894	3907	4438
1895	5063	5790
1896	9497	10549
1897	15352	17159
1898	38547	43873
1899	58191	66712
1900	110263	136384
1901	117541	133606
1892 à 1902	373750	425910

Sur 425.910 nouveaux affiliés à la Caisse de Retraite pendant les dix premières années, il y a donc environ

(1) D'après le compte rendu de la Caisse de Retraite pour 1901, p. 118.

373.750, soit 88 %, appartenant à la classe des travailleurs manuels.

On a constaté qu'en 1901 le plus grand nombre des livrets nouveaux ont été créés à l'aide de versements de faible importance ; or, les opérations sur livrets créés antérieurement au dernier exercice consistent aussi, en général, en petits versements. On peut en conclure que la clientèle de la Caisse de Retraite se recrute surtout dans les classes laborieuses de la population.

Nombre total des affiliés à la Caisse Générale de Retraite. — Il est à peu près impossible d'évaluer avec exactitude le nombre total des personnes affiliées à la Caisse Générale de Retraite, en raison de ce que la direction n'est pas avisée des décès. Il n'est possible de connaître d'une façon certaine que le nombre des rentes en cours.

Cependant, il résulte de renseignements qui nous ont été donnés verbalement que le nombre des affiliés s'élevait à 300.000 environ au début de l'année 1901; il dépasse donc 400.000 à l'heure actuelle.

Nous nous contentons de signaler ces résultats que nous nous réservons de discuter au sujet de la loi du 10 mai 1900.

RÉSUMÉ DES DISPOSITIONS ACTUELLEMENT EN VIGUEUR. — En résumé, la Caisse Générale de Retraite a pour but de fournir à ses affiliés des *pensions viagères* à un âge qui peut être fixé par les intéressés entre 50 ans révolus et et 65 ans.

Les *versements* peuvent être faits à *capital aliéné* (abandonné) ou *réservé*, soit au profit du déposant lui-même, soit en faveur d'un tiers âgé de 6 ans au moins : le déposant doit être âgé de 18 ans au moins.

La *réserve* du capital peut être stipulée, soit en faveur des ayants-droit de l'affilié, soit au profit de ce dernier. Dans le premier cas, le capital réservé est versé, sous déduction de 3 %, pour frais d'administration, à l'époque du décès de l'affilié ; dans le deuxième cas, le capital réservé peut être remboursé, sous déduction de la même retenue, à l'assuré lui-même, après l'époque de l'entrée en jouissance de ses rentes.

Les *rentes* acquises peuvent être immédiates ou différées et les intéressés peuvent, dans les limites fixées par la loi (de 50 à 65 ans), acquérir plusieurs rentes pour des âges différents ; mais toute acquisition détermine irrévocablement l'époque de l'entrée en jouissance. (1)

Les rentes s'acquièrent par versements *uniques* ou *successifs* et, si elles sont différées, par des versements *partiels* ou *complets* dans les limites fixées par arrêté royal ; — soit *un minimum de 1 franc*, pour les *versements* constitutifs de rentes différentes et pour ces *rentes* elles-mêmes — et un *maximum* de 1.200 francs, pour l'ensemble des rentes accumulées.

L'affilié ne contracte aucun engagement du fait de son affiliation ; il lui est loisible de suspendre ses versements en tout temps, sans subir aucune déchéance quant aux droits acquis du chef de ses versements antérieurs.

---

(1) La commission des pensions ouvrières avait exprimé l'intention le demander l'abrogation de l'article 45 de la loi de 1865, établissant le principe de l'irrévocabilité de l'entrée en jouissance des rentes. M. Lepreux s'y opposa ; il faisait observer que, la table de Quetelet étant trop rapide, la suppression de l'article 49 créerait, pour l'équilibre financier de la caisse, un danger resultant de la sélection qui pourrait alors se produire entre les assurés.

Fonctionnement de la caisse générale de retraite

Note de la Caisse Générale de Retraite concernant l'affiliation à cette caisse des membres d'une société mutualiste.

1. *Formalités de l'affiliation.* — Les règles à suivre pour l'affiliation à la Caisse de Retraite des membres d'une société mutualiste, par l'intermédiaire des bureaux de poste, *ont été modifiées depuis le 1er décembre 1900.*

2. *Demande d'inscription de rente.* — Le délégué de la société doit, comme par le passé, souscrire, pour chaque membre à affilier, une demande d'inscription de rente.

3. Préalablement au versement, les demandes sont envoyées à la Caisse Générale pour y être vérifiées.

Elles doivent à cet effet être remises au bureau de poste dans le ressort duquel se trouve le siège de la société, accompagnées d'une liste des demandes souscrites. Cette liste devra être établie sur des bordereaux de couleur rose d'un modèle spécial.

4. Les imprimés nécessaires à la création des demandes d'inscription de rente et des versements se trouvent dans

---

Procès verbaux des séances de la commission des pensions ouvrières, p. 453.

En France, les intéressés ont la faculté, dans le trimestre qui précède l'ouverture de la rente, de reculer la date de l'entrée en jouissance; mais le danger résultant de cette disposition est considéré comme négligeable en raison du peu de rapidité de la table de mortalité employée.

tous les bureaux ouverts au service de la Caisse d'Epargne.

5. La Caisse de Retraite renvoie les demandes dans le plus bref délai possible après y avoir apposé l'empreinte d'un timbre constatant la vérification. Dès leur réception, le délégué pourra effectuer le versement au bureau de poste. Il devra joindre alors à l'appui des demandes d'inscription de rente un bordereau de versement.

6. *Bordereau de versement.* — Le bordereau de versement doit être fourni par le délégué de la société chaque fois qu'il effectue un versement pour un ou plusieurs membres de la société. En ne produisant pas cette pièce, une société reconnue s'exposerait à ne pas recevoir le subside spécial de deux francs par membre qui fait l'objet de l'article 12 de la loi du 10 mai 1900.

7. *Création des livrets. — Les livrets de retraite sont créés par les bureaux de poste aussitôt après la réception des fonds constituant le premier versement.*

8. *Extrait de naissance. — Affiliés nés en Belgique.* — La Caisse Générale se procure elle-même les extraits d'acte de naissance des affiliés nés dans le royaume. Cependant les sociétés sont vivement engagées à joindre dans la mesure du possible aux demandes envoyées pour vérification, soit les extraits d'acte de naissance des membres à affilier, soit une pièce authentique pouvant en tenir lieu (carnet de mariage, livret militaire, etc.).

L'envoi de ces pièces avec les demandes d'inscription de rente aura pour effet d'abréger sensiblement le délai nécessaire à la vérification des demandes. Les pièces authentiques seront renvoyées après que la Caisse de Retraite en aura pris copie.

9. *Affiliés nés à l'étranger.* — Les demandes d'in-

scription de rente souscrites au profit d'affiliés nés à l'étranger devront toujours être accompagnées d'un extrait d'acte de naissance ou d'une pièce authentique pouvant en tenir lieu. Ces pièces sont renvoyées après que la Caisse de Retraite en a pris copie.

10. *Etablissement de la demande d'inscription de rente.* — Il est recommandé aux délégués de sociétés de puiser autant que possible dans une pièce authentique, telle que l'extrait d'acte de naissance, le carnet de mariage de l'intéressé ou celui de ses parents, le livret militaire, etc., les indications concernant l'*orthographe exacte* du nom et des prénoms de l'affilié, ses lieu et date de naissance, les noms et prénoms de ses parents. On n'omettra pas d'y ajouter l'adresse complète et exacte de l'affilié (localité, rue et numéro).

11. *Femmes mariées.* — Les demandes d'inscription de rente au profit de femmes mariées doivent être visées par le mari pour autorisation.

12. *Age d'entrée en jouissance.* — Les affiliés sont libres de fixer, à leur convenance, l'âge d'entrée en jouissance de leurs rentes. Il doit être l'un des âges entiers, depuis 50 jusqu'à 65 ans.

Il est à remarquer toutefois qu'aux termes de l'article 4 de la loi du 10 mai 1900, concernant les pensions de vieillesse, il faut, pour pouvoir participer aux primes de l'Etat, que l'entrée en jouissance des rentes acquises soit fixée à partir de chaque année d'âge accomplie, *depuis* 55 *jusqu'à* 65 *ans*.

Il est également utile d'attirer l'attention des personnes qui désirent s'affilier à la Caisse de Retraite, sur l'avantage, au point de vue de l'importance des rentes à acquérir, de ne pas fixer cette entrée en jouissance à un âge trop peu avancé, de la fixer, au contraire, à un âge aussi rapproché que possible de la limite légale (65 ans).

13. *Nature des versements.* — Les versements sont portés aux comptes des intéressés d'après les conditions fixées à la demande d'inscription de rente. Ils peuvent être effectués à capital abandonné ou à capital réservé.

14. *Capital abandonné.* — Les versements à capital abandonné sont entièrement transformés, *capital et intérêts*, en rentes que l'affilié pourra toucher, s'il arrive à l'âge qu'il a choisi lui-même pour jouir de ses rentes. Naturellement, la rente est beaucoup plus élevée que si l'on verse à capital réservé, auquel cas les *intérêts seuls* sont transformés en rentes.

Le versement à capital abandonné constitue une opération définitive sur laquelle on ne peut plus revenir.

15. *Capital réservé.* — Les versements à capital réservé, qui donnent lieu à l'acquisition de rentes moins fortes, sont remboursés, au décès de l'assuré, à ses héritiers ou ayants droit sous déduction de 3 p. 100 prélevés pour frais d'administration.

Le capital réservé peut toujours être affecté, en tout ou en partie, soit à la création de rentes nouvelles, soit à l'augmentation de la rente acquise (Art. 52 de la loi du 16 mars 1865).

16. *Remboursement de la valeur de rachat. — Rente temporaire.* — La loi du 10 mai 1900 (pensions de vieillesse) stipule que, par arrêté royal, la Caisse de Retraite aura la faculté de rembourser à l'assuré, après l'entrée en jouissance de sa rente, la valeur de rachat du capital réservé.

17. L'arrêté royal pourra, en outre, décréter, par application de l'article 52 de la loi du 16 mars 1865, que la va-

leur actuelle (valeur à un moment déterminé) du capital réservé pourra, avant l'entrée en jouissance de la rente différée, acquise par ce capital, servir à l'acquisition d'une rente temporaire jusqu'à l'entrée en jouissance de la rente différée.

18. *Versements sous conditions variables.* — Les versements pourront indifféremment être portés aux comptes des affiliés soit à capital abandonné, soit à capital réservé, suivant les indications portées au bordereau de versement. Il suffira pour obtenir cette latitude de ne pas barrer à la demande d'inscription de rente la clause c) « suivant les indications du bordereau de versement ».

19. *Affiliés déjà en possession d'un livret de retraite.* — Un membre de la société peut se trouver déjà en possession d'un livret de retraite.

Si ce titre a été ouvert par les soins du bureau de poste par lequel la société effectuera ses versements, il pourra être utilisé tel quel pour recevoir l'inscription des versements faits par l'intermédiaire de la société. Il suffira de joindre le livret au bordereau de versement et de substituer le titre de la société par laquelle l'affilié versera dorénavant, à celui de l'ancienne société.

Si le titre a été ouvert par l'intermédiaire d'un autre bureau de poste, il devra également être joint au bordereau de versement, mais devra être accompagné d'une demande de transfert, dont la formule imprimée se trouve dans tous les bureaux de poste (1).

(1) *Remarque.* — Il n'a été publié jusqu'ici qu'un seul *bilan technique* de la Caisse de Retraite.

Ce bilan, établi par Mahillon au 31 décembre 1895, devait être quinquennal. Mais le bilan au 31 décembre 1900 n'a pas été publié dans le compte rendu publié en 1901.

§ 3. — Caisse de retraite et de secours des ouvriers des chemins de fer, postes et télégraphes et annexes (1)

Cette institution, fondée en 1838, n'était à l'origine qu'une caisse de secours ; ce n'est qu'au lendem. . ᴉ de la ratification de la loi du 21 juillet 1844 sur les pensions des employés de l'État qu'elle subit une transformation importante et devint une caisse de retraite.

Les statuts actuellement en vigueur, fixés par l'arrêté royal du 16 décembre 1859 (2), ont été modifiés, depuis lors, à divers reprises.

La Caisse de Retraite et de Secours des ouvriers des chemins de fer, des postes et des télégraphes est destinée à faire face à des risques divers ; elle confond en réalité les opérations de trois caisses différentes car c'est à la fois :

a) Une caisse de retraite pour les invalides du travail (caisse d'invalidité) ;

b) Une caisse de pensions pour les veuves, orphelins et ascendants des ouvriers ;

c) Une caisse de secours pour les ouvriers incapables, temporairement de travailler ;

d) Une caisse d'assurance sur la vie (frais de funérailles).

Elle est alimentée par les cotisations des intéressés et par des subsides de l'État.

L'affiliation est obligatoire.

---

(1) Sources. — Duboisdenghien, *op. cit.*, p. 90, et s.; O. Velghe, Rapport, *op. cit.*, p. 26 et s.

(2) Notamment par les arrêtés royaux des 28 déc. 1881 et 7 juillet 1894.

Participants. — Les ouvriers des chemins de fer et des postes et télégraphes sont divisés en deux catégories : le cadre provisoire et le cadre permanent.

Les affiliés à la Caisse de Retraite et de Secours comprennent également deux classes jouissant d'avantages inégaux.

a) Les *associés*, admis à bénéficier de tous les avantages de la caisse.

Ce sont les agents de l'administration payés sur états de salaires et immatriculés ; pour être immatriculé, il faut occuper un poste du cadre permanent et être âgé de 18 ans.

b) Les *ouvriers provisoires*, qui ne peuvent être immatriculés, supportent les mêmes charges que les associés; mais ils participent aux secours seulement. Ils n'ont pas droit à une pension, non plus que leur famille.

Le nombre total des affiliés s'élevait à 49.081 au 31 décembre 1898.

Administration. — La caisse est administrée par une commission composée de 10 membres, nommés par le ministre pour 4 ans. Cette commission statue sur toutes les demandes de pensions ou de secours annuels.

Ses décisions doivent être approuvées par le ministre.

Revenus de la caisse. — Les recettes de la Caisse se composent :

1° D'une retenue normale sur les salaires.

Fixée au début, à 1 %, cette retenue a été successivement élevée à 3 % pour les salaires inférieurs à cette somme.

2° De retenues extraordinaires, en cas de mesure disciplinaire, congé, etc..

3° Des subsides du gouvernement.

Le crédit inscrit à cet effet au budget de chaque exercice s'élevait à 20.000 fr. jusqu'en 1892 ; il a été porté successivement à 50.000 en 1893, à 60.000 en 1894, à 70.000 en 1895 et à 200.000 en 1899.

Une somme de 130.000 fr. est également inscrite annuellement au budget pour secours exceptionnels aux ouvriers qui, par suite de malheurs de famille ou d'autres circonstances, se trouvent dans une position digne d'intérêt, et, en cas de décès, à leur famille.

Une autre somme de 59.000 fr. est destinée, à concurrence de 30.000 fr. à l'octroi de secours à d'anciens ouvriers, ainsi qu'à leurs veuves et orphelins, qui ne peuvent être pensionnés ou dont les pensions sont insuffisantes.

Avantages offerts par la caisse. — *a)* Avantages communs à tous les participants :

1° En cas d'incapacité de travail momentanée, des secours temporaires sont alloués aux *associés et ouvriers provisoires ;*

2° Les frais de maladie leur sont alloués gratuitement ;

3° Des secours annuels peuvent être accordés, en cas d'infirmités permanentes, aux ouvriers provisoires ainsi qu'aux associés et à leur famille, lorsqu'ils n'ont pas droit à la pension ;

4° Traitement gratuit par les médecins agréés, des pensionnaires et des personnes jouissant de secours annuels ;

5° Frais de funérailles.

b) Avantages réservés aux associés :

1° Pension en cas d'infirmités permanentes ;

2° Pensions aux veuves, orphelins, pères et mères des associés.

Pensions. — Les pensions sont accordées, en principe, pour cause d'invalidité permanente.

A l'âge de 60 ans, cependant, l'ouvrier peut solliciter une pension, sans pouvoir l'exiger : l'administration a la faculté de l'utiliser dans un service en rapport avec ses aptitudes et il n'est mis à la retraite, en général, que lorsqu'il est reconnu incapable de tout travail.

Peuvent être admis à la pension :

1° Les associés invalides qui ont participé à la caisse pendant 10 ans révolus ;

2° Les associés, quelle que soit la durée de leur participation, dont l'invalidité a pour cause un accident survenu dans l'exécution ou à l'occasion de l'exécution de leur travail ;

3° Les associés âgés de 60 ans, mis à la retraite, lorsque, sans être atteints d'infirmités permanentes, ils n'ont plus la validité nécessaire pour exécuter leur service avec vigilance.

Liquidation des pensions. — Les services sont comptés, en principe, depuis l'âge de 18 ans.

Un certain nombre d'années, qui ne peut être supérieur à cinq, est retranché du nombre d'années ainsi obtenu, pour les participants admis après l'âge de 30 ou de 28 ans, — selon qu'il s'agit d'hommes de métier ou d'autres catégories d'ouvriers.

Les pensions sont liquidées, pour les 10 premières années de service, à raison de 20 % du salaire moyen des trois dernières années ; à la somme ainsi obtenue, on ajoute

1 1/2 % pour chaque année supplémentaire de contribution à la caisse.

Deux limites maxima ne peuvent cependant pas être dépassées : (a) 50 % du salaire moyen ainsi déterminé et (b) 2.500 fr.

Lorsque l'incapacité de travail provient de blessures ou d'accidents survenus pendant le service, la pension est réglée en prenant pour base le 1/5e du dernier salaire, augmenté de 1 1/2 % pour chaque année de contribution au delà de 5.

La pension peut même être augmentée à concurrence de 10 %, lorsque l'associé a fait preuve d'un courage ou d'un dévouement extraordinaire. Elle ne peut, en aucun cas, dépasser 60 % du salaire ou excéder 2750 fr.

Secours temporaires. — (a) Des secours temporaires sont alloués aux ouvriers malades. Ils s'élèvent en principe, à 2 fr. 50 par jour, au maximum, pour les salaires inférieurs à 5 fr. et varient suivant que l'intéressé est célibataire, veuf, marié sans enfant, ou chargé de famille ; le minimum du secours est fixé en principe à 1 fr. par jour (1).

Secours annuels. — (b) Des secours annuels peuvent être alloués aux associés, aux ouvriers provisoires et à leurs veuves, orphelins, pères et mères.

Le montant des secours (a) et (b) et des frais de traitement médical s'élève annuellement à plus *d'un million de francs* (2).

Veuves, orphelins et ascendants des associés. — Lorsque l'associé a participé à la caisse pendant 15 ans au

---

(1) V. Duboisdenghien, *op. cit.* p. 91, art. 52 à 56 des statuts.

(2) O. Velghe, *op. cit.*, p. 28.

moins, sa veuve a droit à une pension si elle a été mariée pendant plus de cinq années.

Ces conditions ne sont pas exigées lorsque le mari est décédé par suite de blessures ou d'accident survenu pendant le service.

La femme qui se marie avec un pensionné n'acquiert aucun droit à la pension.

La veuve ne peut recevoir que des secours annuels si elle était moins âgée que son mari de 25 ans ou plus.

La pension de la veuve est calculée à raison de 20 % du salaire moyen des 3 dernières années, augmentée de 1 % de ce salaire pour chaque année au-dessus de 15.

Elle est majorée de 2 % du salaire moyen pour chaque enfant mineur de 13 ans — sans que l'augmentation totale qui résulte de ce chef puisse être supérieure à 10 %.

Le maximun de la pension varie de 33 à 43 % du salaire, selon le nombre des orphelins ; il ne peut dépasser 1.600 francs ni être supérieur à la pension à laquelle le mari aurait pu prétendre.

Dans le cas où le décès provient d'un accident survenu pendant le service, la pension est basée sur le dernier salaire du défunt. Le maximum peut être porté à 1.750 francs, lorsque celui-ci a fait preuve d'un courage ou d'un dévouement extraordinaire.

Le minimum est fixé en principe à 120 francs par an; il est porté à 180 francs, dans le cas précédent.

Déchéances. — L'ouvrier est déchu de tout droit à la pension et aux secours en cas de départ volontaire, de renvoi ou de condamnation à certaines peines.

La commission administrative peut également prononcer la déchéance dans les cas de blessures ou de décès dus à l'imprudence grossière, à l'ivresse ou au fait volontaire de l'ouvrier.

Lorsqu'un ouvrier permanent est congédié faute de travail, les règlements de l'administration ne lui allouent qu'une indemnité pour perte de son emploi.

En réalité, les ouvriers des chemins de fer constituent leur pension par leurs propres versements, contrairement à l'esprit de la loi de 1844 sur les pensions de ceux qui travaillent au service de l'Etat, et supportent seuls les conséquences des accidents survenus dans leur service.

Nous insisterons également sur ce fait que les divers services de la caisse sont assurés par un seul budget et ne sont pas différenciés, contrairement aux principes rationnels en matière de prévoyance.

Le jour où la liquidation de la caisse s'imposera, il sera donc très difficile d'attribuer à chaque affilié la part qui lui revient en ce qui concerne la retraite.

Or, le gouvernement a pris devant les Chambres, au cours de la discussion de la loi de 1900 sur les pensions ouvrières, l'engagement moral d'affilier les ouvriers de l'Etat à la Caisse Générale d'Epargne et de Retraite, afin de les mettre en mesure de bénéficier des avantages de cette loi.

Bien que les affiliés de la caisse des chemins de fer constituent la grande majorité des ouvriers de l'Etat, aucune mesure n'a été prise encore pour réaliser cette promesse. Cela tient très probablement aux difficultés considérables que présente la liquidation de la caisse ; elles sont dues aux inconvénients multiples résultant d'une organisation très complexe dans laquelle tous les risques sont confondus, contrairement au principe posé si sagement par la loi française de 1898 sur les sociétés de secours mutuels.

En 1898, 49.081 ouvriers ont versé des cotisations; la caisse servait des pensions à 49 ouvriers, à 253 veuves et à 14 orphelins. Le total des recettes s'élevait à 3.026.585 fr. et le total des dépenses à 2.425.337 fr. (1).

§ 4. — Caisse de secours et de prévoyance en faveur des marins naviguant sous pavillon belge (2)

Il existe à Anvers une caisse de secours, instituée par arrêté royal du 19 septembre 1845, (en exécution de l'article II de la loi du 21 juillet 1844), et régie actuellement par l'arrêté royal du 28 février 1885, modifié par ceux des 5 juin et 29 octobre 1888.

Affiliés. — Tous les capitaines, seconds, mécaniciens, lieutenants, sous-officiers, matelots, chauffeurs, maîtres d'hôtel, cuisiniers, novices et mousses naviguant sous pavillon belge et inscrits au rôle d'équipage d'un navire belge contribuent à la caisse.

Sont exceptés, les marins de l'Etat, les marins naviguant à la pêche.

En 1898, 3280 marins, dont 1276 belges et 2.004 étrangers étaient affiliés à l'institution.

Recettes. — Les recettes de la caisse se composent :

1° D'une retenue de 4 % sur les gages des capitaines, seconds capitaines et premiers mécaniciens ;

---

(1) Voir le tableau des renseignements statistiques de 1838 à 1898, Duboisdenghien, *op. cit.*, p. 103.

(2) Statuts. *Moniteur* de mars 1885. Voir Duboisdenghien, *op. cit.*, p. 118 ; Velghe, *Rapport de la Commission extra parlementaire*, p. 14. Consulter également les statuts de la *Caisse de prévoyance des pilotes et autres agents de la marine*, Duboisdenghien, p. 126 et s.

2° D'une retenue de 3 % sur les gages de tous autres marins ;

3° D'un versement de 1 1/2 % de la totalité des gages des marins embarqués sur un navire belge, par l'armateur de ce navire ;

4° Des dons et legs ;

5° Des dotations et subsides du gouvernement (1) ;

6° Des retenues exercées par suite de punitions disciplinaires (lois du 21 juin 1849 et du 23 mai 1854) ;

7° Des intérêts des capitaux (article 10 des statuts).

Charges de la caisse. — 1° *Pensions.* — Aux termes de l'article 20 :

« Les marins naviguant sous pavillon belge ont droit à « une pension à charge de la caisse, dans les cas suivants:

1° Lorsque l'incapacité d'exercer leur profession sera le résultat d'un accident survenu dans le service ; toutefois, les marins étrangers devront avoir navigué pendant deux ans sous pavillon belge ;

2° En cas d'infirmités contractées au service, s'ils ont contribué à la caisse pendant au moins 15 ans, qu'ils soient étrangers ou nationaux, et s'ils comptent au mois dix années d'embarquement ;

3° Lorsque l'incapacité d'exercer leur profession sera causée par leur âge avancé, s'ils ont contribué à la caisse au moins pendant 20 ans, qu'ils soient étrangers ou nationaux, et s'ils comptent 15 années d'embarquement.

Les infirmités et l'incapacité d'exercer leur profession

---

(1) La loi de 1844 prévoyait l'allocation par l'Etat de subsides dont le maximum était fixé à 10.000 fr. par an ; la caisse a été subventionnée pendant les dix premières années de son existence.

seront constatées par deux médecins ou chirurgiens agréés par la commission administrative.

Le taux annuel des pensions varie de 750 fr. pour les capitaines, à 225 fr. pour les novices et les mousses.

Des pensions ou des secours peuvent être également accordés aux veuves des marins, à la double condition que le mariage ait duré au moins une année et que le défunt ait participé à la caisse pendant 20 ans et navigué pendant 15 années au moins.

Aucune de ces conditions, cependant, n'est exigée, soit lorsque le marin est décédé à la suite d'un accident survenu dans son service, soit lorsqu'il a, dans son service, reçu des blessures ou éprouvé un accident ayant occasionné la mort dans l'année de l'événement.

Aucun droit à la pension n'est acquis lorsque le mariage est postérieur à la retraite du mari.

Le taux de ces pensions varie de 600 fr. pour la veuve d'un capitaine, à 225 fr.

Un accroissement de pension est accordé à la veuve pour chaque enfant mineur de 18 ans ; elle reçoit, de ce chef, une somme qui varie de 75 à 45 fr. par enfant.

L'ensemble des pensions ne doit pas cependant dépasser un maximum qui varie de 900 francs, pour la veuve d'un capitaine, à 405 francs.

Les orphelins de père et de mère reçoivent également des pensions ; la pension d'un orphelin est la même que celle d'une veuve sans enfants ; pour chaque orphelin de plus, il est accordé la somme fixée, dans chaque catégorie, pour chaque enfant de veuve ; le maximum des pensions est le même que dans le cas précédent.

2° *Secours temporaires.* — Des secours temporaires peuvent être accordés aux marins en cas de maladie, de blessures, de pertes d'effets à la suite d'un naufrage ainsi qu'à ceux devenus incapables d'exercer leur profession par suite d'infirmités et qui n'ont pas droit à la pension.

Le règlement prévoit divers cas de déchéance du droit de participer à la caisse, dans lesquels les sommes versées restent complètement acquises à l'institution (art.58, 59, 60 et 62).

Equilibre financier de la caisse. — Si les ressources de la caisse ne suffisent pas pour faire face à ses charges réglementaires, le taux des retenues peut être augmenté par arrêté royal, sur le vu d'un avis motivé de la commission administrative.

Les retenues sur les salaires et les contributions patronales sont versées entre les mains des commissaires maritimes.

Les pensions et secours sont accordés par la commission administrative, sous réserve de l'approbation du ministre (1).

---

(1) Voir le résumé des comptes et des renseignements statistiques publiés par Duboisdenghien, *op. cit.*, p. 125 et 126. Pour les *statuts* de la caisse, voir le *Moniteur* du 7 mars 1885 ; les comptes sont publiés chaque année dans le même journal.

CHAPITRE II

Institutions provinciales et communales.

La loi provinciale et la loi communale obligent les provinces et les communes à inscrire à leurs budgets les crédits nécessaires pour faire face au service des pensions de leurs employés, conformément aux règlements qu'elles sont chargées d'arrêter elles-mêmes. De plus, diverses provinces et communes ont organisé un service de pensions pour leurs ouvriers.

Les institutions communales ou provinciales peuvent être divisées en deux catégories : les unes sont des organismes autonomes, réunissant à peu près tous les vices d'organisation : absence de bases techniques, assurance globale contre les risques divers, confusion des recettes, petit nombre d'affiliés, etc., etc. (1).

« La plupart de ces institutions, dit M. Duboisdenghien (2), sont conçues sur le plan d'ensemble des institutions gouvernementales ; elles présentent les mêmes vices constitutionnels et les mêmes dangers, aggravés par cette circonstance que, presque généralement, les provinces et communes qui ont créé des institutions de l'espèce ont pris envers elles des engagements directs des plus onéreux ».

---

(1) *Commission des pensions ouvrières*, procès-verbaux, p. 23, opinion de M. Adam.

(2) *Op. cit.*, p. 34.

Cette note pessimiste se retrouve également dans le rapport rédigé par M. Varlez, à l'occasion de l'exposition de Paris, en 1900 (1).

Les institutions comprises dans la deuxième catégorie, offrent, au contraire, les plus sérieuses garanties, puisqu'elles sont destinées simplement à servir d'intermédiaires entre la Caisse Générale de Retraite et les intéressés.

Le nombre des provinces et des administrations communales qui affilient leurs employés ou leurs ouvriers à la Caisse de Retraite augmente tous les ans ; et l'on en peut suivre la progression dans les comptes rendus annuels de la Caisse Générale de Retraite en annexe desquels sont insérés les statuts des institutions de ce genre les plus importantes.

Subsides provinciaux. — C'est la province de Hainaut qui a pris l'initiative de ce mouvement, sous l'impulsion de l'un des plus ardents apôtres de la mutualité en Belgique, le baron Raoul du Sart de Bouland, gouverneur de la province depuis de longues années, qui a fait inscrire dès 1895, au budget provincial, un crédit de 50.000 fr. destiné à des primes d'encouragement à accorder aux ouvriers.

La même année, la province de Namur allouait, dans le même but, un crédit de 5.000 fr. aux sociétés mutualistes.

En 1897, le Brabant vota un crédit de 10.000 fr. à répartir entre les sociétés mutualistes affiliant leurs membres à la Caisse de Retraite ; la Flandre orientale et la Flandre occidentale inscrivaient à leur budget avec la

---

(1) Louis Varlez, exposition universelle de 1900, Belgique, économie sociale, *Rapport général*. Bruxelles, Vromant et Cie, 1900.

même affectation, des crédits de 14.000 et de 3.000 fr. (1).

En 1899, toutes les provinces encourageaient l'affiliation à la Caisse de Retraite et inscrivaient à leur budget, dans ce but, les crédits indiqués ci-dessous (2) :

Anvers	4.000 fr.
Brabant.	15.000 (3)
Flandre occidentale	11.500
Flandre orientale.	32.000
Hainaut.	50.000
Liège	20.000
Limbourg	5.000
Luxembourg	15.000 (pour partie).
Namur.	25.000

Le mode de répartition des primes provinciales diffère suivant les provinces et les tendances en vue desquelles elles sont accordées : il a d'ailleurs varié, pour une même province, d'une année à l'autre.

Dans certaines provinces, les primes constituent uniquement une augmention des subsides gouvernementaux et sont réparties d'après des règles se rapprochant plus ou moins de celles qui sont appliquées pour les primes de l'État.

Il en est ainsi, pour 1901, des primes accordées par les provinces d'Anvers, Brabant, Limbourg, Luxembourg et Namur.

La province de la Flandre orientale accorde des primes

(1) D'après les comptes rendus de la Caisse Générale de Retraite.

(2) D'après le rapport de O. Velghe sur les travaux de la Commission des pensions ouvrières, p. 158.

(3) Non compris une partie d'un crédit de 10.000 fr. destiné aux sociétés scolaires de mutualité et de retraite.

analogues ; elle alloue, d'autre part, des surprimes aux affiliés âgés de plus de 40 ans.

Les règles de répartition établies par la province de Liège ont pour but de favoriser spécialement les affiliés âgés ; elles croissent avec l'âge, avec les versements, effectués et ne sont accordées qu'aux affiliés âgés de plus de 40 ans.

Les provinces de Hainaut et de la Flandre orientale ont adopté un système de répartition qui favorise les affiliés dont les versements sont peu élevés.

Les subsides des provinces sont versés à capital abandonné, à l'exception de ceux du Luxembourg, des provinces de Namur et d'Anvers.

A la différence des subsides de l'Etat, les primes accordées par les provinces ne sont donc pas fixées par une loi, mais par une simple inscription au budget provincial. Il en résulte que l'octroi de ces primes ne présente pas le même caractère de stabilité que l'allocation des primes de l'Etat.

En 1901, la Caisse Générale de Retraite a proposé aux provinces d'adopter des règles uniformes de répartition se rapprochant de celles de l'Etat (1). Certaines provinces ont déjà donné leur adhésion à cette proposition (2) dont l'acceptation générale favoriserait à la fois la propagande en vue de la retraite et la simplification des écritures.

Quoi qu'il en soit, nous indiquons ci-après les bases de la répartition des subsides provinciaux en 1901, en insis-

---

(1) Voir, en ce sens, vœu du Congrès de la ligue démocratique belge tenu à Mons en 1902. (*Le Mutualiste*, journal bi-mensuel, Bruxelles, 1er novembre 1902, p. 4.)

(2) *Compte rendu de la Caisse de Retraite pour 1901*, p. 120.

tant sur ce fait qu'elles n'ont rien de fixe et qu'elles ont déjà varié.

Bases d'attribution des subsides provinciaux en 1901.

PROVINCE D'ANVERS. — Le subside voté par la province est réparti, au marc le franc des sommes versées par l'affilié, jusqu'à 12 francs, entre les sociétés mutualistes reconnues ; les primes ainsi allouées sont versées directement à la Caisse de Retraite. Les sociétés mutualistes répartissent comme elles l'entendent le subside provincial.

BRABANT. — Des primes annuelles versées à capital abandonné, sont accordées aux personnes de nationalité belge, domiciliées dans la province et versant à la Caisse de Retraite — à la condition que l'âge d'entrée en jouissance soit au moins égal à 55 ans et que la rente acquise par l'affilié ne dépasse pas 360 francs.

Elles sont égales à la moitié des versements effectués pendant l'année ; leur maximum est fixé à 12 francs par membre pour les mutualités d'adultes et 6 francs pour les mutualités scolaires.

Divers cas d'exclusion sont prévus par le règlement.

La prime provinciale est versée à capital abandonné (1).

FLANDRE OCCIDENTALE. — Les subsides provinciaux sont alloués aux membres des sociétés mutualistes reconnues affiliées à la Caisse de l'Etat, à raison de 0 fr. 30 par franc versé jusqu'à 12, à la condition que les versements personnels ne dépassent pas 60 francs pour l'année entière.

Une surprime de 20 centimes par franc versé, jusqu'à

(1) D'après le *Compte rendu de la Caisse de Retraite pour 1901*, p. 120 et suiv.

12, est allouée aux mutualistes non aisés (c'est-à-dire ne payant pas plus de 10 francs de contributions, patentes comprises, dans les communes non émancipées et pas plus de 20 francs dans les villes et communes émancipées), âgés de 50 ans au moins et de 55 ans au plus au 1er janvier 1901 ; une surprime de 15 centimes par franc est allouée aux mutualistes non aisés qui ont atteint leur 40e année à la même époque.

La prime provinciale est versée à capital abandonné. Elle cesse d'être allouée aux affiliés qui ont acquis une rente de 360 francs.

Flandre orientale. — Les subsides sont alloués aux membres des sociétés mutualistes versant à la Caisse de Retraite, à raison de 1 franc par franc versé pour les 4 premiers francs, et 1 franc pour tout nouveau livret créé du 1er janvier au 31 décembre de l'année courante.

En cas d'insuffisance de crédit disponible, le maximum de 4 francs peut être abaissé (il était de 3 francs en 1899 et de 1 franc en 1900).

Les primes sont versées à capital abandonné ; elles cessent d'être accordées aux affiliés titulaires d'une rente de 182 fr. 50 à partir de 60 ans ou à ceux qui, ayant acquis à cet âge une rente de 125 francs, se sont constitués un capital réservé de 1.000 francs.

Le maximum du subside à accorder est fixé à 800 francs par société ; s'il est atteint ou dépassé, la société est chargée de la répartition.

Hainaut. — Les primes sont accordées dans les conditions fixées aux articles 1, 2, 3, 4 et 6 de la loi de 1900 (V. *infrà*).

20 centimes par franc sont accordés jusqu'à concur-

rence des 15 premiers francs versés; exception est faite en faveur des affiliés de 40 ans au moins, pour lesquels ce maximum est porté à 24 fr.

Le crédit à répartir étant fixé à 100.000 fr., la prime accordée pour chaque franc versé peut être l'objet d'une réduction proportionnelle, le cas échéant.

Liège. — Les subsides provinciaux sont réservés aux affiliés âgés de 40 ans au moins au 31 octobre de l'année précédente et n'ayant pas acquis une rente de 360 fr. à capital abandonné, ou de 180 fr. à capital réservé.

La valeur du subside et son maximum croissent avec l'âge des bénéficiaires. Les versements à capital réservé bénéficient d'une prime égale à la moitié de celle qui est attribuée aux versements à capital abandonné.

Les primes sont versées à capital abandonné; l'âge d'entrée en jouissance ne peut être inférieur à 55 ans.

Certaines catégories de personnes sont exclues du bénéfice de ces primes (fonctionnaires, rentiers, etc.).

Limbourg. — Les subsides sont accordés aux membres des sociétés mutualistes, à raison de 50 centimes par franc versé (ce taux peut être réduit en cas d'insuffisance du crédit provincial).

Le maximum du subside, qui est versé à capital abandonné, est fixé à 3 fr.

Les personnes ayant acquis une rente de 360 fr. calculée dans les conditions de l'article 6 de la loi de 1900 sont exclues du bénéfice des primes provinciales.

Luxembourg. — Les primes provinciales sont versées à capital abandonné. Elles sont accordées pour les versements effectués par une société mutualiste reconnue, pour les 6 premiers francs versés, aux titulaires de livrets sur lesquels la rente inscrite est inférieure à 360 fr.

Les sociétés répartissent le subside provincial qui leur est alloué comme elles l'entendent.

NAMUR. — Les primes provinciales sont versées à capital abandonné ou à capital réservé aux héritiers des titulaires, en faveur des membres des sociétés mutualistes reconnues, suivant les conditions déterminées par la loi de 1900 pour l'obtention des subsides de l'Etat.

Il est accordé en principe 0 fr. 20 par franc versé.

Villes et communes. — Un certain nombre de villes ou communes ont également affilié leur personnel à la Caisse Générale de Retraite.

La commune de Laeken, dès 1893, avait adopté, pour ses employés, un règlement concernant les retraites basé sur l'emploi des versements à l'achat d'une rente viagère et au paiement des primes d'une assurance sur la vie (1).

En 1897, la ville de Louvain avait groupé ses agents et employés communaux en société mutualiste d'affiliation à la Caisse de Retraite (2).

En 1899, les villes de Liége et de Malines avaient affilié leur personnel à la même institution, avec intervention facultative des intéressés (3); les villes d'Arlon, Bruges, Gand, Louvain, Mons et Ostende imposaient l'affiliation à leur personnel, en y participant par des subventions ; et 74

---

(1) D'après le système pratiqué, depuis 1889, par la Caisse de Retraite elle-même, pour ses employés.

(2) Voir les statuts au *Compte rendu de la Caisse de Retraite*, année 1897, annexe VI.

(3) O. Velghe, *Rapport sur les travaux de la Commission des pensions ouvrières*, p. 12. Voir également Duboisdenghien et Varlez, *op. cit.*

communes du Hainaut encourageaient, par l'octroi de subsides, l'affiliation de leurs employés.

Etablissements charitables. — Enfin, un certain nombre d'administrations communales et de bureaux de bienfaisance se sont préoccupés, depuis le vote de la loi de 1900, de mettre les travailleurs âgés de 55 ans au moins et de 58 ans au plus, au 1er janvier 1901, en situation de bénéficier de l'allocation de 65 fr. prévue par la loi de 1900, lorsqu'ils atteindront 65 ans.

Ces établissements effectuent, à cet effet, pour les travailleurs incapables de le faire, les versements nécessaires pour atteindre la somme de 18 fr. qui doit être versée en 3 ans (Voir *infrà*, chap. VII, § 3.)

DEUXIÈME PARTIE

Institutions dues à l'initiative privée.

Nous rangerons dans cette catégorie :

1° Des *institutions diverses*, telles que la caisse de prévoyance des pêcheurs et les institutions de retraite, caisses de retraite dépendant des sociétés coopératives ou des organisations ouvrières ;

2° Les *mutualités*, les caisses de pensions ou d'allocations annuelles et les *sociétés à forme tontinière* désignées sous le nom générique de *pseudo-mutualités ;*

3° Les *institutions patronales*, au nombre desquelles figurent également un certain nombre de mutualités.

CHAPITRE III

§ Ier. — Caisse de prévoyance des pêcheurs

Les Caisses de prévoyance des pêcheurs sont destinées à adoucir le sort des familles de pêcheurs, ainsi que celui des pêcheurs âgés, malades, blessés ou estropiés ; elles servent à leurs affiliés des pensions de vieillesse ou d'invalidité.

Leur intervention ne peut s'exercer qu'en faveur des pêcheurs pratiquant régulièrement la pêche, dans les localités où elles sont établies ; les étrangers et les Belges peuvent bénéficier indistinctement de leurs avantages.

Un arrêté royal du 21 avril 1842 avait institué un encouragement pécuniaire en faveur des armements à la petite pêche de marée et avait décidé d'allouer le tiers du montant des primes aux Caisses de prévoyance.

Cinq Caisses ont fait approuver leurs statuts par des arrêtés royaux ; ce sont celles de Blankerberghe (2 février 1843), d'Heyst (17 octobre 1843), de La Panne-Adinkerke (28 décembre 1843), Ostende (2 décembre 1850) et Nieuport (25 novembre 1851) (1).

---

(1) Source. — O. Velghe, *Rapport sur les travaux de la commission des pensions ouvrières*, p. 17 et suiv. — *Notice* rédigée d'après les renseignements fournis par l'administration de la marine. — Les dispositions statutaires ont paru au *Moniteur belge* à leur date.

Par suite de la suspension du versement des cotisations, la première a cessé de fonctionner à partir de 1867. Quant aux autres, elles sont régies par divers arrêtés royaux qui ont modifié leurs statuts primitifs.

Administration. — Les Caisses de prévoyance des pêcheurs sont administrées par des directions ou commissions de 5 à 7 membres exerçant gratuitement leurs fonctions. Elles sont ordinairement composées comme suit : le bourgmestre, un membre du bureau de bienfaisance, deux armateurs de bateaux de pêche, un pêcheur, deux pilotes ou patrons de bateaux.

Ressources. — Les caisses sont alimentées : 1° par des retenues opérées sur le produit des pêches ou par des cotisations imposées aux propriétaires de bateaux et aux pêcheurs ; 2° par des subsides des pouvoirs publics, dons, etc. Mais la prescription relative au payement des cotisations est tombée en désuétude, sauf pour la caisse de La Panne, qui comprend une centaine d'affiliés.

En 1898, aucun versement n'avait été effectué par les pêcheurs d'Ostende et de Heyst et ceux de Nieuport avaient versé 72 francs seulement !

La caisse d'Ostende, cependant, fait exception ; elle est alimentée par la retenue de 1 °/₀ qui lui est attribuée sur le produit du poisson vendu à la minque.

Ces diverses caisses ont donc perdu, à l'heure actuelle, leur caractère d'institutions de prévoyance, pour devenir, en réalité des institutions de bienfaisance.

Pensions d'invalidité. — Les pensions sont accordées aux pêcheurs lorsqu'ils deviennent incapables de servir sur mer, par suite d'accident, de maladie ou de vieillesse ; l'invalidité doit provenir du service actif de la pêche. Les caisses d'Ostende, et de Nieuport, cependant, accordent une pension réduite dans les autres cas d'invalidité. La pension d'invalidité pour cause d'accident est payée aussi longtemps que dure l'incapacité de travail ; si l'incapacité est partielle, la caisse d'Ostende réduit la pension de moitié.

A Ostende, à Nieuport et à Heyst, la pension accordée pour cause de maladie est réduite de 50 % après le troisième mois.

Le montant de la *pension d'invalidité* varie avec les caisses ; il est, en général très peu élevé. A Nieuport, la caisse accorde 10 francs par mois ; à Heyst, la pension est de 5 ou de 8 francs par mois, suivant que l'intéressé est célibataire, veuf sans enfants de moins de 14 ans ou bien marié ou veuf avec enfants au-dessous de 14 ans.

La caisse de La Panne alloue, dans les mêmes cas, des pensions de 6 ou de 9 francs ; à Ostende, les pensions correspondantes sont de 16 francs ou de 20 francs par mois ; une majoration de 2 francs est accordée par enfant au-dessous de 14 ans.

Pensions de vieillesse. — Les conditions dans lesquelles sont accordées les pensions de vieillesse sont variables.

A Nieuport, une pension de 10 francs est allouée aux affiliés lorsqu'ils sont reconnus incapables de prendre la mer. A Heyst, la pension est de 6 francs à 65 ans ; de 8 francs à 70 ans et de 10 francs à 75 ans. La caisse de la Panne alloue une pension de 7, 8, 9, 10, ou 11 francs suivant que l'intéressé est âgé de 55, 60, 70 ou 75 ans. La pension accordée par la caisse d'Ostende s'élève à 10, 15, 20 ou 25 francs pour des pêcheurs âgés de 60, 65,

70 ou 75 ans, à la condition qu'ils aient pratiqué la pêche jusqu'à 60 ans. Elle est réduite à 6, 8, 12 et 15 francs, pour les mêmes âges dans le cas contraire.

Majoration pour les hommes mariés. — Les caisses d'Ostende, de Heyst et de La Panne accordent une majoration de 2 francs lorsque la femme du pêcheur est âgée de plus de 60 à 65 ans. Cette majoration est de 5 francs à Ostende si le mari a pratiqué la pêche jusque dans sa 60e année.

Veuves, orphelins et parents. — Des pensions sont allouées aux veuves ou aux enfants des pêcheurs décédés, soit en activité de service, soit après l'entrée en jouissance de leur pension, ainsi qu'aux mères, veuves ou sœurs non mariées ayant fait ménage avec un pêcheur décédé, et même, dans certains cas, à Nieuport, au père et à la mère du pêcheur décédé.

La pension est de 5 francs par mois à Heyst et à Nieuport, de 6 francs à La Panne. Elle varie, à Ostende, de 5 à 10 francs, suivant l'âge de la veuve et l'âge auquel le mari a abandonné la pêche.

Toutes les caisses accordent une majoration de 2 francs pour chaque enfant âgé de moins de 14 ans.

La pension de veuve n'est plus accordée en cas de remariage.

La femme qui se marie avec un pensionné n'acquiert aucun droit à la pension.

L'ouverture de la pension de vieillesse, à Heyst, et de toute pension, pour les autres caisses, est subordonnée à certaines conditions, sauf les exceptions autorisées par les statuts : a) Le pêcheur doit avoir exercé sa profession dans les localités au moins pendant les 5 (Heyst et La Panne) dernières années, ou pendant dix années consécutives (Ostende, Nieuport) ; *b*) Il doit avoir, pendant ce laps de temps, subi les retenues statutaires ; c) Il doit être suffisamment prouvé qu'il ne va plus sur mer (Heyst, La Panne).

Clauses de déchéance. — Le pensionné qui va sur mer perd d'ordinaire la jouissance de sa pension aussi longtemps qu'il exerce sa profession.

L'incapacité de travail résultant de suites de rixes ou d'ivrognerie entraine la déchéance de tout droit à la pension d'invalidité. Les condamnations à une peine infamante et diverses autres causes peuvent entrainer également l'exclusion du bénéfice des pensions.

A Nieuport, les pensions sont réduites de moitié pendant les 6 mois de l'été, d'avril à septembre.

Equilibre financier des caisses.— Enfin, si les recettes annuelles ne sont pas suffisantes pour faire face au paiement des pensions, les statuts des diverses caisses prévoient une réduction proportionnelle des pensions allouées.

Le tableau suivant résume la situation financière de ces diverses caisses pour l'année 1898 (1).

Situation financière des Caisses de prévoyance des pêcheurs pour l'année 1898.

		Ostende	Nieuport	Heyst	La Panne
Pensions servies	invalidité..	121	»»	3	»»
	vieillesse...	121	12	19	27
	veuves.	275	7	27	26

(1) O. Velghe, *Rapport*, p. 20.

Situation de la Caisse au 31 décembre 1898.

Excédent des recettes sur les dépenses	19.453 90	35 26	521 20	759 20
Inscription au grand livre et fonds publics. .	109.199 11	6.000 00	15.107 67	6.300 00
Totaux	128.653 01	6.035 26	15.628 87	7.059 20

§ 2. — Institutions de retraite dépendant des organisations ouvrières (1)

Syndicats ouvriers et sociétés coopératives de consommation. — Jusqu'au XIXe siècle, les corporations, (ghildes, métiers) très développées en Belgique, tout au moins dans les villes, garantissaient pratiquement les salariés contre les risques de maladie, d'accident et de chômage.

La Révolution française ayant fait disparaître cette organisation bienfaisante, les ouvriers sentirent le besoin de remédier, par l'association, à l'isolement dont ils souffrirent depuis lors. Mais les efforts qu'ils tentèrent pour se grouper, même dans un but de prévoyance, furent paralysés, pendant toute la première moitié du XIXe siècle par une législation hostile, exagérée dans son application, par les autorités communales et accentuée encore par les résistances patronales.

---

(1) Sources. — Em. Vandervelde, *Enquête sur les associations professionnelles d'artisans et d'ouvriers en Belgique*, 2 vol. in-8°, Bruxelles, 1891. Destrée et Vandervelde. *Le socialisme en Belgique*, Paris, Giard et Brière, éd., 1898; A. Vermeersch. *Manuel social* (Louvain, 1900); Varlez, *Economie sociale. Belgique. Rapport général présenté à l'exposition de Paris en 1900*, Bruxelles, Vromant, éd., 1901.

Quelques associations, sous le nom de *bourses communes*, se constituèrent cependant, même sous le régime impérial, et pratiquèrent, sous une forme embryonnaire, l'assurance contre la maladie et les chances de décès.

Ces *associations mutuelles* étaient le plus souvent *professionnelles*; elles durent à leur caractère militant d'encourir plus d'une fois les rigueurs de la loi : nombre d'entre elles furent dissoutes. Il continua à s'en créer, cependant, dans un certain nombre de villes : le principe sur lequel elles reposaient répondait à des nécessités trop sérieuses pour que l'hostilité des pouvoirs publics et du clergé pût en arrêter complètement les progrès.

Aux bourses communes, ainsi organisées par les ouvriers, furent opposées des institutions patronales dites *bourses particulières;* la rivalité de ces deux sortes d'associations eut d'heureux résultats, puisqu'elle contribua à augmenter le nombre des institutions de prévoyance, par la création de mutualités nouvelles et de *caisses d'usines*.

Vers le milieu du siècle, on peut constater, en Belgique, un phénomène semblable à celui qui s'est manifesté dans l'histoire des Trades Unions anglaises : c'est l'élite de la classe ouvrière qui, seule, participe au mouvement. Les mutualités présentent un caractère presque exclusivement professionnel, et l'on n'y voit guère figurer que des ouvriers dits « de métier » : forgerons, orfèvres, typographes, fileurs de coton, tailleurs, etc. Ce n'est que vers 1850 que se forment quelques sociétés groupant des ouvriers sans spécialisation professionnelle.

En 1851, une loi sur les sociétés de secours mutuels vint donner à ces organismes l'existence légale qui leur avait fait défaut jusque là ; mais elle soumettait l'octroi de la personnalité civile à des conditions telles que la grande majorité des organisations ouvrières resta en dehors du mouvement mutualiste « officiel », jusqu'aux dernières années du XIXe siècle.

Un certain nombre d'associations ouvrières ont établi des services de pensions ou de secours en cas d'invalidité pour leurs affiliés ; ces institutions peuvent être considérées à divers points de vue, comme des sociétés de secours mutuels. Cependant, en raison de leur nature particulière, nous avons cru devoir en distraire l'étude du chapitre relatif aux mutualités.

Le type le plus ancien de ces associations apparait vers 1840 : ce sont les associations de chapeliers, de typographes, de bijoutiers (1).

Ce sont des sociétés de maintien des prix dont le caractère corporatif est nettement accusé. Au nombre de leurs institutions, en général très complexes, on relève un certain nombre de pseudo-caisses de retraites, présentant en général peu de garanties, étant donnée la confusion des risques qu'elles sont destinées à couvrir : risques de maladie, d'accident, etc.

Parmi les groupements qui accordent à leurs membres des secours d'invalidité et de vieillesse, il est possible de citer l'Union philantropique des chapeliers, la Fédération du bronze, la Collectivité des gantiers, la Fédération typographique (comprenant les associations de typographes de Bruxelles, d'Anvers et de Gand). Les caisses de retraites fondées par ces deux dernières associations ont une existence absolument distincte de celle du syndicat dont elles

(1) Em. Vandervelde, *Enquête*, 2e partie, titre 1.

dépendent. Leur situation financière a d'ailleurs donné lieu à de sérieuses inquiétudes (1).

Nous signalerons également l'existence de quelques institutions de retraite organisées par des syndicats professionnels d'ouvriers (2).

Mais, la plupart des associations ouvrières sont rattachées, en Belgique, au *parti ouvrier*, fondé à Bruxelles, le 9 avril 1885, par la fusion des groupes socialistes tels que : le Vooruit de Gand, le Werker d'Anvers (sociétés coopératives), la Fédération des ligues ouvrières, etc., et de groupes purement corporatifs ou mutualistes, tels que l'Union verrière de Charleroi et l'Association Générale ouvrière de Bruxelles (3).

Nous croyons nécessaire, ici, d'insister sur ce fait qu'en Belgique les efforts des chefs du parti ouvrier ne portent pas uniquement sur le domaine économique. César de Paepe, Hector Denis, G. Degreef et leurs successeurs, Destrée, Vandervelde en tête, ont toujours considéré, en effet, que le socialisme n'est pas seulement une « question d'estomac », mais surtout une question morale, et qu'il doit disputer à l'Église, « incarnation de l'esprit conservateur, le domaine des esprits et des cœurs (4) ».

Quoi qu'il en soit, il faut reconnaître que le parti socialiste belge, admirablement organisé et dirigé par des hommes de haute valeur, a su sortir du domaine des uto-

(1) Em. Vandervelde, *op. cit.*

(2) Varlez, *op. cit.*, p. 181.

(3) Destrée et Vandervelde, *op. cit.* — Le nom de *Parti ouvrier* fut substitué, sur la proposition de Volders, appuyée par les Bruxellois, à celui de *Parti socialiste*, préconisé par le Congrès tenu à Bruxelles en 1879.

(4) Destrée et Vandervelde, *op cit.*

pies et des discussions d'écoles ou de personnes, toujours si stériles, pour rechercher la solution des problèmes qu'il se propose de résoudre par les moyens les plus pratiques et les plus appropriés à la situation économique de la Belgique.

C'est ainsi qu'il a emprunté aux Anglais le *self help*, l'association libre, principalement sous la forme coopérative ; aux Allemands, leur tactique politique, et aux Français, avec leurs tendances idéalistes, leur conception intégrale du socialisme considéré comme le prolongement de la philosophie révolutionnaire (1).

En fait, l'organisation du parti ouvrier belge repose presque exclusivement sur le fonctionnement de ses *sociétés coopératives* (Vooruit, Werkers, maisons du peuple), qui en constituent, suivant une expression pittoresque, les « arsenaux et les forteresses », puisqu'elles fournissent aux syndicats affiliés des subsides en cas de conflit avec les patrons (2).

Le type de ces sociétés est le *Vooruit* (en avant) fondé par Anseele à Gand en 1880, et autour duquel sont groupés 19 syndicats, avec un effectif qui s'élevait, en 1898, à 9.895 membres (3).

Son fonctionnement repose sur une boulangerie coopérative, à laquelle sont venus s'adjoindre, par la suite, avec des services multiples concernant l'alimentation et le vêtement, l'organisation de conférences, de représentations

---

(1) Destrée et Vandervelde, *op. cit.*

(2) On leur a opposé des « corporations chrétiennes » qui constituent de véritables associations de résistance contre le socialisme. La Ligue démocratique belge a groupé un grand nombre de ces organisations.

(3) Destrée et Vandervelde, *op. cit.*, p. 33.

théâtrales, de concerts destinés à relever l'état moral ou intellectuel des ouvriers (1), et enfin des services de prévoyance pour les coopératives les plus importantes.

Ainsi le *Vooruit* a institué, depuis 1892, une *caisse de pensions* pour ses membres âgés : tous ceux qui achètent pour 150 francs par an de marchandises, exclusion faite du pain, peuvent recevoir, à 60 ans et après 20 ans de participation, une pension variant de 0 fr. 40 à 1 franc par jour.

Le *Vooruit* avait 53 pensionnés en 1900, et le secrétaire de la fédération des sociétés coopératives belges a affirmé que « le temps n'est pas éloigné où il faudra 100.000 fr., pour faire face aux dépenses de cette nature. » (2)

La *Maison du Peuple*, de Bruxelles, a organisé également, à la fin de l'année 1896, une assurance mutuelle qui comptait 1.150 membres en 1898.

L'association socialiste des travailleurs du bois a décidé d'organiser dans son sein une *caisse de retraite* (3).

Mutualités socialistes. — Les mutualités socialistes affiliées au parti ouvrier sont en nombre assez restreint. Cela tient à ce que la plupart de ceux qui adhérèrent à ce parti faisaient déjà partie, au moment de sa constitution, de sociétés de secours mutuels sans couleur politique et que leur démission aurait entraîné, pour eux, la perte des droits antérieurement acquis.

Cette règle comporte cependant de notables exceptions,

---

(1) C'est ainsi que, depuis quelques années, le parti a organisé une campagne des plus sérieuses contre le développement de l'alcoolisme

(2) Zoo, secrétaire de la fédération des sociétés coopératives belges, *La coopération ouvrière socialiste*, Bruxelles, Loempel, imp. 1900.

Destrée et Vandervelde, *Le socialisme en Belgique*, p. 25 et s.

(3) *Revue du travail* belge, 1899.

signalées par Destrée et Vandervelde (1) : 1° dans les localités où la pression patronale est très forte, la mutualité sert de manteau à la résistance ; dans le centre (2) (Hainaut) et dans le bassin de Charleroi, ce sont des mutualités socialistes qui constituent « l'épine dorsale de l'organisation ouvrière » ; 3° à Gand, un grand nombre des anciennes mutualités ont été absorbées par la fédération socialiste (3), et à Bruxelles, la *Maison du Peuple*, ainsi que nous venons de le dire, a créé une caisse d'assurance mutuelle parmi ses membres (4).

La plupart de ces mutualités sont restées en dehors du mouvement mutualiste officiel, pour diverses raisons sur lesquelles nous aurons à revenir.

---

(1) *Op. cit.*, p. 25 et s.

(2) En 1896, la Fédération mutualiste du centre comptait 34 groupes ; en 1867, la Solidarité de Fayt comptait 521 membres et possédait un capital de 1.020 fr. 73 ; cette société donna naissance à toute une série de groupes qui comprenaient, en 1897, 9.974 membres, avec un capital de 77.516 francs. (Destrée et Vandervelde).

(3) Au mois de mai 1890, toutes les sociétés ouvrières se sont constituées en *fédération*. Cette organisation, qui comprenait plus de 16.000 membres, en 1895, offrait à ses adhérents les avantages suivants : secours médicaux et pharmaceutiques, indemnité de 50 francs, versée à la famille de l'affilié décédé ; 0 fr. 50 par jour en cas de maladie ou d'invalité. (Destrée et Vandervelde, *op. cit.*).

(4) Les mutualités du centre et du bassin de Charleroi ont pris pour banques de dépôt les coopératives socialistes et, de plus, elles engagent une partie de leurs fonds dans les coopératives naissantes, (*id.*)

CHAPITRE IV

Les Mutualités. (1)

§ Ier. — Historique. — La loi de 1894. Fédérations. Unions

Nous avons vu que les associations de secours mutuels ont conservé, pendant la première moitié du XIXe siècle, un caractère exclusivement professionnel et qu'elles étaient dépourvues de toute existence légale.

Des hommes de bien, au nombre desquels il faut citer en première ligne Quetelet, Rogier et Visschers, prirent en main, à cette époque, la cause de la mutualité ; ils firent si bien qu'ils arrivèrent à surmonter, avec l'hostilité des pouvoirs publics (2), les préventions du clergé, toujours si puissant en Belgique, contre des institutions patronées par des hommes dont les sentiments lui étaient quelque peu suspects.

---

(1) Sources. — A. Wormhout, *Les progrès de la mutualité en Belgique de 1895 à 1900*, Bruxelles, 1900.

Duboisdenghien, *Les Institutions de Prévoyance, op. cit.*, Bruxelles, 1900.

A. Soenens, *La Mutualité en Belgique* (extrait des Pandectes Belges), Bruxelles, Larcier, édit. 1900.

Ver Hees, *Les progrès de la mutualité en Belgique de 1895 à 1900.* Bruxelles, Wormhout, imp., 1900. Ouvrages auxquels il faut joindre ceux que nous avons indiqués au chapitre précédent.

(2) Elle était causée, en partie, par la crainte de voir se développer une nouvelle espèce de main-morte.

Le gouvernement fut ainsi amené, en 1851, à soumettre au Parlement, un projet de loi qui, bien que restrictif à plusieurs égards, constituait cependant un réel progrès sur l'état de choses antérieur, puisqu'il reconnaissait officiellement l'existence des mutualités.

On a évalué à deux cents le nombre des sociétés de cette nature alors existantes et à 68.290 le nombre de leurs membres ; mais ces sociétés, qui n'avaient d'autre but que la répartition périodique, entre leurs affiliés, d'épargnes accumulées, ne jouissaient d'aucune personnalité juridique.

La nouvelle loi leur en accordait une, par une *reconnaissance* qui restait soumise, il est vrai, à des formalités ou à des restrictions nombreuses.

Aussi, le nombre des sociétés reconnues ne dépassait-il pas 254 en 1887,— avec 36.705 membres — tandis que des groupements beaucoup plus nombreux (1), dont certains avaient même pris une grande extension, s'étaient constitués à côté de ces mutualités officielles, et avaient tenu à rester indépendants.

A cette époque, le gouvernement créa 140 comités et

---

(1) Une statistique exacte de ces mutualités sans existence légale est à peu près impossible à dresser, en l'absence de documents précis.

R. du Sart (cité par Veermersh, *op. cit.*) évaluait, en 1885, le nombre des sociétés non reconnues à 345, groupant 65.000 membres environ (dont quelques centaines de femmes).

En 1895, 176 de ces sociétés avaient envoyé leurs comptes au Gouvernement ou à la Commission permanente et comptaient 35.732 membres effectifs (Soenens).

Wormhout a évalué leur nombre en 1890, à 500, groupant environ 82.000 membres.

Destrée et Vandervelde (*op. cit.*, p. 25 et s.) évaluent à 9 971 le nombre des membres des mutualités socialistes dans le centre (Hainaut).

sous-comités de propagande en faveur des associations mutualistes, dans le but d'amener les sociétés indépendantes à bénéficier des avantages de la reconnaissance légale. Les effets de cette propagande furent tels qu'à la fin de 1893, 532 associations reconnues comprenant 74.104 membres actifs et 11.554 membres honoraires avaient soumis leurs comptes au gouvernement.

En 1894, une nouvelle loi sur les mutualités vint améliorer le régime établi per la loi de 1851.

Loi du 23 juin 1894. — Aux termes de l'article 1er de cette loi, *la reconnaissance légale est de droit* pour les sociétés mutualistes ayant leur siège social en Belgique et constituées dans le but : 1° d'assurer aux sociétaires et aux membres de leur famille des secours temporaires en cas de maladie, de blessures ou de décès ; 2° de faciliter aux sociétaires et aux membres de leur famille l'affiliation aux caisses d'épargne, de retraite et d'assurance de la Caisse générale d'Epargne et de Retraite sous la garantie de l'Etat, etc., etc.

Le gouvernement a la faculté de refuser la reconnaissance (art. 2) aux sociétés constituées en vue d'objets ressortissant à la fois à plusieurs des catégories énumérées à l'article 1er.

Il en est de même pour les sociétés mutualistes ayant pour objet la constitution d'un fonds distinct en vue de venir en aide, par des *allocations annuelles*, aux sociétaires âgés ou infirmes, ou, après leur mort, aux membres de leur famille. Ces *allocations ne doivent être prélevées*, d'ailleurs, *que sur les revenus des capitaux et sur les autres ressources annuelles ;* leur taux est sujet à revision à chaque exercice et ne peut excéder le chiffre de 1.200 francs par personne (1).

Effets de la reconnaissance légale. — La reconnaissance légale présente de sérieux avantages pour les sociétés mutualistes.

Elle entraîne tout d'abord la personnalité civile, avec le droit d'ester en justice, de recevoir des dons ou legs et de posséder un immeuble social. De plus, les sociétés reconnues sont exonérées de certains droits fiscaux (timbre, enregistrement, etc.) (2) ; elles jouissent également de diverses faveurs telles que l'insertion gratuite au *Moniteur* des publications prescrites par la loi, la franchise postale pour leurs communications avec diverses autorités publiques, frais de premier établissement (125 à 200 francs pour les mutualités ordinaires ; 500 francs pour les caisses de réassurances et les fédérations) ; elles peuvent recevoir des indemnités annuelles variant de 20 à 150 francs. Enfin, elles jouissent de faveurs spéciales auprès de la Caisse Générale d'Epargne et de Retraite (3), à la Banque nationale (dépôt de valeurs gratuit, encaissement des coupons gratuit, etc.), sans parler des *subsides ou des primes*

---

(1) Les fonds ainsi constitués ont reçu le nom de *Fonds spéciaux de retraite*. Ce système entraîne pour les affiliés des différences de traitement absolument injustifiées (Voir Mahillon, *Les fonds spéciaux de retraite*). Dans le même sens, v. p. 61 (note).

La reconnaissance légale n'a été accordée dans ces conditions, qu'à une seule société, *La Caisse de prévoyance et de secours du corps médical belge*, fondée en 1870 (O. Velghe, *Rapport*, p. 45).

(2) Consulter, à cet égard : Soenens, *La mutualité en Belgique ; Traité relatif aux dispositions fiscales*, p. 188 et suiv., par D. Perpète.

(3) Depuis 1897, la Caisse générale ne prélève aucun courtage ou indemnité de gestion pour les opérations sur leurs carnets de rente et alloue un intérêt de faveur égal à 3 °/ₒ aux fonds déposés par les mutualités reconnues sur livret de la Caisse d'épargne.

d'encouragement (1) accordés par les pouvoirs publics pour encourager notamment l'affiliation à la Caisse Générale de Retraite, et sur lesquels nous aurons à revenir. De plus, les secours distribués aux membres d'une société reconnue sont incessibles et insaisissables.

Ajoutons qu'une décoration spéciale a été créée pour être décernée aux personnes qui ont fait preuve de dévouement à la cause mutualiste.

Le crédit inscrit au budget du ministère de l'industrie et du travail pour encouragement à la mutualité, a suivi, depuis la promulgation de la loi de 1894, une progression croissante ; à la veille de la promulgation de la loi de 1900, il atteignait 700.000 francs.

Obligations des sociétés reconnues. — Toute société reconnue doit faire connaître ses statuts et communiquer au gouverneur de la province où se trouve le siège social, la liste de ses administrateurs ou fondateurs (loi de 1894, art. 5).

Elles doivent, d'autre part, transmettre leurs comptes au ministère de l'industrie et du travail et répondre aux demandes de renseignements qui leur sont adressées par le gouvernement, la commission permanente des sociétés de secours mutuels et les comités de patronage.

Sanctions. — Antérieurement à la loi de 1894, le gouvernement, chargé d'accorder la reconnaissance légale, avait également la faculté, conformément au principe généralement admis en matière de droit public, de retirer aux sociétés qui ne respecteraient pas les conditions

(1) Les encouragements des pouvoirs publics sont accordés exclusivement aux sociétés reconnues depuis l'année 1898.

sous lesquelles elles ont été reconnues, le bénéfice de la personnalité civile.

Ce pouvoir lui a été refusé par la loi de 1894 et c'est le tribunal de première instance de l'arrondissement du siège social qui, seul, a le droit de prononcer la dissolution d'une société reconnue.

1° *Il peut l'ordonner* à la demande d'un intéressé ou du ministère public, lorsque l'association se trouve, par suite de l'insuffisance de ses ressources, dans l'impossibilité de satisfaire à ses obligations (art. 23) ;

2° *Il la prononce* à la demande d'un sociétaire ou du ministère public, si l'association poursuit un but pour lequel elle n'a pas été reconnue (1).

Classification des mutualités belges. — Au 1er janvier 1900 il existait parmi les mutualités reconnues 1615 sociétés d'assurance contre la maladie, la vieillesse et la mort, 1287 mutualités d'affiliation à la caisse de retraite et 26 sociétés constituées dans des buts divers.

---

(1) Ce sont les obligations relatives à la communication de la liste des administrateurs ou fondateurs et l'obligation, imposée par l'article 18 de la loi de 1894, aux sociétés reconnues, de déposer à la caisse générale d'épargne ou de convertir en valeurs déterminées (fonds publics belges, valeurs garanties par l'État, obligations des provinces, villes ou communes belges et sociétés coopératives de crédit à responsabilité solidaire et illimitée) les fonds sociaux, lorsqu'ils atteignent 1.000 fr., ou 5 fr. par membre, qui ont détourné un grand nombre de sociétés de solliciter la reconnaissance légale.

Les mutualités socialistes, en particulier, se sont toujours abstenues de toute relation avec le ministère de l'intérieur, en raison de ce qu'elles emploient une partie de leurs capitaux disponibles, soit en frais de propagande, soit à des dépenses destinées à favoriser l'émancipation de la classe ouvrière, telles que : subventions pour la création de maisons du peuple, etc. (Voir à ce sujet, Destrée et Vandervelde, *op. cit.*, p. 25 et suiv., et Zéo, *La coopération ouvrière socialiste*, Bruxelles, Loempel, 1900).

Si l'on veut classer ces sociétés au point de vue de leurs membres, on peut les diviser en professionnelles et non professionnelles (1).

Certains groupements recrutent leurs affiliés parmi les professions libérales ou intellectuelles (médecins, instituteurs, pharmaciens, employés de banque, etc.) ; il s'est fondé, dans les diocèses de Tournai et de Namur, des mutualités sacerdotales réservées aux membres du clergé catholique. Mais les mutualités ainsi composées de personnes exerçant la même profession ou des professions similaires sont encore en nombre très restreint, ce qui peut être considéré comme regrettable au point de vue technique ; il y a, en effet, avantage à ce que les risques apportés par les membres d'une association soient comparables.

On peut encore distinguer les mutualités, au point de vue de leurs membres, en mutualités pour hommes, mutualités pour femmes (2) et mutualités pour enfants, mutualités mixtes et mutualités familiales. Ces derniers ty-

---

(1) Nous relevons, dans le numéro du journal *Le Mutuelliste* du 15 février 1901, la statistique suivante :

	1895	1900
Total des mutualités reconnues	759	4.503
Dont sociétés de secours mutuels en général.	755	1.891
Et sociétés pour l'affiliation à la caisse de retraite	4	2.612
Sociétés participant aux primes de l'Etat. .	107	1.768
Nombre de membres bénéficiaires de ces primes	5.501	140.000
Total de leurs versements	93.316	2.000.000
Montant des primes	19.987	565.000

(2) A ce sujet, consulter le rapport de M. Smets dans le compte rendu du congrès mutualiste provincial tenu à Liége, en 1901, p. 5 et s.

pes existent également en Belgique. (Soenens, *op. cit.*, p. 155 et s.).

Les mutualités pour enfants se sont multipliées depuis quelques années sous toutes les formes, et plus particulièrement les mutualités scolaires (1).

L'institution de ces dernières date de 1896 seulement ; elle est due surtout à l'initiative des propagandistes du Hainaut.

Cette forme si utile de la mutualité, au point de vue de l'éducation de la prévoyance, s'est rapidement répandue et l'on peut prévoir le moment où, selon le vœu du Congrès national d'Assistance publique et de Bienfaisance privée, réuni à Paris en 1900, des « sociétés scolaires de secours mutuels et de retraite seront établies dans toutes les écoles » (2).

Au 1er janvier 1901, il existait en Belgique plus de 2.000 sociétés mutualistes comprenant une *section* dite *scolaire* et plusieurs centaines réservées principalement aux enfants des écoles.

Le dernier compte rendu de la Caisse de Retraite (1902) indique qu'en 1901, 1.680 mutualités scolaires ont effectué des versements pour une somme de 1.628.963 francs.

Il n'est pas inutile de faire remarquer ici que le mouvement mutualiste scolaire qui s'est produit en Belgique depuis 1896 est postérieur de 7 années à l'institution en France, des *Petites Cavé* et que ces sociétés ont servi de modèle aux sociétés belges similaires ; nous sommes heu-

---

(1) Dans lesquelles l'affiliation peut avoir lieu à partir de l'âge de 6 ans. (Loi du 9 août 1897 et arrêté royal du 27 août 1897).

(2) *Journal du congrès international d'assistance publique et de bienfaisance privée*, n° du 7 août 1900, p. 4, Soenens, *op. cit.*, p. 161, n° 900.

reux de constater qu'à cet égard notre pays a été, une fois de plus, l'initiateur du progrès.

Fédérations. — La loi de 1851 était muette sur la possibilité, pour les sociétés mutualistes, de se fédérer.

La loi de 1894 (art. 3) dissipe les doutes qui pouvaient s'élever sur la légalité de ces groupements; mais elle restreint en même temps, moins libérale en cela que la loi française de 1898, les cas dans lesquelles la reconnaissance légale pourra leur être accordée.

Ces cas sont au nombre de trois :

1° *La Mutation*, qui n'est malheureusement pas prévue de fédération à fédération, ni d'une caisse d'assurance à une autre ;

2° *L'organisation en commun des services*. (Réassurance, achats en communauté, etc.) ;

3° *L'institution de conseils d'arbitrage* pour aplanir les différends qui surgiraient entre les diverses associations fédérées ou entre leurs membres.

D'autre part, les fédérations ne peuvent s'agréger, si elles veulent obtenir la reconnaissance légale, que des sociétés fédérées déjà reconnues. Les fédérations reconnues jouissent d'ailleurs des mêmes avantages que les sociétés affiliées.

Depuis 1894, les sociétés reconnues tendent à se fédérer et les fédérations à obtenir la reconnaissance légale. C'est ainsi qu'il existait, en 1898, quatre fédérations dans la province de Namur (celle de l'arrondissement de Dinant (1), reconnue la première en 1898 et les fédérations

(1) Les sociétés affiliées comprenaient 25.000 membres au 31 décembre 1900.

mutualistes de Namur, de Namur-arrondissement et de l'arrondissement de Philippeville) ;

A Charleroi, deux puissantes fédérations se sont constituées : *La fédération des sociétés de secours mutuels du bassin de Charleroi*, société neutre, dirigée par M. Tumélaire, compte plus de 6.000 adhérents (1) et la *fédération des mutualités chrétiennes des provinces wallonnes*, présidée par M. Jadoul, englobait 190 sociétés, comprenant 8.500 membres. Au 31 décembre 1899, il existait également des fédérations reconnues à Braine-le-Château, à Mons, à Gand, à Tournai, à Bruxelles (chrétiennes) (2).

Certaines fédérations ont un caractère particulier ; ainsi, une fédération de mutualités scolaires de l'arrondissement de Tournai a été fondée en 1900, en vue de faciliter la tâche des instituteurs, spécialement pour l'application de la loi 1900 ; la fédération mutualiste des sociétés de retraite de l'arrondissement de Liège restreint le champ de son action à la constitution de pensions de vieillesse, d'autres créent une section tout à fait distincte pour les œuvres de retraite, comme la fédération de Dinant (3).

Unions de fédérations. — Une *Union nationale des Fédérations mutualistes* a été fondée en 1885, sans couleur

---

(1) Fondée en 1895 par 7 sociétés, elle comptait déjà 33 sociétés avec 5.666 membres à la fin de 1896 ; elle avait, à cette époque, des sections dans toutes les communes de l'arrondissement de Charleroi, sauf trois petits villages de la partie rurale (Destrée et Vandervelde, *op. cit.*).

(2) Soenens, *op. cit.*, n° 892, p. 160.

En 1890, toutes les sociétés de secours mutuels affiliées au parti ouvrier se sont constituées en fédération, et le groupement englobait plus de 16.000 membres en 1897 ; entre autres secours, elle accordait 50 fr. à la famille des adhérents, en cas de mort et 0 fr. 50 par jour, en cas d'invalidité résultant de la maladie (Destrée et Vendervelde, *op. cit.*).

(3) Soenens, *op. cit.*, nos 1.017 et s.

religieuse ou politique ; elle organise des congrès annuels et publics ; un journal *Le Mutuelliste* dirigé par M. Wormhout (1). La fondation d'une *Union nationale des fédérations mutualistes chrétiennes* a été décidée au 9e congrès organisé à Namur (2), en 1900, par la *Ligue démocratique Belge* (3).

Propagande des pouvoirs publics en faveur de la Mutualité. Résultats acquis en 1900. — Le gouvernement belge est placé depuis 1884 entre les mains du parti catholique ; il était d'autant plus disposé à favoriser la multiplication des sociétés de secours mutuels sur le territoire belge qu'il espérait trouver, dans ces utiles associations, de sérieux auxiliaires pour lutter contre le développement des idées de prévoyance obligatoire et surtout contre le socialisme, dont les progrès n'étaient pas sans lui causer de réelles inquiétudes.

Aussi, une propagande très active fut-elle entreprise dans ce sens par le gouvernement avec l'aide de la *Commission permanente des sociétés mutualistes*, instituée par la loi de 1894, et du *Bureau des institutions de prévoyance* de l'Office du Travail (4).

Un nombre considérable de livres (5) et de brochures de

(1) A. Wormhout. — Compte-rendu des congrès mutuellistes nationaux (annuel, imp Wormhout).

(2) Bruxelles. Compte-rendu du 9e congrès, publié à Gand en 1901 (épuisé).

(3) Sur la question controversée de savoir si les Unions, véritables fédérations de fédérations, peuvent bénéficier des avantages de la reconnaissance légale et sur l'organisation de ces groupements, H. Soenens, *op. cit.*, au mot *Union* et Douterlingue, *Les divers services d'une fédération*, article publié dans le *Bulletin des œuvres sociales de Tournai*, no de mai-juin 1899.

(4) Varlez, *op. cit.*, p. 166.

(5) Soenens, *op. cit.*, en contient une longue bibliographie.

vulgarisation ont été édités par les soins de ces organes pour fournir aux zélés propagandistes de la prévoyance les éléments nécessaires à leur apostolat.

Nous avons vu, d'autre part, que des subsides annuels importants ont été accordés depuis 1895 aux sociétés mutualistes. De plus, en 1898, une loi destinée à compléter la loi de 1894, limita aux sociétés reconnues le bénéfice des subsides des pouvoirs publics. (Etat, provinces, etc).

Les provinces et un certain nombre de municipalités sont entrées successivement dans la voie qui leur était indiquée par l'État (1).

Sous l'influence de ces diverses causes, les progrès de la Mutualité s'accentuèrent à tel point que le nombre des sociétés reconnues a quadruplé en cinq ans et que plus de 300.000 membres effectifs, près d'un million de femmes et d'enfants, participaient, à la fin de l'année 1899, aux avantages qu'elles procurent.

La défiance des mutualités à l'égard de la reconnaissance légale et des obligations qu'elle entraine a d'ailleurs diminué, depuis quelques années, dans une large mesure et l'on pe. constater une heureuse tendance à établir ou à réformer, d'après des principes rationnels, la comptabilité de ces institutions (2).

---

(1) La province du Hainaut s'est particulièrement distinguée à cet égard, sous l'active impulsion de son gouverneur, le baron Raoul du Sart du Boulant. Elle a même organisé un concours pour la rédaction de manuels mutuellistes.

Voir *Les institutions de mutualité et de retraites dans la province du Hainaut (1895-1900)*. Frameries, imp. provinciale du Hainaut, 1900.

(2) « Le but commun de l'administration et des amis de la mutualité écrivait A. Wormhout en 1900 (*Les progrès de la mutualité en Belgique de 1895 à 1900*), consiste à généraliser la pratique de la prévoyance

§ 2. — Les « Mutualités de retraite. »

Nous avons cru devoir entrer dans les détails qui précèdent, tout d'abord, en raison de ce que les dispositions légales que nous avons passées en revue sont applicables aux sociétés fondées dans le but de faciliter à leurs adhérents la constitution d'une pension de retraite ; d'autre part, nous avons voulu faire comprendre les espérances qu'a pu faire naitre, pour le développement de la prévoyance libre en vue de la vieillesse, l'essor considérable pris par la mutualité, en Belgique, depuis une dizaine d'années.

Les « mutualités de retraite » jouent d'ailleurs un rôle prépondérant dans le système instauré par la loi du 10 mai 1900, pour arriver à la généralisation des retraites ouvrières. Il est donc nécessaire d'entrer dans quelques développements à leur sujet, d'autant plus que les affiliés de ces sociétés appartiennent, pour la très grande majorité, sinon à la population ouvrière proprement dite, du moins aux classes laborieuses de la population.

Caisses d'allocations annuelles. — Les sociétés ayant pour but de faciliter l'affiliation à la Caisse de retraite de l'Etat *ont droit* à la reconnaissance légale, ainsi que nous l'avons vu, tandis que les *Caisses d'allocations annuelles* (1), ayant pour objet la constitution d'un fonds pour

---

en utilisant partout des mutualités ; à faire acquérir par ces associations la reconnaissance légale, c'est-à-dire la personnalité juridique, avec les avantages qu'elle comporte ; enfin, à leur faire toucher du doigt leurs charges réelles et à les amener naturellement et spontanément à la conception de bilans techniques et, par conséquent, à l'amélioration de leur constitution, partout où faire se devra et se pourra. »

(1) Afin de ne pas laisser subsister une équivoque qui aurait pu nuire au développement de la Caisse générale de retraite, la loi a rejeté les

allocations annuelles aux sociétaires âgés ou infirmes ou, après leur mort, aux membres de leur famille (loi 1894, art. 2, § 3), *peuvent* l'obtenir.

Les *Caisses de pensions*, au contraire, ou mutualités de retraite proprement dites, ne sont pas susceptibles d'être reconnues légalement (1).

Il n'existe guère de caisses « de pensions » ou de « caisses d'allocations annuelles » véritablement dignes de ce nom (2) et, d'autre part, la reconnaissance légale prévue par l'article 2 de la loi de 1894, n'a guère été accordée qu'à la *Caisse de prévoyance et de secours du corps médical belge*, fondée en 1870 (3); elle a été maintenue à la société du « Nord Belge » en 1898. Nous n'insisterons donc pas sur ces associations, car elles n'ont pas de réelle importance, au point de vue qui nous occupe.

Sociétés d'affiliation à la caisse de retraite. — L'avant-projet de la loi de 1894, établi par la Commission permanente des Sociétés de Secours Mutuels, autorisait les associations de cette nature à constituer elles-mêmes des pensions à leurs membres, sous certaines conditions, et sans recourir à l'intermédiaire de la « Caisse Générale de Retraite (4) ».

Le législateur belge, plus défiant à l'égard des mutua-

---

termes de *Caisse de pensions* et les a remplacés par l'expression *Caisses d'allocations annuelles* (Soenens, p. 61, n° 121).

(1) La loi française de 1898 autorise, sous certaines conditions, le fonctionnement d'associations de cette nature.

(2) V. leur critique dans le *Bulletin de l'Association des actuaires belges*, n° 2 et suiv.

(3) La situation financière de cette société a cependant été l'objet des plus vives critiques de la part des actuaires (Voir *Rapport de la commission des pensions ouvrières*, p. 15).

(7) Voir Van den Heuvel, *Rapport etc.*; *Doc. Parl.*, p. 7 et suiv.

lités que ne l'a été le législateur français de 1898, n'a pas cru pouvoir aller jusque là. (Loi 1894, art. 2, 2°).

Il avait été frappé des dangers très réels que peut offrir la constitution de pensions de retraite par des groupements dans lesquels le petit nombre des membres ne permet pas d'appliquer avec une approximation suffisante les lois de la mortalité. Il avait dû reconnaitre, d'autre part, les difficultés que présenterait le placement des fonds qui leur seraient confiés aux hommes, en général peu au courant des connaissances techniques et financières nécessaires, qui dirigent la plupart des mutualités.

L'insuccès de certaines mutualités anglaises qui avaient la faculté d'instituer des pensions au profit de leurs membres et la situation, peu rassurante pour l'avenir, des Caisses de prévoyance des ouvriers mineurs (Voir *infrà*, institutions patronales) avaient été mis également en avant contre la proposition de la commission.

Enfin, les auteurs de la loi ont estimé qu'il était préférable « de ne pas s'écarter de la pensée des auteurs de la loi de 1851 (dans l'esprit desquels les sociétés de secours mutuels et la caisse de retraite de l'Etat devaient se compléter réciproquement), non plus que de la voie dans laquelle s'était engagé le Parlement en votant, depuis plusieurs années, un crédit en faveur des sociétés mutualistes affiliant leurs membres à la caisse de retraite de l'Etat, sous la forme du livret individuel (1). »

Les adversaires de cette solution avaient invoqué, en faveur de la thèse contraire, la possibilité, pour des sociétés mutualistes, de se grouper en fédérations assez impor-

---

(1) *Annales parlem.*, 1893-1894, Ch. des repr., p. 1760 et suiv.

tantes qui pourraient recourir à des administrateurs compétents au point de vue technique.

L'opposition assez vive que souleva, au moment de la mise en pratique de la loi, le système adopté par le Parlement, semble s'être calmée depuis cette époque ; cette nouvelle attitude semble due aux améliorations apportées dans les services de la Caisse Générale de Retraite et surtout à l'augmentation considérable des subsides de l'État (1). Il est peut-être regrettable, cependant qu'une sorte de monopole de fait ait été ainsi constitué au profit de la Caisse générale, quels que soient les avantages offerts par cet établissement.

Il est vrai d'autre part, que cette solution, — tendant, en fait, à constituer indirectement l'assurance par l'État, — présente l'avantage considérable de résoudre, dans sa plus grande généralité le problème de la mutation. Ainsi se trouve écarté le reproche adressé si souvent aux caisses particulières et aux sociétés de secours mutuels, en général, de faire perdre à un affilié tout droit aux avantages de la société lorsque, pour une raison ou pour une autre, il vient à la quitter.

C'est là une supériorité incontestable du système du livret individuel pratiqué par la Caisse Générale de Retraite de l'Etat.

Dans la pratique actuelle, ce sont donc les *sociétés mutuelles d'affiliation à la caisse de retraite* qui offrent, pour la classe ouvrière, le moyen le plus pratique et le plus sûr de se constituer une pension pour leurs vieux jours.

On a mis en avant l'idée qu'une association de ce genre n'étant qu'un intermédiaire, ne devrait pas être considérée

---

(1) Sœnens, *op. cit.*, n° 130, p. 62.

comme une véritable mutualité (1). Il est possible de dire, en effet, que ce ne sont pas les membres de l'association, à proprement parler, qui s'assurent entre eux contre la vieillesse et l'invalidité ; mais, dans la pratique, les affiliés se viennent en aide mutuellement par l'attribution à ceux d'entre eux dont la situation est le plus digne d'intérêt, de la majeure partie des primes dont la répartition est laissée à l'initiative de la société (2).

Rien n'empêche la société par exemple, d'allouer à un de ses membres, sur les fonds dont elle a l'entière disposition, la somme nécessaire pour constituer ou parfaire les versements qui lui permettront, aux termes de la loi de 1900, de bénéficier des subsides des pouvoirs publics.

Indépendamment de la situation de fait créée par la loi, il y aurait là, croyons-nous, une raison suffisante d'assimiler ces groupements aux mutualités pures.

But, organisation et fonctionnement des mutualités de retraites. — Les mutualités d'affiliation à la Caisse de l'État sont créées uniquement dans le but de faciliter à leurs membres l'affiliation et les versements ultérieurs à la Caisse Générale de Retraite ; elles ne sont parfois qu'une simple annexe de sociétés formées en vue d'un autre objet. Il est même arrivé fréquemment que l'association principale ne se soit pas fait reconnaitre, afin de rester indépendante et d'échapper aux obligations imposées par la loi de 1894, tandis qu'elle a sollicité et obtenu la reconnaissance légale pour sa branche retraite, dans le but de permettre à ses adhérents de bénéficier des subsides des pouvoirs publics.

---

(1) K. Heinz, cité par Soenens, p. 169, n° 915.

(2) Voir *infrà* l'étude la loi de 1900. Primes de 2 fr. accordées par livret, certains subsides provinciaux, etc.

Les sociétaires s'engagent, en général, à verser une cotisation périodique minima (1) que la société se charge de faire parvenir à la caisse de retraite, dès que l'ensemble des versements représente le prix de 1 franc de rente.

Si le versement n'est pas effectué, l'affilié perd en général tout droit aux subventions sociales et s'expose à être exclu de la société.

L'intéressé fixe lui-même l'âge d'entrée en jouissance et le mode de versement (à capital aliéné ou réservé) qu'il préfère.

S'il quitte la société, il perd tout droit aux avantages sociaux, mais il conserve les rentes inscrites sur son livret : c'est le grand avantage du système du livret individuel que nous estimons, à cet égard, très supérieur à celui d'un fonds commun.

La société peut majorer les versements de ses membres au moyen d'une *caisse spéciale* alimentée, soit par des dons, souscriptions particulières ou amendes, soit par certains *subsides des pouvoirs publics*.

Ces subventions, et plus particulièrement celles qui proviennent des fonds de la société, ne sont pas allouées, en général, à tous les membres indistinctement, mais à ceux qui font partie de la société depuis un temps fixé par les statuts, et qui ont atteint dans l'année un minimum également déterminé, ou bien à ceux dont la situation est particulièrement intéressante.

Le plus souvent, les subventions de cette nature sont versées à *capital réservé*, soit en faveur de la famille de l'affilié, soit en faveur de la société elle-même.

---

(1) Elle ne dépasse pas, dans bien des cas, 50 centimes par mois ; ce qui prouve nettement que ces sociétés recrutent leurs adhérents dans les classes laborieuses.

L'administration de la Caisse Générale de Retraite s'est élevée à maintes reprises, sans grand succès d'ailleurs, contre cette forme peu rationnelle de versement, qui a le grave inconvénient d'avantager les sociétaires de l'avenir au détriment des affiliés de l'heure présente.

Il serait plus équitable de répartir intégralement entre les sociétaires les primes d'encouragement et les subsides qui sont donnés, moins à la société qu'à ses membres actuels, et de leur distribuer également la totalité des revenus annuels provenant des dons, legs, etc., reçus par l'association en tant qu'être moral et perpétuel. Il serait plus rationnel, en tout cas, pour la société, de conserver la libre disposition des capitaux qu'elle entend se réserver, et de verser à capital abandonné les revenus qu'elle veut consacrer à ses sociétaires.

Indépendamment des raisons d'ordre politique qui pouvaient l'inciter à favoriser ce mouvement mutualiste spécial, le gouvernement avait donc les plus sérieux motifs d'encourager les mutualités d'affiliation à la Caisse de Retraite.

Ces sociétés, en effet, rendent à la cause de la prévoyance libre des services considérables par l'active propagande à laquelle elles se livrent ; elles stimulent leurs membres à faire des versements réguliers et se chargent pour eux de toutes les formalités exigées par la caisse de retraite, telles que tenue du livret, production de pièces, etc.; de plus, nous avons vu qu'elles emploient certaines de leurs ressources à augmenter les versements des moins fortunés de leurs adhérents, et, par suite, le chiffre des rentes acquises par eux.

D'autre part, le gouvernement, partisan de l'assurance

libre et désireux de réagir contre les idées d'assurance obligatoire qui tentaient de se répandre en Belgique, voulut « prendre, sur le terrain de la pratique, la plus grande avance possible (1) » ; c'est ainsi qu'il inscrivit au budget des crédits dont l'importance s'accrut d'année en année, pour être répartis entre les mutualités reconnues affiliant leurs membres à la Caisse de Retraite.

Ces crédits se sont élevés successivement à

Fr.:	20.000, de 1891 à 1895.		
	20.000, en 1895,	somme dépensée	19.987 fr.
	30.000, en 1896,	—	29.976 fr.
	46.000, en 1897,	—	46.000 fr.
	150.000, en 1898,	—	136.184 fr.
	300.000, en 1899,	—	282.339 fr.
	600.000, en 1900 (2).		

Mode de répartition de l'État antérieurement à 1900. — Les bases servant à la répartition des subsides ont peu varié ; nous nous bornerons à indiquer celles qui ont été fixées par l'arrêté ministériel du 2 janvier 1900, le dernier en date en la matière.

Les subsides étaient alors accordés *in globo* aux sociétés elles-mêmes, chargées d'en opérer la répartition. Les sociétés désireuses de participer aux encouragements de l'État étaient tenues de fournir le compte de leurs opérations.

Il était attribué : 1° pour tout versement effectué par l'intermédiaire d'une société, *un point* par franc, mais, pour les douze premiers francs versés seulement ; 2° pour

(1) Exposé des motifs de la loi du 10 mai 1900, p. 1.

(2) Indépendamment des crédits destinés à encourager le développement des sociétés de secours mutuels.

tout livret ouvert au cours de l'année par l'intermédiaire de la société et sur lequel 3 fr. au moins avaient été versés, *un point*.

Le subside était ensuite réparti entre les sociétés, proportionnellement à l'ensemble des points inscrits au bénéfice de chacune d'elles.

La valeur du point devait donc varier avec le crédit voté et avec le total des points acquis à l'ensemble des mutualités appelées à bénéficier des primes. Le gouvernement avait toutefois déclaré vouloir maintenir à 0 fr. 60 le montant du point (1).

Dans ces conditions, le maximum annuel de l'intervention de l'État s'élevait donc à 7 fr. 20 (soit 12 × 0,60) pour chaque affilié.

Les subsides provinciaux étaient répartis, en général, d'après des règles analogues.

Progrès des mutualités de retraite jusqu'en 1900. — Les effets de l'active propagande entreprise en faveur des mutualités de retraite et des subventions accordées par les pouvoirs publics se sont fait rapidement sentir ; c'est ainsi qu'il existait, au 1er janvier :

en 1896,	4	sociétés comprenant	798	membres
— 1897,	17	—	1.595	—
— 1898,	112	—	8.270	—
— 1899,	528	—	43.200	—
— 1900,	1.287	—	109.250	— (2)

(1) Théate, *Les Pensions de vieillesse*, Bruxelles, Brants, édit., 1901, p. 21.

(2) D'après une note de E. Ver Hees, chef de bureau au ministère de l'industrie et du travail, insérée dans *Les Retraites Ouvrières*, par G. Salaun, Paris 1901, p. 94.

Au 31 décembre 1900, il existait environ 2.700 mutualités de retraite, d'après Soenens.

L'importance indéniable de ces résultats a été l'un des principaux arguments invoqués par le Gouvernement en faveur d'un système de prévoyance libre en vue de la vieillesse, lors de la présentation et de la discussion, devant les chambres belges, de la loi de 1900 sur les retraites ouvrières.

§ 3. — Les pseudo-mutualités de retraite (1)

On a vu fonctionner, en Belgique comme en France, un certain nombre d'entreprises qui, sous le nom de *Sociétés de prévoyance mutuelle* ou *de retraite*, ont recruté un trop grand nombre d'adhérents. Ces sociétés (2), constituées, pour la plupart, sur le type de la société française *Les Prévoyants de l'Avenir*, se sont multipliées pendant quelques années et n'ont abouti, pour la plupart, qu'à un lamentable effondrement (3).

---

(1) Sources. — Pour l'étude de la question au point de vue technique, consulter : Prosper de Laffitte, études publiées dans la *Revue des institutions de prévoyance*, en 1887 et 1888 ; Léon Marie, *Rapport* inséré dans la même publication, nº du 2 mars 1894. Voir également : Cheysson qui condamne le système dès 1880 dans une communication faite à la Société d'Economie Sociale ; il invoquait l'autorité de Bertrand, secrétaire perpétuel de l'Académie des sciences. Soenens, *op. cit.*, p. 170, nºs 951 et suiv. Varlez, *op. cit.*, p. 184. O. Lepreux, *Les pseudo-mutualités*. Bruxelles. Bruylant, 1899. Duboisdenghien, *Quelques expériences au sujet des pseudo-mutualités de retraite*. Bruxelles, Bruylant, 1899 ; *op. cit.*, p. 49 ; *Revue sociale catholique*, 1898-1899, p. 65 et suiv.

(2) On en trouvera la liste dans le *National bruxellois* du 7 novembre 1900.

(3) Par exemple, la *Rente mutuelle* de Bruxelles, fondée en 1895 et dissoute au mois d'août 1899. (Duboisdenghien, *op. cit.*).

La combinaison sur laquelle elles reposent est la suivante, à quelques variantes près : les adhérents prennent l'engagement de verser une cotisation mensuelle constante, destinée à constituer un *capital inaliénable* dont les revenus sont répartis également au bout d'un nombre d'années déterminé — 15 ou 20 ans en général — entre tous les survivants qui ont régulièrement payé leurs cotisations.

Il est facile de se rendre compte de l'injustice d'une telle combinaison qui, si elle ne présente rien d'anormal à première vue, est cependant bien loin de réaliser le principe fondamental d'équité formulé en ces termes par la loi française du 22 mars 1898 (art. 2, § 2) :

Les sociétés de secours mutuels sont tenues de garantir à tous leurs membres participants les mêmes avantages, sans autre distinction que celle qui résulte des cotisations fournies et des risques apportés.

Tout d'abord, la société accorde les mêmes avantages, après un nombre d'années de participation déterminé, à deux adhérents entrés à des âges différents. Les chances de mortalité croissant avec l'âge, les affiliés les plus jeunes sont donc avantagés au détriment de leurs aînés.

De plus, si le nombre des affiliations s'accroit progressivement, les survivants des premiers souscripteurs reçoivent, à l'expiration de la période de capitalisation fixée par les statuts, des parts qui dépassent, dans des proportions considérables, l'ensemble de leurs mises personnelles capitalisées (1). Puis, le montant de ces parts diminue pen-

(1) La disproportion est d'autant plus choquante que les adhésions recueillies ont été plus nombreuses jusqu'à l'époque de la première répartition.

dant un certain nombre d'années, les adhérents des années postérieures à la première venant participer successivement à la répartition du revenu global; après avoir atteint un minimum, la valeur des parts augmente ensuite constamment, tant que la société continue à fonctionner dans les mêmes conditions.

Ainsi, dans une société recevant chaque année un même nombre d'adhérents âgés de 35 ans et versant 1 franc par mois jusqu'à 60 ans, les résultats obtenus seraient les suivants, en supposant la gestion gratuite, les fonds placés à 3 % et la mortalité des sociétaires représentée par la table de Quetelet :

Les fondateurs recevraient, pour la première répartition, et après 15 ans de participation, une allocation de 46 fr.; l'année suivante, ils recevraient, avec les affiliés de la deuxième année, 21 fr., et ainsi de suite. Les affiliés de la douzième année ne recevraient que 1 fr. 86 et ceux de la quinzième, 1 fr. 96 (1), au bout de la même période de 15 ans, c'est-à-dire 30 ans après la fondation de la société (2).

Or, la Caisse de retraite de l'Etat assure à ses affiliés; après 15 ans de versements mensuels de 1 franc dans les mêmes conditions, une rente *viagère constante* de 18 fr. 27.

Nous avons fait remarquer, d'autre part, qu'au bout d'un certain nombre d'années, les parts attribuées aux survivants, après avoir diminué, croissent indéfiniment (3). Il

(1) Les cas de radiations prévus par les statuts augmentent encore ces criantes inégalités qui seraient, d'ailleurs, encore plus choquantes si l'on tenait compte des différences d'âge au moment de l'affiliation.

(2) O. Lepreux, *op. cit.*, p. 6.

(3) Pour les calculs, consulter O. Lepreux et Duboisdenghien, *op. cit.* Ces auteurs examinent diverses hypothèses de recrutement : uniforme, — progressif puis uniforme, — progressif puis dégressif.

en résulte que les souscripteurs des 30 ou 35 premières années, à l'exception des fondateurs, sont frustrés au profit de leurs successeurs.

Les soi-disant mutualités de cette nature offrent encore d'autres inconvénients graves. Par suite de l'inaliénabilité des fonds recueillis, par exemple, les membres ont intérêt à provoquer la dissolution de la société, soit à l'époque où l'allocation annuelle de chaque survivant tend vers son minimum, soit encore lorsque le capital inaliénable s'est accru dans de fortes proportions; ils auront intérêt, tout au moins, lorsque les intérêts de ce capital seront devenus très élevés, à soumettre les adhésions nouvelles à des conditions très sévères, en vue de réserver à un petit nombre de privilégiés les fonds accumulés par les adhérents antérieurs et à transformer ainsi l'institution en une véritable *tontine*.

Il arrivait même fréquemment qu'une fraction importante des cotisations mensuelles (1/3 et plus) était détournée du fonds destiné à constituer le revenu partageable, pour être versée à un certain *fonds social* affecté à des *parts sociales*, attribuées elles-mêmes, dans la plupart des cas, aux fondateurs ou premiers souscripteurs.

Enfin, les déchéances étaient considérées, dans ces sociétés comme une cause légitime d'augmentation des revenus et, par suite, des parts à distribuer. C'est là une source de profits dont il nous semble difficile de contester l'injustice, pour ne pas dire plus, lorsqu'on pense que les sociétés de ce genre s'adressent surtout à la petite épargne et que, dans bien des cas, c'est l'insuffisance de leurs ressources seule qui contraint les affiliés à cesser leurs versements, peut-être à la veille de bénéficier du fruit de privations consenties pendant de longues années.

Certaines sociétés constituées sur des bases semblables ont rédigé ou revisé leurs statuts de façon à faire disparaître ces graves inconvénients ; mais, pour la plupart d'entre elles, les modifications ou atténuations apportées au type que nous venons de décrire sont insuffisantes et laissent subsister une inégalité regrettable entre leurs membres (1).

Les imperfections incontestables de ces combinaisons, offertes au public sous le couvert de la mutualité, sont le plus souvent aggravées par les promesses irréalisables faites (2), au nom des sociétés qui les pratiquent, par leurs agents ou courtiers. Il est permis de dire, sans être taxé d'exagération, que la plupart des adhésions sont recueillies grâce aux espérances chimériques que font naître dans l'esprit du public, peu initié aux questions techniques de la prévoyance, des prospectus alléchants conçus dans des termes d'une ambiguité habilement calculée.

On ne saurait trop s'élever, à notre avis, contre de pareilles pratiques. Si nous sommes persuadé que les

---

(1) Consulter à ce point de vue : Dubois-Jenghien, *Quelques expériences sur les pseudo-mutualités de retraite*, p. 16 et s.: *La prévoyance nationale à Namur* fondée en 1897.

(2) Il est de pratique courante de *promettre* des *rentes supérieures à celles que donnent* les caisses d'assurance de l'Etat. Or, l'Etat pratique l'assurance et les retraites à prix coûtant, en France comme en Belgique. Comment est-il possible de prétendre que les *revenus* d'un capital *inaliénable* donneront *certainement* des répartitions supérieures aux rentes viagères servies par la Caisse des Retraites, alors que celle-ci distribue à la fois le capital et les revenus ! Il est vrai que les cotisations des membres rayés des contrôles profitent à la Société ; mais il n'est guère possible de faire état de recettes aussi incertaines.

fondateurs des premières « mutualités » de ce genre, justement stigmatisées du nom de *pseudo-mutualités* par les actuaires belges, pouvaient être et ont été de bonne foi, nous sommes convaincus, par contre, que la plupart de leurs imitateurs avaient parfaitement conscience des résultats auxquels ils aboutiraient et des avantages scandaleux qu'ils se réservaient de la sorte (1).

Le mal causé par ces « pseudo-mutualités » aux institutions de prévoyance les plus sûres et aux véritables mutualités est donc considérable, car elles n'ont que l'apparence des institutions sérieuses et honnêtes dont elles compromettent, par leurs agissements et leurs réclames mensongères, le développement et l'avenir.

Aussi, dès leur apparition, une lutte énergique a-t-elle été entreprise en Belgique par les spécialistes en matière de prévoyance et par les actuaires, contre le développement des entreprises de cette nature.

Des conférences ont été faites par les inspecteurs scolaires aux instituteurs, auprès desquels ces « *sociétés de retraite* » semblent avoir obtenu tout d'abord un succès particulier ; des brochures de vulgarisation, dues à des hommes d'une compétence indiscutable, ont été répandues dans ce public et une véritable campagne a été entreprise, tant par la presse quotidienne que par les journaux spéciaux (2).

---

(1) Discours prononcé le 25 mars 1899, à Paris, par M. Lourties, sénateur des Landes, président de la Ligue nationale française de la prévoyance et de la mutualité.

(2) Voir, en particulier, les articles publiés dans le *National Bruxellois*, le 7 novembre 1900 ; le *Mutuelliste*, 1er janvier 1901 ; le *Nouveau journal*, 1897-1901.

Contrà : La Rente Mutuelle, organe de la Société du même nom,

L'intervention législative a même été réclamée contre les *pseudo-mutualités* (1). Mais il n'a pas encore été donné suite à cette idée ; cela tient certainement à ce que la campagne entreprise contre les « pseudo-mutualités » semble avoir eu des résultats très efficaces.

Quoi qu'il en soit, nous estimons que, sans prohiber d'une façon absolue la mise en pratique de nouvelles combinaisons à forme tontinière, il serait désirable qu'une interdiction légale pût être opposée à toute société voulant prendre le titre de « mutuelle » ou faire croire au public, que les combinaisons financières qu'elle lui propose sont du ressort de la mutualité, toutes les fois qu'il résulterait de l'examen des statuts que cette société s'écarte du principe formel posé par l'article 2 de la loi française de 1898 sur les sociétés de secours mutuels (2).

---

nos du 6 décembre 1896 au 4 juin 1899 ; il est vrai que ce journal aurait eu mauvaise grâce à soutenir la thèse de ses adversaires.

(1) Voir notamment un article publié dans le *National Bruxellois*, le 7 novembre 1900.

(2) Il s'est fondé en France, depuis une dizaine d'années, un certain nombre de pseudo-mutualités ; quelques-unes ont fait beaucoup de bruit dans le monde de la prévoyance. Il est à craindre, malheureusement, que ces sociétés qui ont accumulé dans leur caisse des capitaux considérables, soulèvent de vives réclamations et causent de grandes déceptions, lorsque les ayants droit constateront au moment des premières répartitions, la différence qui existera entre les promesses qui leur ont été faites et les résultats de ces répartitions.

Il ne faut d'ailleurs pas confondre ces sociétés *tontinières* avec les véritables *mutuelles*, qui rendent les plus grands services dans les différentes branches d'assurances.

CHAPITRE V

Les institutions patronales (1).

---

§ 1er. — Généralités.

Un grand nombre d'établissements industriels ont institué des caisses de secours et de prévoyance en faveur de leurs ouvriers (2). Ces caisses sont alimentées, tantôt par le patron exclusivement, tantôt par le patron et les ouvriers.

Elles se divisent en deux groupes bien distincts ; le premier comprend les institutions qui, affiliées à la Caisse de Retraite de l'Etat, jouissent de la sécurité inhérente à cette instituton ; leur nombre s'accroît chaque année trop lentement encore au gré des promoteurs de la loi de 1900.

Le deuxième groupe comprend encore la majorité des caisses patronales. La plupart sont en réalité des mutualités non reconnues, dont l'organisation est, le plus souvent dé-

---

(1) Sources. — Duboisdenghien, *Institutions de prévoyance*. Soenens, *La mutualité en Belgique* (Extrait des *Pandectes belges*). O. Velghe, *Rapport sur les travaux de la commission des pensions ouvrières*. J. Dallemagne, *Etudes sur les pensions ouvrières d'invalidité et de vieillesse*. Bruxelles-Liège, 1897. Vermeersh, *Manuel social*, *op. cit.*

(2) Dans le centre particulièrement, disent Destrée et Vandervelde (*op. cit.*, p. 26) les chefs d'industrie, ne voulant pas avoir recours à des marques d'intimidation et voulant « faire pièce aux mutualités socialistes », ont créée des *Caisses de secours* que les ouvriers administrent eux-mêmes. Nous ne sommes pas en mesure d'apprécier l'exactitude de cette assertion.

fectueuse. Elles manquent de bases techniques et sont créées sur des données très empiriques (1).

Aussi, ces caisses patronales ont elles été l'objet de critiques allant même jusqu'au vœu de suppression (vœu émis par le congrès national mutualiste de Verviers, en 1893, tendant à ce que le gouvernement interdise l'institution de ces caisses dans les établissements industriels).

Dans le cas même où les caisses patronales sont alimentées en grande partie par les ouvriers ou employés, elles laissent le plus souvent ceux-ci sans droit aucun, pour le cas où ils quittent l'établissement industriel

(1) M. Adan, directeur de la compagnie d'assurances la *Royale belge*, formulait ainsi son opinion à l'égard des ces institutions (Procès-verbaux de la commission des pensions ouvrières, p 23 et 24) :

« D'ordinaire, les caisses existant en Belgique affectent leurs res- » sources au soulagement d'infortunes de genres différents ;...

» ...On peut les comprendre dans un même jugement, — en ce qui » concerne leurs avantages et leurs défauts d'organisation.

» Elles offrent toutes, du plus au moins, un exemple de grande im- » prévoyance : étudier l'une d'elles, Caisse de prévoyance des secrétai- » res communaux, Caisse de la Flandre occidentale, Caisse de la Vieille » Montagne, Caisse des charbonnages de Mariemont et Bascoup, c'est » les étudier toutes.

» La caisse de la Flandre occidentale, spécialement, réunit à elle » seule tous les vices d'organisation : absence de bases techniques, as- » surance globale contre des risques divers, confusion des recettes, » petit nombre d'affiliés, etc.

» En principe, la cause première de la situation de ces caisses semble » procéder de certain règlement du 1 juillet 1806 pour les employés du » ministère de l'intérieur de France, aux fins de constitution des pen- » sions pour ces employés, ou leurs veuves et orphelins. Mais c'est sur- » tout dans un rapport de M. Mathieu, publiée dans le *Moniteur uni- » versel français* du 30 juin 1810, que les promoteurs des caisses de » 1844 ont visiblement cherché les inspirations qui ont abouti à la dé- » fectueuse conception de ces institutions devenues le type du genre. »

Voir dans le même sens, *Lefrancq* : Note du Congrès des actuaires en 1900, *op. cit.*

auquel elles sont annexées, sans compensation possible par l'organisation d'un service de mutation tel qu'il en existe dans les fédérations mutualistes (1).

Il est vrai que, très souvent, les statuts prévoient la réduction des indemnités ou des pensions promises en cas d'insuffisance des revenus ; l'insécurité des affiliés est alors substituée au défaut d'équilibre financier de la caisse.

D'ailleurs, il est facile de constater, en examinant les statuts de ces institutions, que les errements de l'État en matière de prévoyance ont été généralement suivis par leurs fondateurs.

On peut donc dire, dans ces conditions, qu'un grand nombre de caisses patronales ont quelque chose de contraire à l'équité, puisqu'elles entravent, dans une certaine mesure, la liberté de l'ouvrier en ce qui concerne la libre disposition de son salaire ou de son travail même.

D'autre part, ces caisses n'étant pas assez indépendantes, dans leur organisation et leur gestion, de l'établissement industriel dont elles dépendent, il est arrivé, en cas de faillite ou de liquidation, que les ouvriers participant de longue date à la caisse de prévoyance ont perdu ainsi la totalité de leurs versements et ont été congédiés sans recevoir à cet égard aucune compensation (2).

Faudrait-il donc pour cela désirer la disparition de ces institutions, suivant le vœu du congrès de Verviers ?

---

(1) Il faut mettre à part, bien entendu, les Caisses qui n'ont ni existence ni organisation indépendante, et plus particulièrement celles qui sont alimentées *exclusivement* par la bienfaisance des patrons, sans aucune retenue sur les salaires des intéressés et sans répercussion directe sur le taux de leur salaire.

(2) Voir Sœnens, *La Mutualité en Belgique*, p. 165 et s., etc.

Non certes, car le remède serait pire que le mal — mais on peut souhaiter, avec M. Soenens, leur transformation en mutualités normalement constituées, susceptibles de bénéficier des avantages accordés par la loi aux mutualités reconnues ainsi que des services organisés par les fédérations, plus particulièrement au point de vue de la mutation.

Il serait à désirer, tout au moins, que les retenues opérées sur le salaire des ouvriers, — retenues obligatoires, dans la plupart des cas, — soient mises à l'abri de toute éventualité par des versements opérés à la caisse de retraite, par exemple. Quant aux allocations patronales, il semblerait assez équitable qu'elles ne fussent définitivement acquises aux intéressés que lorsqu'ils ont contribué à la prospérité de l'établissement pendant un temps suffisant et qu'elles soient d'autant plus élevées que la durée des services des intéressés serait plus considérable.

Quoi qu'il en soit, il est permis de concevoir de sérieuses inquiétudes au sujet de l'avenir de la plupart des caisses patronales ; il est vrai que, dans un certain nombre de cas, il sera possible de compter sur une intervention très large des patrons, ainsi que le fait s'est déjà produit. Cette intervention sera surtout nécessaire pour les caisses qui prennent des engagements à long terme.

Mais, ainsi que nous le faisions remarquer, une tendance heureuse s'observe depuis quelques années, à ce point de vue, en faveur de l'affiliation des employés et ouvriers des grandes sociétés industrielles à la caisse de retraite et à la caisse d'assurances instituées sous la garantie de l'Etat.

Nous allons passer rapidement en revue les principales institutions patronales existantes, en les divisant en deux catégories : les *institutions collectives*, communes à un certain nombre d'entreprises, et les *institutions privées* dont tous les affiliés appartiennent à la même exploitation.

§ 2. — Institutions patronales collectives (1)

a) *Caisses de prévoyance en faveur des ouvriers mineurs.*

La première tentative de création, en faveur des ouvriers mineurs, d'une institution de prévoyance, remonte au commencement du XIXe siècle.

A la suite d'une catastrophe qui avait coûté la vie à 20 ouvriers et dans laquelle 70 autres n'avaient échappé à la mort que grâce à l'héroïsme d'un ingénieur, un décret impérial du 26 mai 1812 institua à Liège une caisse de prévoyance en faveur des ouvriers mineurs.

Des dons considérables affluèrent de tous côtés et permirent au préfet du département de l'Ourthe, auquel la ville de Liège appartenait alors, d'acquérir, avec le reliquat de fonds distribués aux familles des victimes, une inscription de rente de 2.227 francs sur le grand livre de

---

(1) Sources. — J. Smeysters, *Les institutions de prévoyance dans les charbonnages belges, Questions pratiques de législation ouvrière et d'éducation sociale.* Ed. Penny, *Les retraites ouvrières aux charbonnages du centre, Revue universelle des mines et de la métallurgie*, 41e année, 3e série, Paris, Le Soudier, 1900. E. Harzé, Note sur les pensions de retraite accordées par les caisses de prévoyance en faveur des ouvriers mineurs. (Commission belge des pensions ouvrières, travaux des membres de la commission, p. 1 ; O. Velghe, *Rapport sur les travaux de la commission* (*id.*); Compte rendu de la commission permanente de surveillance des Caisses de prévoyance, Bruxelles, Narcisse, 1898 et 1902. Dallemagne, *Etude sur les pensions ouvrières d'invalidité à la vieillesse*, Liège, Cormaux, 1897. Duboisdenghien, *Institutions de prévoyance*, Bruxelles, Bruylant, 1900.

la dette publique. Ce fut la première et la seule dotation de la caisse.

L'affiliation n'était pas obligatoire et, dès la fin de l'empire, l'institution avait cessé pratiquement de fonctionner.

Cette tentative du gouvernement français ne fut pas reprise sous le régime hollandais et les victimes d'accidents isolés restèrent, comme par le passé, privées des secours nécessaires, — à l'exception des distributions peu importantes faites par des caisses particulières.

Il continua à en être ainsi, même après la conquête de l'indépendance, jusqu'à ce qu'une grande catastrophe, survenue à Seraing, en 1838, eut donné le signal d'une campagne généreuse à la tête de laquelle se plaça un jeune ingénieur liégeois, Aug. Visschers.

Il soutint cette thèse que « pour ériger une caisse de prévoyance, il était nécessaire d'y faire participer principalement et obligatoirement les ouvriers intéressés, en leur inculquant les principes de prévoyance et d'économie auxquels tout homme vigilant doit s'attacher » (1).

D'après Visschers, le gouvernement ne devait intervenir dans le fonctionnement d'une institution de cette nature que pour en contrôler les opérations et lui accorder des subsides. Il considérait, en outre, comme une condition essentielle de la vitalité d'une caisse de prévoyance, l'intervention de l'appui financier des patrons.

Les exploitants du pays de Liège se rallièrent à ces idées et le gouvernement répandit à profusion la brochure du jeune ingénieur qui fut chargé par lui de faire des conférences dans les milieux intéressés.

---

(1) *Revue belge*, Liège, 1838, *Revue universelle*, Bruxelles, 1839, *De l'établissement des caisses de prévoyance de Belgique en faveur des ouvriers mineurs.*

C'est à cette époque que se fondèrent les caisses de prévoyance qui fonctionnent encore à l'heure actuelle (Liège, 1839, Namur, 1839, Mons, 1840, Charleroi, 1840, Centre, 1841, Luxembourg, 1844) (1).

Ces caisses n'étaient destinées, à l'origine, qu'à venir en aide aux victimes des accidents du travail.

Ainsi qu'il arrive toujours dans le fonctionnement des institutions de cette nature, les charges furent très faibles au début, tandis que les ressources s'accrurent rapidement, le nombre des ouvriers augmentant ainsi que le taux des salaires. Il en résulta une situation financière, en apparence très prospère, qui détermina les administrateurs à créer des services de retraites pour les vieux ouvriers devenus incapables de travailler.

L'octroi de ces pensions, facultatif pour les caisses de Liège et de Namur, était statutaire pour celles de Charleroi, du Centre et du Couchant de Mons.

Le champ d'action des caisses et la durée probable de leurs opérations s'étant ainsi considérablement étendus, la loi du 28 mars 1868 leur accorda le droit, en se faisant reconnaître comme les sociétés de secours mutuels, d'acquérir, avec une personnalité civile restreinte, divers avantages accordés par la loi du 3 avril 1851 aux sociétés de mutualistes.

Toutes les caisses se sont fait reconnaître depuis cette époque, à l'exception de la caisse du Centre qui a refusé, jusqu'ici, de souscrire au principe de la *permanence* de l'institution posé par la loi : les sociétés affiliées ont résisté jusqu'ici aux invitations du gouvernement et souscrivent leurs engagements pour 10 ans seulement.

(1) Smeysters, *op. cit.*, p. 364.

En raison des conditions très spéciales de l'industrie minière, tous les gouvernements qui se sont succédé en Belgique ont inscrit, dans les cahiers des charges des concessions minières, l'obligation, pour le propriétaire de la mine, d'affilier son exploitation à l'une de ces institutions. Par contre, l'État et les provinces leur accordent des subsides annuels (45,000 francs en chiffres ronds pour l'État, et 6.000 à 7.000 francs pour les provinces).

Un arrêté royal du 25 février 1874 a institué la *Commission permanente* des caisses de prévoyance, dont la création était prévue par la loi de 1868; cette commission, dont le rôle est consultatif, a pour mission principale de maintenir l'unité de fonctionnement et d'organisation des diverses caisses.

Fonctionnement des caisses de prévoyance.

Ressources. — Les caisses de prévoyance sont alimentées :

1° Par une retenue opérée sur le salaire des ouvriers;

2° Par des versements patronaux;

3° Par des subsides des pouvoirs publics;

4° Par les dons, legs, et par les revenus de l'encaisse.

Les retenues furent fixées tout d'abord à 1/2 0/0 des salaires, ainsi que les versements patronaux; mais ce taux fut rapidement reconnu insuffisant.

En 1870, les caisses du Centre et de Mons portèrent à 2 1/2 0/0 le montant des versements à effectuer, dont la moitié devait être prélevée par des retenues sur les salaires.

Les caisses de Charleroi et de Namur décidèrent de laisser à la charge des exploitants le versement des subventions annuelles, interdisant même d'une façon absolue d'en faire supporter la moindre part aux ouvriers.

Administration. — Les caisses de prévoyance sont administrées par des *commissions* composées d'exploitants et d'ouvriers ; le commissaire d'arrondissement ou le gouverneur de la province fait partie, de droit, de la commission, dont le siège est au chef-lieu de l'arrondissement ou de la province. Chaque commission nomme son président et son secrétaire.

Les commissions statuent sur les demandes de secours qui leur sont transmises ; elles arrêtent les règlements nécessaires à l'exécution des statuts et publient un compte rendu annuel des opérations de leur caisse (1).

Charges des caisses. — Les caisses de prévoyance distribuent :

1° *Des pensions*, temporaires ou viagères, dont l'importance est fixée par la commission administrative ;

2° *Des secours* sont accordés à des personnes n'ayant pas qualité pour obtenir une pension, mais qui sont jugées, par leur position particulière et par leurs besoins, mériter quelque assistance.

3° *Des pensions viagères* sont allouées 1° à tout ouvrier mutilé et incapable de travailler, par suite de blessures reçues en travaillant, soit à l'intérieur, soit à l'extérieur de l'exploitation ; 2° aux veuves des ouvriers qui ont péri par suite d'accident, en travaillant dans la mine ; 3° aux père, mère, aïeul et aïeule des ouvriers qui ont péri par accident, lorsque, hors d'état de s'entretenir eux-mêmes, le défunt était leur principal soutien.

Certaines caisses allouent une pension aux vieux ou-

---

(1) Les frais d'administration n'atteignent pas 2 0/0 des dépenses annuelles ; ils sont couverts par les subsides de l'État. (*Procès-verbaux de la commission des pensions ouvrières*, p. 15).

vriers devenus incapables de travailler, lorsqu'ils ont été employés un nombre déterminé d'années dans un établissement affilié.

Quelques-unes font même de la caisse de retraite en faveur des invalides du travail, une institution séparée de la caisse commune et alimentée par des subventions spéciales.

Des pensions temporaires sont accordées : 1° aux enfants en bas âge des ouvriers pensionnés pour incapacité de travail ; 2° aux enfants des veuves pensionnées ; 3° aux orphelins de père et de mère, quand le père ou la mère, survivant a péri par accident ; 4° aux jeunes frères et sœurs de l'ouvrier qui a péri par accident, lorsqu'ils sont dans le besoin et que le défunt était leur principal soutien.

Ces pensions ne sont accordées que pendant la période où l'enfant est incapable de subvenir à sa subsistance, c'est-à-dire jusqu'à un âge variant, suivant la caisse, de 12 à 15 ans. Une différence est faite parfois, à cet égard, entre les filles et les garçons.

Les statuts prévoient également diverses causes de déchéance du droit à la pension : condamnation criminelle, remariage de la veuve, blessure ou mutilation volontaire, etc.

Les secours temporaires ou *viagers* accordés par les caisses prennent cours du jour de l'accident; dans l'intervalle qui s'écoule entre l'accident et l'admission à la pension, les secours alloués à l'ouvrier incurable, à la veuve ou à la famille du défunt, sont délivrés par la *caisse particulière*, établie auprès de chaque établissement, qui en fait l'avance à la caisse commune de prévoyance.

La durée de ces secours varie suivant les statuts : dans le bassin de Charleroi, elle est de 6 mois ; leur l'importance doit être au moins égale à celle des secours accordés par la caisse de prévoyance elle-même.

Conditions d'admission à la pension de vieillesse. — La pension est généralement accordée à 65 ans révolus, après 30 ans ou 35 ans de services dans les établissements associés ; elle s'accroit souvent avec le nombre d'années de travail dépassant le minimum obligatoire.

La moyenne des pensions accordées dans l'ensemble des institutions était, en 1895, d'après M. Harzé, de 140 fr. pour les ouvriers vieux ou atteints d'infirmités prématurées, et de 75 fr. pour les veuves.

Au *Centre*, où la pension est la plus forte, le vieil ouvrier peut recevoir jusqu'à 180 fr. ou 240 fr. après 38 ans de service, selon qu'il a travaillé à la surface ou au fond ; la veuve peut avoir 90 fr. Cette caisse accorde également des pensions aux ouvriers incapables de tout travail après 38 ans de service dans une des mines associées, sans condition d'âge.

La *Caisse de Mons* se subdivise en une caisse *accidents* et une caisse *retraites* ; il doit être mis fin soit à l'une, soit aux deux, au cas où une loi décréterait un système d'assurance obligatoire des ouvriers contre les accidents ou les infirmités provenant de la vieillesse.

Pour les caisses de Liège, de Namur et de Luxembourg, le droit à la pension n'est pas reconnu : aussi a-t-on vu la caisse du Luxembourg supprimer toute pension pendant quelques années.

Dans la province de Namur, on a dû également supprimer toute pension de vieillesse par suite d'une transformation très particulière de l'industrie locale.

En effet, l'industrie houillère s'est substituée, dans cette région à l'industrie des mines métalliques qui a presque disparu aujourd'hui ; mais elle n'a pu en incorporer tous les ouvriers.

Il en est résulté que la caisse de prévoyance de Namur, jadis très prospère, a vu diminuer ses ressources, par suite de l'abaissement du nombre de ses cotisations, tandis qu'elle conservait les charges de l'industrie en extinction. Ces charges constituent donc, à l'heure actuelle, un fardeau pour l'industrie charbonnière (1), et il en résulte, pour les ouvriers, une situation qui, pour être transitoire, n'en est pas moins pénible, la caisse s'étant vue dans l'obligation de supprimer les pensions de vieillesse.

Ce qui s'est passé pour Luxembourg e. Namur pourra se produire pour les autres régions ; tout au moins, les caisses, maîtresses de leurs tarifs, pourront-elles être amenées à réduire le taux des pensions.

Il n'est donc pas inutile de prévoir une liquidation des institutions de prévoyance pour les mineurs.

Quelle serait alors la situation des intéressés ? Elle serait très précaire, au dire de tous les actuaires qui se sont occupés de la question, car les capitaux en caisse sont fort loin de répondre aux engagements prévus.

Les pensions seraient donc très probablement diminuées dans une proportion considérable. Il ne faut pas oublier non plus que de très sérieuses difficultés d'ordre technique résulteraient en outre de la confusion des deux assurances accidents — vieillesse dans toutes ces caisses, — celle de Mons exceptée.

Voici d'ailleurs, comment s'exprime à cet égard M. Lepreux, directeur général de la caisse d'épargne et de re-

(1) Elles s'élevaient à 626.000 fr. en 1890 et à 1.160.000 fr. en 1899.

traite dans son *Rapport sur les pensions de vieillesse en Belgique*, présenté au second congrès international d'actuaires :

Aujourd'hui, les caisses communes accordent tout à la fois des pensions ou des secours à la suite d'accidents ou d'infirmités et des pensions de vieillesse ; pour l'une d'entre elles, tandis que la charge annuelle provenant des pensions octroyées aux ouvriers infirmes est restée presque constante pendant une période de 17 années, la dépense due aux pensions de vieillesse a quadruplé pendant le même temps.

Dans un rapport adressé au roi, en 1881, le ministre des travaux publics signala la situation financière des caisses de prévoyance et la difficulté de maintenir l'équilibre entre les charges et les ressources. La commission administrative de la caisse de la province de Liège ayant proposé une augmentation, évidemment arbitraire, empirique du taux des cotisations, le ministre demanda au roi de l'approuver. Puis, il s'associa à une résolution prise par la commission administrative et tendant à la suppression de toute retenue sur le salaire, les patrons seuls devant à l'avenir supporter le fardeau également supporté jusqu'alors par les ouvriers et les exploitants.....

..... Il est fâcheux, étant donné le caractère complexe des caisses communes de prévoyance, que le principe de la non-intervention de l'ouvrier ait été admis. Le mal étant fait, il n'y a qu'un moyen de le réparer. C'est de dédoubler ces organismes, de leur conserver exclusivement leur caractère principal d'institutions de prévoyance contre les accidents du travail et de les instituer sur de nouvelles bases que l'actuaire aura pour mission d'établir ; puis, de rattacher le service des pensions de retraite à la Caisse Générale de Retraite.

Et M. Velghe, dans son rapport sur les travaux de la commission des pensions ouvrières dit également à ce sujet :

La situation des caisses de prévoyance se présente sous un jour très peu favorable, tant pour la réparation des accidents que pour l'assurance de la vieillesse et de l'invalidité. L'un de nos collègues, M. Lepreux, a exprimé la conviction absolue que, si l'on déterminait la valeur de ces engagements, même en laissant de côté certains d'entre eux que l'indétermination des statuts ne permet pas d'évaluer, on arriverait à constater un déficit très considérable.

L'opinion exprimée par MM. Velghe et Lepreux est partagée par tous les hommes compétents en matière d'institutions de prévoyance. Aussi nous semble-t-il impossible de suivre M. Ed. Penny, ingénieur aux charbonnages du centre et auteur d'un très intéressant plaidoyer en faveur des caisses de prévoyance (*op. cit.*), lorsqu'il propose de résoudre la question de la retraite des vieux mineurs par l'intermédiaire de ces institutions. Cette solution aurait, d'ailleurs, à nos yeux, le très sérieux inconvénient de faire dépendre l'octroi d'une pension de vieillesse uniquement de la continuité des services des intéressés, alors que, tout au contraire, les versements prélevés sur les salaires pour l'acquisition d'une pension de retraite devraient être acquis définitivement au moment même où iis sont effectués.

Il serait, d'ailleurs, injuste de ne pas reconnaître que les caisses de prévoyance ont rendu à la classe ouvrière des services importants. Les grandes catastrophes ne les ont jamais prises au dépourvu et leurs encaisses leur ont toujours permis, jusqu'à ce jour, de venir efficacement en aide aux victimes de ces terribles événements.

Cependant, de nombreuses réclamations pour refus de pension tendent à démontrer que les conditions auxquelles l'octroi d'une pension est subordonné sont trop étroites ; des projets de loi que nous analyserons un peu plus loin ont tenté de remédier à un état de choses auquel la situation financière des caisses de prévoyance ne permet pas de porter remède à l'heure actuelle ; mais ces projets ne semblent pas devoir aboutir bien prochainement.

Statistiques. — Nous croyons utile de compléter ces renseignements par des extraits des dernières statistiques publiées par la Commission permanente (1).

Sauf à Namur, la tendance des caisses communes à développer leur action du côté des retraites ouvrières s'accentue de plus en plus ; le taux moyen des pensions et secours, considérés dans leur ensemble, est resté à peu près stationnaire.

b) Projets divers relatifs aux retraites des ouvriers mineurs.

Nous terminerons cet exposé par une revue sommaire des projets relatifs aux pensions de retraite des ouvriers mineurs.

Dès 1886, M. Harzé avait proposé à la Commission du travail d'obliger l'exploitant à effectuer, à la Caisse générale de retraite, un versement de six centimes par journée de travail, en faveur de tout ouvrier des mines âgé de 18 à 50 ans, et de trois centimes pour tout ouvrier plus jeune ou plus âgé (2).

Il devait être alloué, pour compléter la pension, une part dans l'augmentation du produit de la redevance proportionnelle des mines, dont le taux eût été majoré

(1) Caisse de prévoyance en faveur des ouvriers mineurs. Examen des comptes par la commission permanente, année 1898. Bruxelles, 1902.

(2) Em. Harzé, (*Travaux des membres de la commission des pensions ouvrières*), p. 258 et suiv.

DÉSIGNATION DES CAISSES	Nombre d'exploitations associées.	SECOURS DISTRIBUÉS A LA SUITE D'ACCIDENTS				SECOURS RÉSULTANT DE LA VIEILLESSE OU DE L'INFIRMITÉ				RÉPARTITION en °/o des secours globaux.		Rapport °/o du mont^t des secours aux chiffres globaux des salaires.	
		Personnes secourues.		Sommes allouées.		personnes secourues		Sommes alloués.					
		Nombre total.	En °/o du nombre des ouvriers occupés	Globales.	Par tête de personne secourue.	Nombre total.	En °/o du nombre des ouvriers occupés	Globales.	par tête de personne secourue.	Par suite d'accidents.	Par suite d'invalidité.	Accidents.	Invalidité et vieillesse.
			°/o	Fr.	Fr.		°/o	Fr.	Fr.	°/o	°/o	°/o	°/o
Mons	16	3,723	13 3	527,123 57	141 57	1,981	7 1	238,857 91	120 56	68 81	31 19	1 96	0 89
Charleroi	34	3,639	8 4	551,632 50	151 60	1,948	4 5	170,861 44	87 70	76 50	23 50	1 13	0 35
Centre	8	1,573	9 2	242,154 »	153 91	1,754	10 3	251,339 »	143 03	49 07	50 93	1 29	1 34
Liége	44	1,868	6 1	277,598 »	148 57	3,009	9 7	448,114 »	149 03	38 25	61 75	0 81	1 31
Namur	16	343	11 9	56,885 42	165 83	2	0 06	410 »	205 »	99 29	0 71	1 94	0 014
Luxembourg	9	84	10 0	9,259 20	109 82	25	3 »	1,250 »	50 »	88 11	11 89	1 13	0 15
Totaux et moyennes.	127	11.230	9 11	1,664,602 69	148 20	8,719	7 08	1,110,832 35	126 38	59 98	40 02	1 26	0 84
Rappel de 1897		11.194	9 27	1,653,040 94	147 67	8,247	6 82	1,059,393 66	128 46	60 9	39 1	1 36	0 87
» 1896		11,012	9 17	1,609,358 97	147 97	7,745	6 45	999,807 79	133 72	61 7	38 3	1 39	0 86
» 1895		10,879	9 13	1,565,641 07	143 91	7,389	6 20	947,619 14	129 12	62 3	37 7	1 40	0 85
» 1894		10,693	9 11	1,515,297 58	142 »	6,830	5 80	870,916 41	128 »	63 5	36 5	1 38	0 83

et porté à 5 %; l'État aurait accordé en outre un subside égal à 50.000 francs.

Un ouvrier travaillant 290 jours par an aurait pu, avec les tarifs alors en vigueur, se constituer ainsi à 60 ans une rente de près de 400 francs (1).

Projet de 1891. — La Direction générale des mines avait proposé en 1891 un système s'inspirant des résolutions de 1886.

La loi devait s'appliquer, à l'exclusion des femmes, à tous les ouvriers de la mine âgés de 16 à 36 ans.

Les versements devaient cesser à 53 ans ou à 60 ans pour l'ouvrier du fond ou pour celui de la surface.

Une caisse spéciale, dépendant des caisses de prévo-

---

(1) Résolutions adoptées par la Commission du travail de 1886 (p. 524).

I. Les ouvriers appartenant aux entreprises permanentes qui dérivent d'une concession de l'État, seront affiliés nominativement à la Caisse générale de retraite ou à une institution analogue à créer spécialement en leur faveur.

Il sera tenu compte, dans le taux des pensions, du risque de mort accidentelle...

II. Cette affiliation résultera du versement par le patron, au profit de l'ouvrier, d'un nombre fixe de centimes à déterminer par journée de travail accomplie.

A ce versement s'ajoutera une part dans les subsides de l'État et les allocations de la province :

Les ouvriers attachés aux exploitations souterraines bénéficieront d'une part de la redevance des mines.

Une partie du versement sera faite avec réserve du capital au décès de l'assuré.

L'âge auquel l'ouvrier aura la pension dépendra du métier.

Pour l'ouvrier des mines, il sera fixé vers 60 ans.

Toutefois, en cas de caducité prématurée, la Caisse générale de retraite liquidera la pension de l'affilié selon qu'il est prévu à l'art. 50 de la loi du 6 mai 1865.

yance, devait être créée pour les ouvriers déjà pensionnés ou ceux âgés de plus de 36 ans.

Les versements variaient, d'après le projet, avec l'âge et la catégorie (ouvriers du fond ou de la surface) de 3 à 16 centimes par journée de travail, la pension annuelle étant d'environ 180 francs.

Projets dus à l'initiative parlementaire. — M. Alfred de Fuisseaux et plusieurs de ses collègues ont déposé, dès le 17 janvier 1895 (*Annales parlementaires*, Chambre des représentants, p. 423, 1895), une *proposition de loi sur les pensions des vieux houilleurs.*

D'après ce projet, une pension annuelle de 600 francs, inaliénable et insaisissable, devait être allouée à tout ouvrier houilleur ayant travaillé 30 ans au fond ou 35 ans à la surface, à 50 ans dans le premier cas et à 55 ans dans le second.

La caisse de pensions instituée à cet effet devait être alimentée :

1° Par une retenue de 0 fr. 10 sur chaque journée de travail de l'ouvrier ; 2° par un versement égal de l'employeur ; 3° par un subside de l'Etat égal aux deux tiers de la somme des versements précédents.

L'assurance était *obligatoire* et les pensions réversibles sur la veuve ou les orphelins âgés de moins de 16 ans. Aux termes des mesures transitoires, les houilleurs ayant atteint l'âge voulu au moment de la promulgation de la loi devaient être admis à demander la pension.

Ce projet, limité aux ouvriers houilleurs, était donc basé sur l'obligation des versements des ouvriers, des patrons et de l'Etat, et la répartition. Une contribution de 0 fr. 20 par journée de travail était en outre prévue, à la charge du patron, pour chaque ouvrier étranger employé par lui.

M. de Fuisseaux, revenant sur cette idée qu'un régime spécial doit être établi pour les mineurs et s'appuyant en outre sur la nécessité d'établir, pour chaque corporation, un régime particulier en matière de pensions, a présenté le 29 novembre 1900, un nouveau projet concernant les ouvriers houilleurs.

Reprenant, dans la plupart de ses points, l'exposé des motifs de la proposition de 1895, M. A. de Fuisseaux préconisait un système d'assurance obligatoire qui permettrait, d'après lui, d'allouer aux ouvriers houilleurs une pension de 600 fr. (incessible et insaisissable, reversible par moitié sur la tête de la veuve ou des orphelins mineurs de 16 ans) à 50 ou 55 ans, suivant qu'ils auraient travaillé pendant 30 ou 35 ans au fond ou à la surface. Dans ce nouveau projet, les retenues sur le salaire, égales au versement du patron, sont de 3 %, et le subside de l'Etat atteint les deux tiers de la somme de ces versements, soit 4 % des salaires.

La proposition prévoit la formation d'un fonds de réserve alimenté par des prélèvements de 150, 100 ou 50 fr., effectués pendant les 19 premières années de fonctionnement de la loi, sur les pensions des ouvriers retraités (1).

M. Ch. de Ponthière a déposé également, le 3 mai 1901, une proposition concernant plus spécialement les ouvriers occupés aux travaux du fond. Cette proposition, reprenant en partie celle de M. de Fuisseaux (art. 10, 13 et 14), fait appel aux Caisses de prévoyance qui fonctionnent actuellement.

---

(1) Ch. des Représentants, séance du 27 novembre 1900, *Doc. parl.*, n° 14.

Elle est basée sur le versement à ces caisses, en dehors des obligations déjà prévues dans leurs statuts, de sommes représentant 6 °/₀ des salaires, constituées par des contributions égales de 2 °/₀, à la charge des ouvriers, des patrons et de l'Etat.

Les capitaux ainsi recueillis seraient répartis, jusqu'à concurrence de 30 fr. par tête, entre les mineurs ayant au moins 15 ans consécutifs de travail au fond et justifiant d'une invalidité réduisant de moitié, au moins, leur aptitude à tout travail. L'excédent serait versé à un fonds de réserve.

Dans ce système, la pension n'est d'ailleurs pas fixe ; elle est réversible, inaliénable et insaisissable, comme dans les propositions précédentes.

Enfin, M. Em. Harzé, nommé membre de la commission des pensions instituée en 1895, a proposé à cette commission, le 8 décembre 1899, d'instituer, par la voie de l'*obligation*, des pensions de retraite en faveur des ouvriers appartenant aux *industries qui dérivent d'une concession permanente de l'Etat*, ainsi qu'aux ouvriers appartenant soit aux *mines de fer exploitées sans concession*, *soit aux minières de fer exploitées souterrainement par travaux passagers*.

Le service de ces pensions serait assuré par la Caisse Générale de Retraite, les charges devant être supportées également par les intéressés (1/3), les patrons (1/3) et l'Etat (1/3).

L'âge d'entrée en jouissance serait fixé à 58 ans pour l'ouvrier du fond et à 63 ans pour l'ouvrier de la surface.

La commission des pensions ouvrières a introduit, dans ses résolutions, les propositions de M. Harzé ; mais, aucune suite ne leur a encore été donnée.

§ 3. — Institutions patronales privées

Nous nous bornerons à donner quelques indications sommaires sur le fonctionnement d'institutions de retraite créées par d'importantes sociétés industrielles (1).

Caisse de retraite des employés de la société anonyme John Cockerill, a Seraing. — Les *ressources* de la Caisse comprennent : 1° une retenue de 3 % sur les salaires ; 2° une allocation égale de la société ; 3° des versements et retenues spéciales ; 4° des intérêts à 4 % l'an, bonifiés par la société à partir du 1er juillet de chaque année, sur les prélèvements antérieurs de l'exercice et sur les autres fonds de la caisse.

Les *charges* de la caisse sont les suivantes : 1° *en cas de sortie des cadres de la société*, le participant reçoit les sommes prélevées sur son salaire avec les intérêts ; 2° *en cas de décès du participant avant l'âge de 60 ans*, le solde de son compte, — prélèvement sur son salaire, allocations diverses et intérêts, — sont remis, selon leurs droits, à sa veuve, à ses ascendants, enfants ou petits-enfants. Dans le cas où le participant ne laisse que d'autres héritiers, ils rentrent dans le produit de ses versements et des intérêts de ceux-ci ; le surplus est reversé au crédit de la société ; 3° *Pensions de retraite*. Une pension de retraite est accordée au participant (a) à 60 ans, (*b*) en cas d'invalidité. Lorsque le participant est marié, les deux tiers du capital accumulé en son nom servent à déterminer sa pension, l'autre tiers, celle de son épouse.

---

(1) Pour le détail des statuts, voir Duboisdenghien, *op. cit.*, p. 191 et suiv.

Le taux de la pension varie entre 5,51 et 27,44 pour 100 francs de capital.

Depuis 1892, la société a encouragé par des subventions l'affiliation de ses ouvriers à la Caisse de retraite de l'Etat. En 1896, l'affiliation est devenue obligatoire.

Caisse générale de secours et de retraite des établissements de la société anonyme de Marcinelle-Couillet. — Cette institution est alimentée par les ressources ci-après : 1° Retenues sur les salaires (3 % pour les ouvriers et 2 % pour les employés) ; 2° amendes ; 3° subsides ; 4° subventions de la société ; 5° salaires non réclamés après les trois mois qui suivent la quinzaine du payement.

Tout ouvrier ou employé renvoyé ou quittant volontairement la société perd tous les avantages que lui assurent ses années de service.

La caisse de secours assure les soins médicaux et les médicaments aux ouvriers, aux employés, à leurs femmes et à leurs enfants vivant sous le même toit et ne travaillant pas pour d'autres usines ou pour des particuliers.

Tout ouvrier blessé ou malade reçoit, en principe 40 % de son salaire, avec maximum de 1 fr. 50 ou de 1 fr. 75 par jour, suivant qu'il s'agit d'une blessure ou d'une maladie. L'ouvrier blessé, en traitement permanent à l'hôpital (ce traitement est obligatoire, sous peine de perdre tout droit aux soins médicaux et indemnités pécuniaires) reçoit 10 % ou 20 % de sa journée, suivant qu'il est célibataire ou marié.

Des *secours d'invalidité*, temporaires ou viagers, sont alloués, *dans la limite des fonds disponibles*, aux participants victimes d'accidents ou trop âgés. Le taux de ces secours varie, pour les victimes d'accidents, suivant que le participant est resté plus ou moins dans l'usine, de 24 à 50 % du salaire journalier.

Les secours de vieillesse sont de 28 % du salaire, après 26 ans, et de 30 % après 30 ans de services ; ils ne sont accordés qu'à l'âge de 60 ans.

Les employés ne peuvent être retraités qu'après 25 années de services et à 65 ans d'âge.

Des secours peuvent être également accordés aux veuves, aux ascendants et aux enfants des ouvriers ou employés morts en travaillant dans les usines ; il en est de même des ayants-droit des pensionnés ou de ceux qui réunissent les conditions requises pour obtenir une pension.

Caisse de pensions des employés de la Société anonyme de Mariemont et Bascoup. — L'affiliation est obligatoire pour tous les employés, à l'exception de ceux âgés de moins de 20 ans, ou dont le traitement annuel ne dépasse pas 1.500 francs.

L'employé âgé de plus de 40 ans au moment de son admission ne peut pas être affilié à la caisse. L'employé admis après 25 ans et avant 40 ans est affilié, sur sa demande, à la condition de verser des cotisations supplémentaires.

La caisse est alimentée 1° par des retenues sur les salaires comprenant : *a)* 2 1/2 % des traitements ; *b)* le premier mois de tout traitement, augmentation ou supplément de traitement.

Des *pensions* sont *accordées* par décision de la commission administrative ; *elles sont réduites*, au prorata des droits des affiliés, en cas d'insuffisance des ressources de la caisse. Le droit à la pension s'ouvre, soit à 60 ans d'âge, soit après 35 années de services, soit en cas d'invalidité. Le *taux de la pension* est basé sur le traitement moyen des 5 dernières années ; il varie avec le nombre d'années de services et la cause qui a donné lieu à l'ouverture de la pension. Il est, au maximum, de 60 % du traitement moyen en cas de vieillesse ou après 35 ans de services, et de 70 % en cas d'infirmités ou de blessures.

La veuve et les orphelins d'un ouvrier ou employé peuvent également recevoir des pensions dont le maximum atteint, pour la veuve, 5 % de celle à laquelle aurait eu droit le mari, (20 % au minimum, avec majoration de 6 % de la pension dont jouissait ou dont aurait joui le mari, pour chaque enfant âgé de moins de 18 ans), et à 60 % pour les orphelins de père et de mère (25 % pour un orphelin).

En 1899, les recettes de la caisse se sont élevées à 55.000 francs, excédant les dépenses de 22.900 francs. L'encaisse totale était de 665.900 francs.

Caisse de secours et pension des établissements de fabrique Iwan Simonis a Verviers. — Les *ressources* de cette Caisse se composent : 1° de retenues de 1 % sur les salaires, définitivement acquises à la caisse ; 2° de versements égaux de la Société ; 3° du produit des amendes. L'affiliation est facultative.

Les *charges* correspondantes comprennent : 1° *des secours* variant de 3 fr. 60 à 6 francs par semaine, accordés après 7 jours d'incapacité de travail ; 2° *une pension*, allouée à tout ouvrier qui, par suite de vieillesse, de maladie incurable ou d'accident résultant de sa besogne (*sic*), est reconnu incapable de travailler.

Cette pension est d'autant plus élevée que les services de l'affilié ont été plus longs. Elle est égale, au maximum, après 35 ans de services continus, au chiffre fixé pour les secours temporaires.

Caisse de secours des ouvriers des cristalleries du Val-Saint-Lambert. — L'affiliation des ouvriers à cette caisse est obligatoire. Les ressources de l'institution comprennent : 1° une retenue de 3 % sur les salaires ; 2° le produit des amendes.

Les charges correspondantes sont : 1° les soins médicaux et médicaments en cas de maladie de l'ouvrier ou d'un membre de sa famille, s'il est marié ; 2° des indemnités aux ouvriers malades, blessés ou incapables de travailler.

Les indemnités sont accordées, en principe, pour une durée de 6 mois ; une demi-indemnité est allouée, en outre, pour une période supplémentaire dont la durée augmente avec le nombre d'années de service de l'ouvrier.

Société de la Vieille-Montagne (1). — La société de la Vieille-Montagne, dont les établissements, sont situés en France, en Belgique, en Suède, a institué, pour tous ceux qui jouent un rôle actif dans ses fabrications, un ensemble très complet d'œuvres sociales, à savoir :

1° Un *système de salaires comportant des primes* qui permettent de rémunérer l'intensité de l'effort, le résultat exceptionnel dû à une activité et à une attention exceptionnelles ; 2° une *caisse d'épargne* servant aux déposants un intérêt de 5 %, pour les dépôts inférieurs à 2.000 fr. et de 4 % pour les autres ; 3° des *habitations ouvrières à bon marché* dont l'ouvrier peut devenir propriétaire ou rester locataire ; 4° des *institutions de prévoyance : a*) caisse de

(1) Sources. — *Institutions ouvrières de la société de la Vieille-Montagne*. Exposition universelle Paris, 1900 ; Dallemagne, *op. cit.*; O. Velghe, *op. cit.*

secours en cas d'accident et de maladie; *b)* caisse de prévoyance contre les suites des infirmités et de la vieillesse; 5° une *caisse de retraite* en faveur des employés; 6° une *maison de retraite* pour les vieux ouvriers qui ne peuvent pas vivre au milieu de leur famille et un *orphelinat* pour les filles orphelines de ses ouvriers décédés; 7° enfin, diverses institutions sont destinées à améliorer l'état intellectuel et moral de l'ouvrier : sociétés d'agrément, écoles et églises, etc.

Caisse de secours. — Cette caisse, alimentée exclusivement par les deniers de la société, procure gratuitement les soins médicaux et les remèdes, en cas de maladie ou de blessures, aux ouvriers et aux membres de leur famille vivant de leur salaire et demeurant sous le même toit.

Elle accorde également des indemnités de chômage aux ouvriers malades ou blessés, pendant toute la durée de la maladie ou de l'interruption du travail régulier.

Elle délivre une allocation uniforme pour frais d'accouchement aux femmes d'ouvriers; elle accorde des indemnités funéraires fixes de 20 fr., 15 fr. ou 5 fr., suivant que le défunt était marié, célibataire et adulte ou enfant, plus la fourniture du cercueil; des secours temporaires sont également alloués aux veuves, enfants ou ascendants des ouvriers décédés.

Caisse de prévoyance. — La caisse de prévoyance a été établie en vue d'attribuer des allocations viagères aux ouvriers devenus invalides par suite de maladie ou de vieillesse.

La pension accordée comprend deux parties : 1° 1/5 du salaire le plus élevé reçu par l'ouvrier; 2° une augmentation, *par jour*, de un centime par année de travail de 15 à 25 ans révolus, de deux centimes de 25 à 35 ans révolus, de trois centimes à partir de la 36e année et au-delà.

Les pensions de retraite sont accordées aux conditions suivantes : 1° 15 années de service et incapacité complète de travail ; 2° quelle que soit la durée des services, en cas de blessures graves reçues au service de la société.

Cette caisse, gérée par une commission permanente composée de délégués des ouvriers et de représentants de la société, est alimentée, comme la précédente, exclusivement par les ressources de la société et administrée gratuitement par les services de la comptabilité sociale.

Le compte rendu publié pour l'Exposition de 1900 indique qu'à cette époque 535 ouvriers recevaient des pensions s'élevant à 181.152 francs ; 633 veuves et 360 enfants et orphelins étaient alors secourus.

Les dépenses totales de la caisse de prévoyance s'étaient élevées, pour l'exercice, à 229.000 francs ; celles de la caisse de secours atteignaient 340.000 francs.

De 1880 à 1891, les dépenses relatives aux Caisses de secours et de prévoyance représentaient 7,03 % des salaires ; cette proportion s'est élevée à 7,33 % pour la période 1890-1899.

Institutions patronales affiliées a la caisse de retraite de l'État (1). — La plupart des patrons sont hors d'état d'assumer la charge directe de pensions de vieillesse de leurs employés ou ouvriers. Aussi, a-t-on vu un certain nombre d'entre eux affilier leur personnel à la

(1) Sources. — *Caisse générale de retraite*, compte-rendu annuel ; Dallemagne, *op. cit.*; *Bulletin mensuel des œuvres sociales* (Casterman, édit., Tournai) ; Duboisdenghien, *Institutions de prévoyance*, Bruxelles, 1900 ; Vermeersch, *Manuel social*.

Caisse de Retraite de l'État, soit en servant d'intermédiaires pour les affiliations personnelles, soit, le plus souvent, en créant au sein de leur exploitation une *Société mutualiste d'affiliation à la Caisse de retraite.*

Le patron se trouve ainsi déchargé de toute responsabilité pour l'avenir, et ses ouvriers ou employés ont l'avantage de pouvoir bénéficier des subsides et des encouragements accordés par les pouvoirs publics, depuis une douzaine d'années, aux mutualités.

Les règlements des sociétés mutualistes ainsi constituées, — plusieurs sont publiés en annexe aux comptes rendus annuels de la Caisse générale de retraite, — varient dans leurs détails ; mais ils sont tous conçus dans le même ordre d'idées.

C'est ainsi qu'il existe, à peu près dans tous les statuts, une clause stipulant que les ouvriers ont la faculté de faire des versements supplémentaires, mais qui ne donnent plus droit aux primes patronales. Tous contiennent également une disposition aux termes de laquelle l'établissement demeure toujours libre de diminuer ou de cesser l'allocation de primes à ses ouvriers ou employés (1).

Les versements sont faits, à capital réservé ou à capital abandonné — le plus souvent au choix de l'affilié : *a)* pour partie, au moyen d'un prélèvement — obligatoire en général — sur le salaire ; *b)* pour partie, par une subvention patronale.

L'âge de l'entrée en jouissance est fixé, dans la plupart des cas, à 60 ans.

Quelquefois, le patron stipule que ses propres verse-

---

(1) Consulter le *Bulletin des œuvres sociales*, Casterman, éditeur, Tournai, n° de juin 1900.

ments sont faits à capital réservé en sa faveur, mais que les sommes ainsi réservées seront appliquées à de nouvelles subventions.

En cas de chômage résultant d'accident ou de maladie, les patrons prennent généralement à leur charge exclusive la totalité des versements à faire à la Caisse de Retraite.

Un certain nombre d'établissements, lorsque l'affilié a 1.200 fr. de rente viagère, font inscrire à un livret de caisse d'épargne les retenues sur les salaires et les subventions correspondantes (1).

En fait, l'intervention patronale ne s'est pas développée autant que l'espéraient les partisans d'assurance libre. Les comptes rendus de la Caisse générale de retraite, témoignent chaque année de la déception causée par le peu d'empressement manifesté par les patrons à entrer dans la voie qui leur était indiquée (2). « La plupart des employeurs, — lit-on dans le compte rendu publié en 1902, semblent, jusqu'à présent, se désintéresser de la question. »

Il est juste d'ajouter que les patrons ont souvent à lutter contre l'indifférence et même contre l'hostilité nettement affirmée des ouvriers. On a même vu tel industriel (3), après avoir institué dans ses ateliers, une société d'affiliation à la Caisse de Retraite, se trouver dans l'obligation de renoncer à maintenir cette institution, devant des menaces de grève, et bien qu'il participât à la constitution des pensions par des versements égaux à ceux des intéressés.

---

(1) M. Velghe donne une longue énumération des établissements qui affilient leur personnel à la Caisse de Retraite (*op. cit.*, p. 44). Consulter également les comptes rendus annuels de la Caisse générale de Retraite.

(2) Voir, en particulier, les comptes rendus de 1899 et 1902.

(3) Procès-verbaux des séances de la Commission des pensions ouvrières, p. 6, etc.

TROISIÈME PARTIE

La loi du 10 mai 1900 et le régime actuel des retraites ouvrières en Belgique.

CHAPITRE VI

Préparation de la loi.

§ 1er. — LES TRAVAUX PARLEMENTAIRES — LA PRESSE ET LES CONGRÈS

Propositions dues à l'initiative parlementaire. — Au moment où elle fut appelée à statuer sur le projet qui devint la loi de 1900, la Chambre des Représentants se trouvait saisie de diverses propositions dues à l'initiative parlementaire.

La première en date, déposée par M. de Fuisseaux en 1895 (1), concernait exclusivement les houilleurs ; elle tendait à assurer aux ouvriers des pensions d'âge à 50 ou 55 ans et des retraites d'invalidité, au moyen de la répartition annuelle d'un fonds spécial.

Ce fonds aurait été constitué par des versements obligatoires et égaux des intéressés et des patrons (10 centi-

(1) *Rapport* Velghe, p. 66 ; Documents Parlementaires, 1895, Chambre, n° 62.

mes par journée de travail) auxquels serait venue s'ajouter une subvention de l'Etat (20 centimes $\times \frac{2}{3}$).

M. de Malander avait préconisé l'établissement, pour tous les travailleurs, dont les ressources seraient inférieures à 2.200 fr., d'un système d'assurance obligatoire contre l'invalidité et la vieillesse. Les pensions auraient été constituées au moyen de versements effectués à la Caisse de retraite par les salariés et les patrons, et majorés par l'Etat, à concurrence des 2/3 (1).

M. de Guchtenaere était l'auteur d'une proposition d'assurance obligatoire contre la vieillesse et l'invalidité (2) comportant également la participation des intéressés, des patrons et de l'État, ainsi que la création de Caisses Professionnelles et d'un Service de mutation entre ces Caisses.

Les commissions parlementaires chargées d'examiner ces propositions se prononcèrent, à l'unanimité, au début de l'année 1895, en faveur du principe de l'obligation (3).

Enfin, M. Denis, l'un des représentants les plus éminents du parti socialiste belge, déposa, en 1897, au cours des travaux de la commission extra-parlementaire, une proposition qui n'était, de l'aveu même de son auteur, qu'une application expérimentale à la Belgique de la loi allemande de 1889 (4).

Les propositions, dues à l'initiative parlementaire, reposaient donc toutes sur le principe de l'obligation (5).

---

(1) *Rapport* Velghe, p. 67; Documents Parlementaires, 1895, Chambre, n° 98.

(2) *Rapport* Velghe, p. 68; Documents parlementaires, 1895, Chambre, n° 129.

(3) *Rapport* Velghe, p. 69.

(4) Documents parlementaires, 1897, Chambre n° 40.

(5) Commission des pensions. Procès-verbaux, séance du 7 mai 1895, p. 19.

Vœux émis par les congrès et sociétés diverses. — Ce n'est pas seulement au sein du Parlement qu'un courant très net semble s'être dessiné en faveur de « l'obligatoire » *(sic)*.

La question des retraites ouvrières a été mise à l'ordre du jour de maint congrès ; elle a fait l'objet d'un grand nombre de résolutions ou vœux dans le même sens.

Dès 1890, M. Tumelaire, président de la Fédération du bassin de Charleroi, concluait, dans un rapport, à la nécessité d'établir un régime d'assurance obligatoire (1). Tous les congrès mutuellistes neutres ont émis, depuis 1894, des vœux concernant les assurances ouvrières (2), la plupart se prononçant nettement en faveur du principe de l'obligation (3).

Nous trouvons encore, dans les comptes rendus sommaires du *Congrès des œuvres sociales*, à Liège (4), des vœux en faveur de l'obligation (5).

Le *Congrès National des Habitations Ouvrières* discutait et formulait, en 1894, divers vœux concernant l'affiliation à la Caisse de Retraite, l'intervention patronale et les sociétés de secours mutuels.

La « Ligue Démocratique Belge », fondée en 1891, dans

(1) *Revue sociale et politique*, 1893, p. 458 et s.: L. Varlez, *Pensions de retraite*. Paris, A. Rousseau, éditeur.

(2) Consulter les comptes rendus de ce congrès, par A. Wormhout. (Imp. Wormhout, Bruxelles, à leur date). Le *Mutuelliste* du 1er juillet 1902 reproduit le texte de ces vœux : et, en particulier, ceux qui ont été votés en 1894 et 1898, 1899, 1900, 1901, en faveur de l'assurance obligatoire.

(3) *Contrà*, voir le *Mutuelliste*, 15 août 1902, article de M. Pinkhof.

(4) Organisé par les fondateurs (au nombre desquels nous trouvons M. Arth. Verhaegen) de « l'Union nationale pour le redressement des griefs », sous la présidence de l'évêque de Liège.

(5) Congrès de 1896 et 1897.

un esprit chrétien (1), dans le but de lutter contre le développement des idées socialistes, a mis plusieurs fois la question des retraites à l'ordre du jour de ses congrès. Dès 1892, elle avait émis des vœux en faveur du développement de l'affiliation des ouvriers à la Caisse de Retraite par l'intermédiaire des corporations de métiers, des Unions Professionnelles, des Sociétés de secours mutuels ou des établissements industriels, avec des encouragements patronaux, communaux et gouvernementaux. Elle vota également un vœu conforme aux idées émises par M. Harzé, en 1886, en faveur de l'affiliation obligatoire des ouvriers appartenant aux industries qui s'exercent en vertu d'une concession légale ou à l'administration des chemins de fer (v. p. 200 et s.).

En 1894, le Congrès de la Ligue émettait un vœu en faveur de l'assurance obligatoire. En 1897, la Ligue recourut même à un referendum parmi ses membres, sur les assurances ouvrières ; mais les résultats de cette consultation furent des moins concluants, en raison de la complexité et de la multiplicité des questions posées.

La Presse. — L'écho de ces vœux et de ces tendances se retrouve, soit dans les diverses publications des nombreuses associations, mutuellistes ou autres, qui ont mis la question à l'étude, soit dans la presse technique (2).

Quant aux journaux quotidiens, ils semblent avoir relégué au second plan l'étude des projets sur les retraites, au milieu des préoccupations de la politique générale et du renouvellement de la Chambre des Représentants (1900).

---

(1) Sa ligne de conduite est basée sur les enseignements de l'encyclique « *Rerum novarum* ».

(2) *Bulletin* de l'association des actuaires belges, etc.

Le Bien public, journal catholique, et *Le Peuple*, organe principal du parti socialiste, ont cependant étudié la question dans un certain nombre d'articles. Le premier de ces journaux est resté très réservé sur la question de savoir si l'assurance devait être libre ou obligatoire (1). Quant au journal socialiste, il a défendu avec acharnement les idées de M. Denis et combattu, parfois avec quelque exagération, les conclusions de la Commission des Pensions en faveur de la liberté (2).

Le Messager de Bruxelles contient également quelques études sur la question ; les plus importantes sont dues à la plume de l'abbé Daens, le fougueux démocrate chrétien, qui n'épargne pas les critiques au système de la liberté subsidiée (3).

Quant aux organes du parti libéral, ils semblent s'être à peu près désintéressés de la question (4).

Il semble donc qu'une tendance assez générale se soit manifestée en Belgique, de 1895 à 1906, en faveur d'une assurance obligatoire avec participation de l'Etat, des patrons et des ouvriers (5).

Comment donc se fait-il qu'en présence de cette situation, le gouvernement ait pu déposer et faire voter par le

---

(1) Voir notamment les numéros des 1er et 2 janvier 1900, 7 février, 29 mars, 30 avril, 8 mai.

(2) *Le Peuple*, nos des 6 et 9 janvier 1900, 7 et 13 février, 14, 27 et 30 mars, 13, 14, 18, 24, 28, 29, 30 avril, 16 mai 1900 et 6 avril 1901.

(3) Nos des 10, 17 et 26 janvier, 13 et 28 avril, 1er mai 1900.

(4) *L'Indépendance Belge*, par exemple, s'est bornée à publier des *notes* résumant les travaux parlementaires.

(5) Une grande manifestation se déroula même processionnellement, bannières au vent, selon la vieille tradition flamande, dans les rues de Bruxelles, pour réclamer l'assurance obligatoire et protester contre le projet gouvernemental. (Voir les numéros du *Peuple* des 14, 27 mars et

Parlement belge un projet de loi basé, au contraire, sur l'assurance libre ?

Nous avons déjà dit quelques mots des motifs d'ordre politique qui avaient, depuis quelques années, inspiré les mesures d'encouragement à l'assurance libre. Mais, indépendamment du désir de lutter contre le développement des idées socialistes, et de la promesse faite par le gouvernement, à plusieurs reprises, d'aboutir avant les élections législatives, il faut chercher, croyons-nous, une des raisons déterminantes de la solution intervenue dans les résolutions adoptées par la *commission* extra parlementaire *des pensions ouvrières*, instituée en 1895.

Il est donc nécessaire de connaître, dans leur ensemble, les résultats des travaux de cette commission (1).

§ 2. — Les travaux de la commission des pensions ouvrières (2).

La commission extra-parlementaire chargée par le gouvernement, en 1895, « de formuler des propositions en vue d'assurer aux ouvriers une *pension de retraite* en cas

30 avril, de *l'Indépendance belge* et du *Journal de Bruxelles* du 13 avril.) Les manifestants, amenés par trains spéciaux de toutes les régions de la Belgique, étaient au nombre de 20.000, selon les uns, de 50.000, selon d'autres.

(1) Il est permis de supposer, toutefois, qu'en Belgique comme en France, la population rurale était défavorable au principe d'une assurance obligatoire. (Voir à ce sujet *l'Enquête française sur les retraites ouvrières*, tome III, Ch. des dép., session 1901, n° 2.660.)

(2) Sources. — *Rapport* sur les travaux de la Commission par M. O. Velghe, directeur au ministère de l'agriculture, secrétaire de la Commission ; *Procès-verbaux* des séances de la Commission ; *Travaux des membres de la commission*, 3 vol. in-4°, Bruxelles 1900 (Publication de l'Office du travail).

de vieillesse et d'invalidité permanente », se réunit pour la première fois le 27 avril 1895 ; elle remit son rapport le 30 janvier 1900, après avoir tenu quarante-huit séances, quelques jours avant le dépôt du projet de loi sur le bureau de la Chambre des Représentants.

Le gouvernement avait désigné les membres de la commission (1) ; il les avait choisis parmi les personnes les plus qualifiées, soit par leurs travaux antérieurs, soit par leur situation, pour mener à bonne fin l'œuvre considérable qui leur était confiée. Mais la plupart d'entre eux étaient des partisans déclarés de l'assurance libre.

Quoi qu'il en soit, il faut reconnaître que, par l'étendue et l'impartialité de ses recherches, par les mémoires souvent considérables et très étudiés, rédigés par ses membres, par l'indépendance d'idées et la hauteur de vues que l'on retrouve dans toutes ses discussions, la commission extra-parlementaire a apporté une très importante contribution à l'étendue des pensions ouvrières. Elle

(1) Elle était ainsi composée : Président : M. Van Cleemputte, avocat, membre de la Chambre des Représentants ; vice-présidents : MM. Adan, directeur général de la société d'assurance « La Royale belge » ; E. Harzé, directeur général des mines ; membres : MM. V. Beauduin, bourgmestre de Tirlemont ; E. Beco, secrétaire-général du ministère de l'agriculture ; A. Bégault, actuaire de la compagnie belge d'assurances générales sur la vie ; Campioni, Ch., juge de paix du canton de Schaerbeek ; Denis H., membre de la Chambre des représentants, avocat et professeur à l'Université de Bruxelles ; G. Helleputte, membre de la Chambre des Représentants ; L. Mahillon, directeur général de la Caisse générale d'épargne et de retraites, remplacé à son décès par M. O. Lepreux, son successeur à la direction générale de la Caisse ; Ch. Morisseaux, directeur général de l'Office du travail, remplacé, lors de son départ pour l'étranger, par M. J. Dubois, actuellement directeur général de l'Office du travail ; A. Verhaegen, député permanent du conseil provincial de la Flandre orientale ; secrétaire : M. O. Velghe, directeur au ministère de l'agriculture.

paraît, d'ailleurs, avoir tiré tout le parti possible du principe qu'elle a cru devoir placer à la base de ses propositions.

*
* *

Après avoir passé en revue les diverses institutions de retraites existantes en Belgique, ainsi que les législations en vigueur à l'étranger (1), la commission, abordant le fond du problème qu'elle avait à étudier, recherchа tout d'abord les principales causes qui avaient pu entraver, jusqu'alors, les progrès de l'assurance libre contre l'invalidité et la vieillesse.

M. Verhægen (2) attribuait le faible développement de l'esprit de prévoyance chez l'ouvrier à l'insuffisance de l'enseignement de la prévoyance, ainsi que de l'action de l'autorité pour encourager et stimuler les sentiments de prévoyance; à l'effet pernicieux de certaines mesures prises par les pouvoirs publics et de nature à accroître les occasions de dépenses; à l'exemple des classes dirigeantes et à la propension exagérée aux plaisirs; à l'abus inouï des boissons alcooliques. Enfin, et surtout, à l'insuffisance et à l'instabilité du salaire, à la nécessité de pourvoir à des besoins plus immédiats et au désir, chez beaucoup d'intéressés, de consacrer leurs épargnes, soit à améliorer leur condition actuelle, soit à assurer leur avenir par d'autres moyens que la pension de retraite.

La commission admit en conséquence « qu'il y avait lieu, pour l'État, d'intervenir en vue de généraliser autant que possible les retraites des ouvriers (3). »

---

(1) *Rapport* de la commission, p. 1 à 87 ; *Procès-verbaux*, p. 1 à 55.

(2) A. Verhægen, *Recherche des causes du faible développement de l'esprit de prévoyance chez l'ouvrier* (*Travaux*, etc., p. 27 et suiv.).

(3) *Rapport* Velghe, p. 88 ; *Travaux*..., p. 112.

Ce principe étant admis, il fallait rechercher la forme sous laquelle l'intervention devrait se manifester : assistance, encouragement à la prévoyance libre ou assurance obligatoire.

Tout en reconnaissant l'obligation d'assistance qui incombe à la société, et en exprimant le vœu que des améliorations soient apportées dans l'organisation de l'assistance publique, la commission estima qu'il y avait lieu, pour l'État, d'intervenir d'une façon plus efficace et plus heureuse au point de vue de la constitution des pensions ouvrières ; elle avait été frappée surtout de l'influence démoralisante de l'assistance publique, dont les secours doivent être réservés aux seuls indigents qui n'ont pu assurer le sort de leurs vieux jours.

Deux courants d'idées très nets se sont manifestés alors dans la commission ; les partisans de l'assurance libre étaient d'avis qu'une intervention plus large de l'assistance ne pouvait se produire qu'en faveur de personnes ayant fait librement des efforts en vue de l'acquisition d'une rente de vieillesse ou d'invalidité ; ceux qui, au contraire, préconisaient l'institution d'un système d'assurance obligatoire, estimaient que, dans l'organisation à établir, les ouvriers, les patrons et l'État, représentant la société, *devaient* concourir à la constitution des pensions (1).

De longues séances furent consacrées à l'examen de la question de savoir si l'État peut rendre l'assurance obligatoire (2).

Deux ordres de considérations semblent avoir plus par-

---

(1) *Rapport* Velghe, p. 89 et 90.

(2) *Procès-verbaux*, p. 51 à 118 ; *Travaux* ..., p. 49, 117, 73, 109, 135, 137, 101.

ticulièrement attiré l'attention de la majorité de la commission (1). D'une part, les résultats des systèmes d'assurances basés sur l'obligation et mis en pratique à l'étranger demeuraient l'objet d'appréciations contradictoires. D'autre part, un certain nombre de groupes d'ouvriers et beaucoup de patrons manifestaient de la défiance et même de l'hostilité à l'égard de la généralisation des pensions par la voie de l'obligation légale d'assurance.

Enfin, la pratique de l'épargne avait fait de réels progrès en Belgique ; les œuvres de prévoyance et de mutualité se multipliaient depuis quelques années et de nombreux chefs d'industrie avaient établi ou encouragé des caisses de pensions.

Telles sont les raisons principales qui ont amené la commission, à repousser l'assurance obligatoire (2).

Avant d'aborder l'étude des voies et moyens, la commission examina un système mixte présenté par M. Verhaegen, et basé sur l'adhésion présumée des ouvriers à des retenues sur leurs salaires, en vue de se constituer une pension (3), aucune contribution n'étant exigée des employeurs.

Dans l'esprit de son auteur, ce système qui se rapprochait de la proposition française de M. de Ramel et du projet de loi déposé par MM. Constans et Rouvier, avait l'avantage, tout en respectant la liberté de l'ouvrier, de tourner au profit de la cause de la prévoyance l'indifférence ou l'ignorance des intéressés.

---

(1) Lettre adressée au Ministère de l'industrie et du travail le 29 septembre 1897 : *Procès-Verbaux*, p. 119.

(2) *Procès-verbaux*, p. 111. *Rapport* Velghe, p. 129.

(3) Velghe, *Rapport*, p. 129 et s.; *Procès-verbaux*, p. 122 et s.: *Travaux*, p. 81, 131, 161.

Le système de M. Verhaegen avait l'inconvénient d'être applicable aux seuls ouvriers salariés (1) ; la commission le repoussa, estimant d'autre part que, sans présenter les avantages attribués à l'assurance obligatoire par ses partisans, il en avait la plupart des inconvénients.

C'est alors que M. Beco présenta une contre-proposition (2) basée sur l'affiliation libre à la Caisse Générale de retraite encouragée par une large participation de l'Etat et généralisée par une propagande active à organiser dans toute l'étendue du pays.

L'auteur de cette proposition estimait que l'affiliation, basée sur la volonté librement manifestée des intéressés, aurait une autre valeur morale et serait autrement stable que celle obtenue, dans le système de M. Verhaegen, « par une sorte de stratagème (3). »

La commission, se ralliant au principe de la proposition de M. Beco, exprima l'avis suivant : *Il y a lieu de solliciter l'inscription, au budget du ministère de l'industrie et du travail, d'un crédit ainsi libellé : « Frais de propagande en vue de l'affiliation des ouvriers à la Caisse de retraite (4). »*

Le gouvernement s'inspirant de ce vœu, si conforme à ses tendances et aux mesures qu'il avait appliquées depuis quelques années, proposa aux Chambres et obtint, pour l'exercice 1899, une augmentation de 147.000 fr. sur le crédit destiné à encourager l'affiliation à la Caisse de

(1) *Procès-verbaux*, p. 197.

(2) *Procès-verbaux*, p. 163 et s., p. 199 et s.; *Travaux*, E. Béco, *Propositions* (organisation de l'assurance libre), p. 159.

(3) Velghe, *Rapport*, p. 135 ; *Procès-verbaux*, p. 195.

(4) *Procès-verbaux*, p. 205 ; Velghe, *Rapport*, p. 136.

Retraite, dont le libellé fut modifié dans le sens demandé par la Commission.

Système de la liberté subsidiée. — La Commission, *écartant le principe de l'obligation*, se rallia donc à celui de l'*affiliation libre encouragée par les pouvoirs publics*.

Il lui restait à étudier les mesures d'application du système de M. Beco. De longues discussions s'engagèrent alors, dont nous nous bornerons à indiquer les points principaux.

Légitimité de l'intervention de l'Etat dans le système de la liberté subsidiée. — La légitimité de l'intervention de l'Etat, par voie de subsides, en faveur de l'affiliation à la Caisse de retraite, a été contestée (1). On a fait remarquer, pour justifier cette intervention, qu'il entre dans la mission de l'Etat de favoriser tout ce qui est propre à étendre l'enseignement et l'habitude de l'épargne, et d'encourager l'initiative individuelle ainsi que la pratique de l'association volontaire (2).

L'Etat, d'ailleurs, n'a-t-il pas un intérêt sérieux à développer la prévoyance individuelle, puisqu'il diminue par là les charges futures de l'assistance ?

D'autre part, on a fait observer que le principe de l'intervention des pouvoirs publics en faveur d'œuvres dues à l'initiative privée se trouvait déjà consacré dans tous les domaines. C'est ainsi que l'Etat accorde des encouragements pour la construction d'habitations ouvrières et qu'il alloue des subsides aux sociétés de crédit agricole, aux caisses de prévoyance des ouvriers mineurs ainsi qu'aux

---

(1) *Rapport* Velghe, p. 138 ; *Procès-verbaux*, p. 171 et 193.
(2) *Rapport* Velghe, p. 138.

sociétés mutualistes reconnues, afin de faciliter l'affiliation de leurs membres à la Caisse de retraite.

Il est vrai que l'adoption d'un système reposant sur l'allocation, par l'Etat, de primes d'encouragement, peut être, au point de vue électoral, l'occasion de véritables surenchères ; mais cet inconvénient n'existe-t-il pas dans tous les systèmes d'assurances sociales, qu'ils reposent ou non sur l'obligation ?

Tels sont les motifs principaux qui firent admettre, par la commission, le principe des *primes d'encouragement.*

Invalidité prématurée. — La commission estima que les éléments statistiques et les bases techniques concernant le risque d'invalidité prématurée étaient encore insuffisants, en sorte que toute solution s'appuyant sur de telles données serait forcément empirique.

Il en résulta qu'après avoir été presque unanime, au début, à admettre que les mesures à proposer devaient comprendre les cas d'invalidité prématurée, (à l'exception de ceux qui pourraient être couverts par la loi en préparation sur les accidents du travail,) elle crut devoir ajourner la réalisation de cette partie de son programme (1).

Taxe patronale (2). — Les propositions de M. Beco ne comportaient aucune intervention patronale.

M. Beauduin, désireux de combler cette lacune du système défendu par son collègue, formula une proposition qui, après avoir été modifiée à plusieurs reprises, fut rédigée ainsi sous sa forme définitive :

---

(1) *Rapport* Velghe, p. 141 ; *Procès-verbaux*, p. 17, 199 et s.

(2) *Travaux....*, p. 169, 181 ; *Procès-verbaux*, p. 189 et s., 201 et s., 219 et s.; *Rapport* Velghe, p. 141 et s.

« Imposer une taxe spéciale à charge des patrons et dispenser du payement de cette taxe les patrons qui interviennent en faveur de la retraite de chacun de leurs ouvriers, pour une somme au moins égale au montant de la taxe. »

Cette proposition séduisit un moment la commission ; elle y renonça cependant, bien qu'à regret, semble-t-il (1). Elle estima que la taxe, généralisée dans ces conditions, n'aurait été qu'un retour déguisé au principe de l'assurance obligatoire, mais sous une forme illogique, puisque, l'obligation étant ainsi reconnue pour l'Etat et pour les patrons, ne l'aurait pas été pour les intéressés eux-mêmes !

Propositions de la Commission (2).

En formulant ses propositions définitives, la Commission s'est attachée à améliorer le régime de l'assurance libre, encouragée par les pouvoirs publics, appliqué depuis quelques années déjà en Belgique ; elle s'est efforcée, dans ce but, de régler l'intervention de l'État sur des « bases plus rationnelles, en donnant plus d'efficacité aux encouragements officiels (3). »

Nous nous bornerons, afin de ne pas étendre démesurément l'étendue de notre étude, à reproduire ci-après le texte de ces propositions ; nous entrerons cependant dans quelques détails sur les plus importantes de celles qui n'ont pas été incorporées dans la loi du 10 mai 1900.

---

(1) Par 4 oui contre 2 non et 3 abstentions ; quatre membres étaient absents ; l'un d'eux s'était prononcé *pour* et un autre *contre* la proposition.

(2) *Rapport* Veghe, p. 160 et s.; *Procès-verbaux*, p. 200 et s.

(3) *Rapport* Velghe, p. 153.

Résolutions de la Commission.

« I. — Il y a lieu pour l'État d'intervenir en vue de généraliser, autant que possible, les pensions de retraite.

II. — Cette intervention peut être suffisamment efficace sans comprendre l'obligation de la part des ouvriers et des chefs d'entreprise.

Elle peut se borner aux mesures qui ont pour objet de faciliter, d'encourager, de développer et d'assister la prévoyance individuelle : encouragements divers, assistance administrative des pouvoirs publics, amélioration de la législation actuelle, dispenses fiscales, larges subsides, et mesures diverses pour encourager et intéresser les chefs d'entreprises à assister les ouvriers pour la constitution de pensions.

III. — Néanmoins, des pensions de retraite seront instituées par la voie de l'obligation, en faveur des ouvriers appartenant aux industries qui dérivent d'une concession permanente de l'Etat, ainsi qu'aux mines de fer exploitées sans concession et aux minières de fer exploitées souterrainement par travaux passagers.

IV. — L'intervention de l'État doit se produire en faveur des personnes, appartenant aux catégories ci-après indiquées, pour les versements qu'elles effectuent, à partir de l'âge de 16 ans, à la Caisse Générale de retraite sous la garantie de l'État ou à une Caisse de retraite dont les statuts et les bases techniques ont été approuvés par le gouvernement :

a) Les ouvriers, les domestiques, ainsi que les cultivateurs et les artisans qui travaillent pour leur compte sans l'aide régulière de plus d'un ouvrier salarié, — que ces diverses catégories de personnes soient affiliées à la caisse directement ou par l'intermédiaire d'une société mutualiste de retraite.

b) Tous ceux qui font partie d'une société mutualiste, constituée notamment en vue de l'assurance contre la maladie, sous la condition que la cotisation, destinée au service d'assurance contre la maladie, ne dépasse pas 2 fr. 50 par mois.

c) Les petits employés, dont le traitement est de 2.000 francs au maximum, à condition qu'ils fassent partie d'une société mutualiste de retraite.

V. — L'entrée en jouissance de la pension peut être fixée à tous les âges entiers compris entre 55 et 65 ans, au gré de l'affilié.

En cas d'invalidité prématurée, dûment constatée, survenant antérieurement à l'époque fixée pour l'entrée en jouissance de la rente, l'intéressé pourra être admis à jouir immédiatement de la pension acquise en raison de l'âge au moment de l'invalidité.

VI. — Les versements peuvent être faits à capital abandonné ou bien à capital réservé, soit au profit des héritiers du bénéficiaire, soit au profit de ce dernier, au moment de l'ouverture de la pension.

Le subside de l'Etat sera toujours versé à capital abandonné.

Il y a lieu d'adjoindre, aux opérations pratiquées par la Caisse Générale de retraite, celles ayant pour but l'acquisition de rentes de survie.

VII. — Le subside de l'État est acquis aux intéressés pour la partie de leurs versements qui ne dépasse pas 24 francs par an et aussi longtemps que l'ensemble des versements effectués correspond à une rente qui ne dépasse pas 25 francs par mois.

VIII. — Le subside de l'État est fixé à 100 °/₀ sur les 6 premiers francs, 50 °/₀ sur les 6 francs suivants et 25 °/₀ sur les 12 derniers francs.

Il est réduit, d'après le tableau ci-dessous : 1° si les versements sont effectués à capital réservé ; 2° si l'entrée en jouissance de la rente est fixée à un âge inférieur à 65 ans.

Mode de versement.	Age au moment du premier versement.	Age de l'entrée en jouissance	Multiplicateur ou coefficient de réduction.
Capital abandonné.		65 ans.	1 00
		60 à 64 —	0 75
		55 à 59 —	0 45
Capital réservé . .	16 à 20 ans.	65 —	0 65
		60 à 64 —	0 40
		55 à 59 —	0 20
	21 à 30 —	65 —	0 60
		60 à 64 —	0 45
		55 à 59 —	0 27
	31 à 40 —	65 —	0 55
		60 à 64 —	0 41
		55 à 59 —	0 25
	41 à 50 —	65 —	0 45
		60 à 64 —	0 34
		55 à 59 —	0 20
	51 à 60 —	65 —	0 35
		60 à 64 —	0 26
		55 à 59 —	0 16
	61 à 65 —	65 —	0 30
		61 à 64 —	0 22

IX. — Il y a lieu d'inscrire, au budget du ministère de l'Industrie et du Travail, un crédit ainsi libellé : « Frais de propagande en vue de l'affiliation à la Caisse Générale de Retraite ».

Mesures transitoires

X. — Le subside de l'Etat est fixé comme il suit :

100 % sur les 6 premiers francs, 50 % sur les 18 francs suivants, pour les intéressés âgés de 45 à 50 ans au moment de la mise en vigueur de la loi ;

100 % sur les 6 premiers francs, 75 % sur les 18 francs suivants, pour les personnes âgées, à ce moment, de plus de 50 ans.

100 % sur les premiers francs versés, pour les personnes âgées, à la même époque, de plus de 55 ans.

Il y a lieu, en outre, d'adopter des dispositions spéciales, quant au montant du subside de l'Etat, en faveur des mutualistes qui ont, sous l'empire du régime actuel, effectué des versements à la Caisse Générale de retraite, à capital réservé, et qui continueraient à verser d'après ce mode.

XI. — Des allocations, à la charge de l'Etat, seront, sur leur demande et sans préjudice des secours ordinaires de la bienfaisance publique, accordées aux travailleurs âgés, belges ou bien étrangers travaillant en Belgique depuis dix ans au moins au moment de la mise en vigueur de la loi, aussi longtemps qu'ils sont dans le besoin et dans la mesure du besoin.

XII. — Les personnes âgées de 55 à 60 ans, au moment de la mise en vigueur de la loi, ne pourront prétendre à ces allocations, si elles n'ont, dès ce moment jusqu'à l'âge de 65 ans accomplis, effectué un versement de 6 francs par an à la Caisse de retraite, à moins qu'il ne soit établi qu'elles ont été dans l'impossibilité de le faire.

XIII. — Les allocations seront distribuées à l'intervention des administrations communales, en dehors de l'action directe des bureaux de bienfaisance.

Les communes dresseront les relevés des personnes à subventionner, suivant les modèles fournis par le Gouvernement.

Ces relevés seront approuvés par l'autorité provinciale, auprès de laquelle les intéressés auront un droit de recours.

Les autorités provinciales exerceront leurs attributions avec le concours de comités nommés moitié par elles et moitié par le Gouvernement.

Ces comités comprendront, au moins à concurrence du tiers, des représentants des mutualités ou associations professionnelles ouvrières, choisis sur les listes présentées par celles-ci.

XIV. — Pour faire face à ces allocations, la commission estime, en se basant sur l'expérience danoise, qu'un crédit de sept millions au moins devrait être porté au budget, la première année.

XV. — Des mesures législatives devront être prises pour empêcher que les administrations de bienfaisance ne diminuent le montant des sommes qu'elles consacrent actuellement à l'entretien des vieillards.

Réduction du montant du subside de l'Etat suivant la modalité des versements et l'âge fixé pour l'entrée en jouissance de la pension. (Résolution n° VII.). — La commission admit en principe que les subventions des pouvoirs publics ne doivent pas profiter plus à l'un qu'à l'autre.

Le montant de l'intervention ne pouvait donc pas être fixé d'une manière uniforme ; il devait varier, au contraire, soit avec l'âge de l'entrée en jouissance des rentes, soit avec la forme du versement.

Nous avons vu, en particulier, que les versements à capital réservé peuvent se décomposer en deux parties dont l'une est consacrée à l'acquisition de la rente viagère, l'autre étant destinée à payer une assurance sur la vie entière ou bien une assurance mixte, suivant que la réserve du capital est stipulée en faveur des ayants droit de l'affilié ou bien au bénéfice de ce dernier.

En accordant une prime égale à trois versements égaux effectués suivant chacun de ces deux modes et à capital aliéné, l'Etat aurait donc subsidié, dans ce dernier cas, une rente viagère seulement et, dans les deux premiers, une rente viagère et une assurance sur la vie.

Tout en reconnaissant que ce mode particulier de prévoyance mérite d'être encouragé à l'égal de tout autre, la Commission, estimant que son programme était limité aux seules *pensions* ouvrières, ne crut pas devoir entrer dans cette voie ; elle pria, en conséquence, l'un de ses membres, M. Lepreux, de rechercher dans quelle proportion le subside de l'Etat devrait être réduit dans chacune des hypothèses précédentes, ainsi que dans le cas où l'intéressé fixerait l'époque de l'entrée en jouissance à un âge inférieur à 65 ans.

En effet, elle considéra, avec M. Béco, que le montant des sacrifices de l'Etat serait majoré en faveur des intéressés susceptibles d'effectuer les versements les plus élevés et, par suite, de cesser tout travail à un âge aussi rapproché que possible de 55 ans, si aucune distinction n'était établie quant à l'âge fixé pour l'entrée en jouissance des rentes acquises.

Le tableau suivant, dont les chiffres sont empruntés au rapport de M. Velghe (1), permettra de se faire une idée bien nette des inconvénients inhérents à l'allocation de primes d'encouragement constantes.

M. Lepreux détermina les coefficients de réduction (2) correspondant : 1° à chaque âge compris entre 6 et 64 ans ; 2° a chacun des modes de versements admis à cette époque par la Caisse de retraite. Il proposa de réduire à six, dans la pratique, les coefficients relatifs à l'âge et à deux ceux qui concernent le mode de versement. Ces conclusions furent admises par la commission, qui les incorpora dans sa proposition n° VIII (3).

Industries concédées. — La commission estima, avec M. Harzé, que l'Etat a le droit, en déléguant à un tiers un droit d'exploitation, qu'il pourrait exercer lui-même, d'imposer au concessionnaire telles conditions qui lui convien-

---

(1) *Rapport* Velghe, p. 184 et 185.

(2) On appelle *coefficient de réduction* le multiplicateur à affecter au *subside normal* dans chaque cas particulier (*Rapport*, p. 187 et suiv. et *Tableaux*, p. 192 à 194).

Le coefficient de réduction relatif à la modalité du versement est indépendant de l'âge à l'époque du versement ; il varie seulement avec l'âge de l'entrée en jouissance (*id.*, p. 189, en note).

(3) Voir les *Notes* rédigées par M. Lepreux sur l'*Intervention des pouvoirs publics et la Répartition des subsides de l'Etat* (*Travaux des membres de la commission*, pp. 115, 175, 217, 225, 229 et 289).

*Hypothèse de versements effectués régulièrement pendant **40 ans**, de 15 à 55 ans.*

Pension acquise par des versements mensuels de 1 fr.	VERSEMENTS à effectuer de 15 à 55 ans pour acquérir une rente de 100 fr.		Mode de versement.	Age d'entrée en jouissance de la rente.	MONTANT DE L'INTERVENTION DE L'ÉTAT dans le système appliqué en 1898 pour les primes de l'État (prime de 0,50 pour les 12 premiers francs versés).		MONTANT DE L'INTERVENTION DE L'ÉTAT dans le système proposé par la commission (100 °/₀ sur les 6 premiers fr.; 30 °/₀ sur les 6 fr. suivants et 25 °/₀ sur les 12 suivants).	
	Par mois.	Par an.			Par an.	Au total.	Par an.	Au total.
274,43	0,36	4,32	à capital abandonné.	65	2,59	103,60	4,32	172,80
162,32	0,62	7,44		60	4,46	178,40	6,72	268,80
104,20	0,96	11,52		55	6,91	276,40	8,76	350,40
155,88	0,64	7,68	à capital réservé.	65	4,60	184 »	6,84	273,60
92,19	1,08	12,96		60	7,20	288 »	9,24	369,60
59,18	1,68	20,16		55	7,20	288 »	11,04	441,60

nent et, en particulier, l'obligation d'assurer une pension de retraite à tout ouvrier ou employé travaillant pour le compte dudit concessionnaire, dans l'exploitation concédée.

Dans ce système, l'Etat impose simplement au tiers bénéficiaire de la concession, l'accomplissement d'un devoir patronal dont il s'acquitte lui-même envers ses employés.

La Commission fut amenée ainsi à déroger aux principes adoptés par elle pour l'ensemble de ses propositions et à recommander au Gouvernement l'institution d'un régime spécial pour les ouvriers mineurs, comme pour les travailleurs occupés dans les industries exercées en vertu d'une concession permanente de l'Etat (Résolution III) (1).

Pressée par le Gouvernement de terminer ses travaux, elle jugea préférable de ne pas aborder l'organisation du régime exceptionnel dont elle avait admis le principe, en raison, surtout, des difficultés afférentes à la liquidation des caisses de prévoyance des ouvriers mineurs.

Il résulte, cependant, de la lecture des procès-verbaux de ses séances que la plupart de ses membres étaient disposés à se rallier à un système dans lequel la constitution des pensions, jusqu'à concurrence de 300 fr., aurait été assurée par des versements égaux des intéressés, des patrons et des pouvoirs publics, l'âge de l'entrée en jouissance étant fixé à 58 ans pour les ouvriers du fond et à 63 ans pour ceux de la surface.

Charges des pouvoirs publics. — La commission estima, en s'appuyant sur des travaux de MM. Beauduin et O. Lepreux (2), que l'application de ses propositions impose-

(1) *Procès-verbaux*, p. 391 et suiv. et 415. — M. Harzé avait déjà fait adopter une proposition analogue par la commission d'enquête de 1886.

(2) *Rapport* Velghe, p. 241 et s.; *Travaux*..., p. 21, 429.

rait aux pouvoirs publics des charges qui croîtraient, pendant les sept premières années de fonctionnement du système, de 36 à 38 millions, pour s'abaisser ensuite chaque année et atteindre, à partir de la 37e année, le chiffre de 12 millions, au-dessous duquel elles ne descendraient plus.

Mais cette évaluation concernait uniquement les dépenses du régime permanent ; quant aux charges à provenir du régime transitoire (personnes âgées de 60 ans et plus), les allocations de l'Etat devant être variables avec les besoins des vieillards, il n'était pas possible d'évaluer *a priori* le crédit à inscrire au budget de ce chef.

La commission fut ainsi amenée à formuler, sur la proposition de M. Lepreux, la motion suivante :

« La commission, ne pouvant évaluer avec une certaine exactitude, le chiffre du crédit à solliciter des Chambres, parce que, d'une part, le nombre des intéressés est inconnu et que, d'autre part, les besoins de chacun sont indéterminés, devrait établir un procès-verbal de carence. Mais elle estime, en se basant sur l'expérience danoise, qu'un crédit de 7 millions au moins est indispensable ».

La plupart des auteurs des projets déposés à la Chambre des représentants et M. Denis, en particulier, avaient proposé des mesures financières destinées à procurer à l'Etat les ressources nécessaires. Malgré le désir exprimé à cet égard par plusieurs de ses membres, la commission ne crut pas devoir suivre cet exemple ; elle estima que la question des voies et moyens n'entrait pas dans les limites du cadre qui lui avait été tracé par le gouvernement (1).

---

(1) *Rapp.* Velghe, p. 268.

CHAPITRE VII

Étude de la loi du 10 mai 1900 « concernant les pensions de vieillesse » (1).

La commission extra-parlementaire des pensions ouvrières remit son rapport au gouvernement le 30 janvier 1900 ; le projet fut déposé à la Chambre des Représentants le 11 avril ; le 30 mai, il était voté en seconde lecture par cette assemblée, avec quelques légères modifications ou additions ; le 7 mai, le Sénat adoptait le texte de la Chambre des Représentants, après une très courte discussion, et le 10 mai, la loi était promulguée.

A ceux qui ont pu s'étonner qu'une loi sociale de cette importance ait pu être votée aussi rapidement, on a fait observer que la question avait été suffisamment mise au point par les travaux législatifs antérieurs, par les travaux scientifiques et surtout par les études approfondies de la commission extra-parlementaire.

(1) Sources. — Voir le texte de la loi, annexe II, Chambre des représentants, Session de 1899-1900, *Documents parlementaires*. Exposé des motifs et texte du projet, n° 136. Rapport de la section centrale, n° 162 ; Sénat, *Documents parlementaires*. Rapport des commissions réunies de l'industrie, du travail, des finances et des travaux publics, n° 88. *Annales parlementaires*, session de 1899-1900. — Pour les *Arrêtés royaux et circulaires ministérielles*, consulter le *Recueil des lois et arrêtés royaux*, 1900-1901, ainsi que la *Revue du Travail* belge, 1900 à 1902. Voir aussi : *Comptes rendus des Congrès mutualistes*, par A. Wormhout (Bruxelles, 1897 ; Anvers, 1898 ; Mons,

Il est permis de penser, cependant, étant donné que le projet gouvernemental fut présenté à la fin de la législature, à la veille des élections générales, et qu'il fut examiné en quelques séances, que le siège de la majorité était fait d'avance ; ce n'est donc pas sans quelque apparence de raison que les adversaires du Gouvernement ont pu l'accuser d'avoir déposé *in extremis*, pour répondre à tout prix à ses engagements antérieurs, et dans un intérêt électoral, une simple loi « de façade ».

Nous verrons par la suite ce qu'une telle allégation pouvait avoir de fondé ; quoi qu'il en soit, la solution apportée par la loi de 1900 au problème des retraites ouvrières a été considérée, par un grand nombre de ceux-là même qui l'ont votée ou approuvée, comme incomplète et provisoire (1).

1899) ; *La Paix sociale*, organe de l'Union des patrons en faveur des ouvriers, juin 1900 ; *Bulletin des œuvres sociales catholiques ; Moniteur des Comités de patronage* (1891-1900) ; *La Mutualité*, organe officiel de la Fédération neutre des mutualités du bassin de la Meuse (1899-1900) ; *Revue sociale et politique*, Paris, A. Rousseau (1899-1900) ; *Congrès des œuvres sociales* (Liège, 1886-1887-1901) ; *Revue sociale catholique* (1899-1900) ; Congrès national des habitations ouvrières (1891) ; *Revue pratique de droit industriel* (1900) ; *Bulletin* du Comité central du travail industriel (1899 et 1900) ; Congrès de la ligue démocratique belge (1899 et 1900) ; O. Velghe, *Loi du 10 mai 1900 annotée*, Schaerbeek-Bauvais, 1900 ; Théate, *Les pensions de vieillesse* (Bruxelles, Brants et Cie, 1901) ; A. Rousseau, *Pensions de vieillesse* (Tournai, 1901) ; L. Poriniot, *La loi du 10 mai 1900*, etc. ; A. Wormhout, *Pratique de la retraite*, etc. L'analyse et l'exposé de la loi ont fait l'objet de nombreux tracts en flamand et en français. Soenens, *La Mutualité en Belgique*, p. 127 et suiv. (Voir la *Bibliographie*, très complète, qui figure en tête de cet ouvrage).

(1) Voir le *Bien public*, n° du 30 avril 1900 ; *Revue sociale et catholique*, 1899-1900, etc. ; Rapport du chevalier Descamps au Sénat, n° 88, 1900, p. 24.

Le projet ne fut d'ailleurs sérieusement critiqué et discuté que par les socialistes ; partisans convaincus et intransigeants de l'assurance obligatoire, ils repoussaient *a priori* toutes les dispositions permanentes de la loi. Toutefois, ne voulant pas, disaient-ils, priver les vieux ouvriers de « l'aumône » qui leur était faite par le Gouvernement, ils se résignèrent à s'abstenir au moment du vote sur l'ensemble du projet, après avoir réclamé inutilement la disjonction des mesures transitoires, les seules qu'ils fussent disposés à voter.

§ 1er. — Principes généraux de la loi.

Dans sa partie essentielle, la loi du 10 mai 1900 est une loi d'*encouragement à la prévoyance ;* elle consacre ce qu'on a appelé le *système de la liberté subsidiée.*

Dans ses dispositions transitoires, s'inspirant uniquement de l'idée d'*assistance*, elle édicte des *mesures de bienfaisance* en faveur des ouvriers qui, déjà âgés au moment de sa mise en application, n'ont pas été à même de bénéficier des avantages offerts à leurs successeurs ou ne pourront pas en profiter dans une mesure suffisante.

La loi comprend enfin des dispositions financières destinées à faire face aux dépenses nécessitées par sa mise en application.

Nous allons en exposer tout d'abord les principes généraux concernant l'intervention de l'Etat, la liberté de la prévoyance et l'invalidité prématurée.

Intervention de l'Etat. — Le projet gouvernemental consacre doublement le principe de l'intervention de l'Etat (1).

(1) Le principe de l'intervention de l'Etat, dit le rapporteur au Sénat, est à l'abri de toute contestation. (Sénat, n° 88, p. 2.)

Cette intervention se manifeste, soit par des primes d'encouragement, destinées à augmenter les versements opérés volontairement par les intéressés à la Caisse de Retraite, soit par des allocations accordées, pendant la période transitoire, aux vieux ouvriers belges nécessiteux, âgés de 65 ans au moins.

Intervention des intéressés. — L'exposé des motifs pose en principe que « la contribution des intéressés à la constitution de leurs pensions de retraite doit être considérée comme une donnée essentielle du problème à résoudre », lequel est envisagé, au moins en Belgique, comme relevant du domaine de la prévoyance, non de la bienfaisance (1).

Liberté et obligation. — Cette contribution doit-elle être obligatoire ou facultative ?

L'obligation, dit le rédacteur du projet, n'est pratiquement réalisable qu'à l'égard de personnes régulièrement employées par un patron responsable du payement des primes — comme dans le système allemand. Le principe devrait donc subir une exception pour toute une catégorie de travailleurs.

L'esprit de prévoyance peut d'ailleurs se manifester sous d'autres formes que l'acquisition d'une pension de retraite et l'ouvrier peut être obligé d'employer ses ressources disponibles à des besoins plus immédiats (2).

D'autre part, le système de l'obligation entraînerait l'institution d'un contrôle dont les frais considérables ne pourraient peut-être pas être supportés par l'industrie dans toutes ses branches.

---

(1) *Exp. des motifs*, p. 2, § II.
(2) *Exp. des motifs*, p. 3.

Il faut également tenir compte du caractère national et de l'aversion que ressent le peuple belge pour tout ce qui porte la marque de la contrainte (1) ; or, il est probable que la surveillance minutieuse nécessitée par un régime d'obligation serait considérée comme vexatoire par la plupart des intéressés.

D'autre part, il faut envisager la répercussion d'un pareil système sur les salaires ; si l'assurance obligatoire doit avoir pour effet de les augmenter, les frais généraux de fabrication s'élèveront et la nation tout entière devra en supporter les conséquences, au point de vue de ses exportations.

En effet, l'argument que l'on pourrait tirer à cet égard de la prospérité industrielle croissante de l'Allemagne, depuis la mise en vigueur de la loi de 1889, ne peut pas s'appliquer à la Belgique, dont le marché intérieur est insuffisant. Si l'empire d'Allemagne a pu prospérer, malgré les charges imposées à l'industrie par l'assurance invalidité-vieillesse, c'est grâce seulement à son immense marché intérieur qui lui a permis, à l'aide d'un régime de protection à outrance, d'abaisser les prix de ses produits à l'exportation (2).

Il faut donc, à ce point de vue, écarter toute mesure qui serait de nature, par l'augmentation des prix de production, à nuire aux intérêts économiques du pays.

Enfin, le Gouvernement fit observer que les salaires, en Belgique, sont très insuffisants ; il aurait donc été inhumain de décréter l'obligation, à ce point de vue encore, car la prime serait toujours exigible dans un sys-

---

(1) *Contrà*, vœux des congrès mutuellistes et de la Ligue Démocratique belge ; voir *suprà*, p. 217.

(2) *Annales parlementaires*, 1900, Chambre, p. 1344.

tème obligatoire, quels que soient le salaire et les circonstances (1).

Aux inconvénients et aux difficultés insurmontables qui seraient résultés, d'après lui, de la mise en pratique d'une loi reposant sur l'obligation, le Gouvernement opposait les avantages d'un système d'encouragement à l'affiliation à la Caisse de Retraite, qui avait donné, depuis plusieurs années, des résultats remarquables permettant de « fonder les plus grandes espérances sur l'assurance libre, convenablement subsidiée par les pouvoirs publics » (2).

Ce système avait d'ailleurs, à ses yeux, le grand avantage d'assurer aux affiliés, grâce au *livret individuel*, des droits qui leur sont irrévocablement acquis à l'époque de chaque versement ; tandis que, dans le système allemand, en raison des déchéances possibles, les intéressés se voient exposés à perdre, non seulement le droit à la pension, mais encore la totalité des cotisations versées par eux.

La Caisse Générale de Retraite étant, ainsi que nous l'avons vu, la seule institution belge qui, tout en pratiquant le système du livret individuel, offre les garanties de sécurité nécessaires et serve des rentes viagères, pour ainsi dire à prix coûtant, le Gouvernement fut amené à la considérer comme la cheville ouvrière et, en quelque sorte, comme le pivot de la loi (3).

En résumé, tout en reconnaissant que l'assurance obligatoire aurait l'avantage de généraliser d'emblée les bienfaits d'un système de pensions (4) et que, *s'il était démon-*

(1) *Annales parlementaires*, 1900, Chambre, p. 1336.

(2) *Exposé des motifs*, p. 3.

(3) *Exposé des motifs*, p. 3 et 4.

(4) *Id.*, p. 2, § II

tré qu'elle constitue le seul moyen efficace de résoudre le problème des pensions de retraite, il faudrait peut-être faire céder toute objection devant des raisons supérieures (1) le Gouvernement estimait qu'un système reposant sur l'obligation, ne pouvait aboutir au résultat visé par lui qu'au prix d'inconvénients de nature à le faire écarter par le législateur.

Le ministre du Travail a déclaré, cependant, au cours de la discussion générale, que l'on peut se demander si *un régime particulier* ne doit pas être appliqué aux ouvriers mineurs, étant donnée leur situation toute spéciale (2).

Il n'était pas loin de reconnaitre, à cet égard, l'utilité d'une assurance obligatoire, préconisée, ainsi que nous l'avons vu, dans un projet de M. Harzé, qui avait été approuvé, à l'unanimité, par la Commission extra-parlementaire.

Dispositions spéciales en faveur de la Mutualité.— Désireux de voir le projet de loi produire, le plus rapidement possible, les fruits les plus abondants (3) et reconnaissant que la confiance accordée par lui aux sociétés mutualistes avait été pleinement justifiée, le Parlement y introduisit des dispositions spéciales en faveur des mutualités. Il estimait, avec le Gouvernement (4), que l'Etat a le devoir de faciliter la tâche de ces utiles auxiliaires, en les indemnisant en partie de leurs frais.

---

(1) *Exp. des motifs*, p. 3; Sénat, *Rapport* Descamps, p. 3.

(2) *Ann. Parl.*, p. 1335.

(3) *Rapport* Nyssens, p. 5.

(4) *Exp. des motifs*, p. 5; *Rapport* Nyssens, p. 5. La loi française accorde aux mutualités un taux de faveur de 4 1/2 % pour les fonds déposés par elles dans les Caisses de l'Etat; cette mesure a l'inconvénient de laisser croire aux intéressés que l'Etat peut, à son gré, au moins dans une certaine mesure, fixer le taux de l'intérêt.

Absence de toute disposition concernant l'intervention patronale. — Tout en reconnaissant que l'obligation existe, pour le patron, de contribuer à la pension de ceux qui contribuent à sa fortune pendant leur période d'activité, le Gouvernement se refusait à fonder cette obligation uniquement sur une loi formulée par le législateur (1).

Il y a, disait le rédacteur du projet, une autre loi qui oblige le patron à agir ainsi, une loi qui le lie vis-à-vis des ouvriers, une loi qui lie sa conscience : cette loi morale,il faut qu'il y obéisse, sinon, il fait mal (2).

Le rapporteur de la section centrale, M. de Nyssens, renonça, bien qu'à regret, à ses sympathies pour une assurance obligatoire, comprenant à la fois l'invalidité et la vieillesse, et basée sur la triple intervention de l'ouvrier, du patron et de l Etat ; mais il s'associait en même temps, au moins implicitement, aux critiques très vives et souvent justifiées, que souleva sur les bancs de la gauche, et plus particulièrement parmi les socialistes (3), la thèse soutenue par le Gouvernement, lorsqu'il écrivait, au nom de la Section Centrale (4), les lignes suivantes :

« ..... Aucune obligation n'est imposée du chef de la pension aux patrons. Si nous ne pouvons nous rallier aux raisons qu'en donne l'exposé des motifs, raisons qui détruiraient du même coup la base de toutes les pensions payées par les pouvoirs publics, nous devons reconnaitre que la solution est dans la logique du système du projet de loi : la liberté ; pas d'obligation pour le patron, pas d'o-

---

(1) Cette solution était d'ailleurs conforme aux conclusions de la Commission extra parlementaire (p. 229).

(2) En ce sens, voir *Annales Parlementaires*, Sénat, 7 mai 1900, p. 610.

(3) *Annexes parlementaires*. Chambre, 1899, 1900, pp. 1290, 1292, 1293, 1301, 1304, 1314, 1316.

(4) Analogue aux *Commissions* du Parlement français.

bligation pour l'ouvrier. C'est le laisser-faire corrigé par une large et généreuse intervention de l'Etat.

» Si cette solution, *que les Chambres voteront à titre d'expérience*, est assurée des applaudissements de ceux qui se sont constitués les organes et les défenseurs de certains groupes industriels, puisqu'ils y verront la consécration de leur thèse « pas d'obligation légale », il ne sera pas inopportun qu'il soit répondu ici comme du haut de la tribune nationale par ceux qui acceptent et voteront le projet du gouvernement: Pas d'obligation légale, soit! mais obligation morale !.....

» ..... Jetant un regard sur l'avenir, nous n'hésitons pas à dire que *le sort de la loi est aux mains des patrons belges :* leur initiative et leur bon vouloir à répondre à l'invitation du législateur donneront de la vitalité à la loi; *leur abstention serait l'avènement prochain d'une législation basée sur le principe de l'obligation* (1) ».

Cet appel éloquent ne semble d'ailleurs pas avoir été entendu (2).

Invalidité prématurée. — La loi de 1900 ne contient non plus aucune disposition concernant l'invalidité prématurée; l'exposé des motifs du projet gouvernemental indique simplement que « pour le présent, l'article 50 de la loi du 16 mars 1865 pourvoit au cas où l'assuré deviendrait invalide à un âge inférieur à 55 ans (3).

Il est nécessaire d'insister sur cette disposition qui constitue une dérogation à l'article 49 de ladite loi, aux termes duquel l'entrée en jouissance des rentes est irrévocablement fixée au moment de leur acquisition.

L'article 50 est ainsi conçu :

---

(1) *Documents parlementaires*, Chambre, 1900, p. 227.
(2) Voir *suprà*, le chap. V, § 3 *in fine*.
(3) *Exp. des motifs*, p. 8.

« *Toute personne assurée* DONT L'EXISTENCE DÉPEND DE SON TRAVAIL ET QUI, AVANT L'AGE FIXÉ PAR L'ASSURANCE, SE TROUVE INCAPABLE DE POURVOIR A SA SUBSISTANCE, *peut être admise à jouir immédiatement des rentes qu'elle a acquises, mais réduites en proportion de son âge réel au moment de l'entrée en jouissance.*

» *Lorsque l'incapacité de travail provient, soit de la perte d'un membre ou d'un organe, soit d'une infirmité permanente résultant d'un accident survenu dans l'exercice ou à l'occasion de l'exercice de sa profession, l'assuré jouit immédiatement des rentes qu'il a acquises depuis cinq ans au moins, sans que ces rentes puissent dépasser 360 francs* ».

Pour obtenir le bénéfice de l'article 50, c'est-à-dire la *jouissance immédiate* des rentes acquises, il faut donc réunir les deux conditions essentielles suivantes :

Dépendre de son travail pour assurer son existence ;

Se trouver dans l'incapacité de pourvoir à sa subsistance.

Le premier alinéa de l'article 50 vise la jouissance immédiate de la *rente, réduite* en proportion de l'âge de l'intéressé au moment où le bénéfice de la loi lui est accordé.

Le second alinéa se rapporte à la jouissance immédiate de la *rente entière*, acquise depuis 5 ans au moins, sans que cette rente anticipée puisse dépasser 360 francs par an.

Deux exemples feront mieux comprendre la portée de cette disposition :

1er Cas. Rente réduite. — Pour obtenir le bénéfice du premier paragraphe de l'article 50, l'intéressé doit se trouver incapable de pourvoir à sa subsistance, mais l'incapacité de travail, cause de son indigence, peut être due à une cause quelconque : maladie, accident, etc. (1)

(1) A. Rousseau, *op. cit.*, p. 31.

Dans ce cas, la *valeur actuelle* des rentes inscrites sur le livret de l'affilié est employée par la Caisse de Retraite à l'achat d'une rente immédiate.

La rente ainsi obtenue sera nécessairement moindre que celle dont l'affilié eût joui s'il avait dû attendre l'époque primitivement fixée. C'est la *rente réduite* en proportion de l'âge réel.

Supposons, par exemple, qu'une personne ait effectué des versements hebdomadaires de 1 franc, à capital réservé, l'entrée en jouissance des rentes étant fixée à 60 ans, et qu'elle se trouve, à 40 ans, dans les conditions requises pour obtenir la jouissance anticipée de sa rente, réduite en proportion de son âge réel.

D'après les tarifs publiés par la Caisse de Retraite, la rente acquise à 60 ans par cette personne aurait été de 306 fr. 19 ; mais, comme ses versements cessent à 40 ans, la rente acquise à cet âge est égale à la différence entre 306 fr. 19 et la rente de 72 fr. 50 qui aurait été obtenue par des versements égaux aux précédents, effectués à partir de 40 ans. Cette personne aura donc acquis, à 40 ans, une rente de 306,19 — 72,50 = 233,69, rente prenant cours à 60 ans.

L'engagement pris par la Caisse Générale de lui servir une rente de 233 fr. 69 à 60 ans a une valeur variable avec l'âge de l'affilié. Dans l'espèce, la Caisse Générale détermine la valeur de cet engagement à 40 ans, et le montant de cette valeur est employé à l'acquisition de rentes immédiates.

Dans l'exemple considéré, le montant de la *rente réduite* serait de 53 fr. 54 (1) ; au décès de l'intéressé, les

(1) D'après une note de la Caisse Générale de Retraite.

capitaux versés seraient remboursés à ses héritiers ou ayants-droit qui toucheraient, de ce chef, après déduction des frais d'administration, une somme de 1.008 fr. 80.

Les capitaux pourraient également être abandonnés, afin d'augmenter la rente ; en cas d'abandon à 40 ans, la personne considérée pourrait acquérir une nouvelle rente immédiate de 29 fr. 56, ce qui porterait la rente totale à 53,54 + 29,56, ou 83 fr. 10.

Il est certain que, dans ces conditions, l'intéressé n'aurait plus aucun droit sur la rente primitivement fixée par lui.

2e *Cas. Rente entière.* — Pour obtenir la jouissance anticipée de la rente entière, l'incapacité de travail doit provenir de la perte d'un membre ou d'une infirmité permanente résultant de l'exercice de la profession de l'affilié.

Dans l'hypothèse prévue par le § 2, l'invalide devient immédiatement titulaire d'une pension viagère égale à la somme des rentes inscrites sur son livret, depuis cinq ans au moins, à concurrence de 360 francs par an ; cette pension est calculée d'après l'âge primitivement fixé par lui pour l'entrée en jouissance et n'est pas réduite, comme dans le cas du § 1er, en proportion de l'âge auquel est survenue l'invalidité.

En nous plaçant dans les conditions de l'exemple précédent, si le bénéfice du second alinéa de l'article 50 est accordé à la personne considérée à l'âge de 45 ans, elle jouira des rentes qui lui étaient acquises depuis 5 ans au moins, c'est-à-dire depuis l'âge de 40 ans.

Or, les rentes obtenues à 60 ans, par des versements mensuels de un franc, à capital aliéné, s'élèvent à 572 fr.03 ;

les rentes acquises de 40 à 60 ans s'élevant à 170 fr. 36, la rente immédiate acquise à 40 ans est égale à

572,03 — 170,36 = 401,67

Mais l'intéressé ne sera pas admis à bénéficier d'une rente immédiate supérieure à 360 fr..

Cette limitation n'implique d'ailleurs pas, pour lui, la perte du complément des rentes acquises à cette époque, non plus que de celles qui correspondent aux versements effectués de 40 à 45 ans. Ces rentes sont toujours régies par la demande d'inscription de rente, qui fixe l'entrée en jouissance à 60 ans.

Lorsqu'il aura atteint cet âge. l'intéressé recevra donc chaque année : 1° le montant de sa rente anticipée, soit 360 fr., plus la différence entre 360 fr. et le total de sa rente à 40 ans, soit 401,67 — 360 = 41 fr. 67, et enfin les rentes acquises de 40 à 45 ans, c'est-à-dire 58 fr. 39. Au total, 460 fr. 06.

Si cette personne avait effectué ses versements à capital réservé, la rente eût été moindre, mais les capitaux auraient été remboursés à ses héritiers ou ayants-droit.

Il lui eût été également possible, dans ce cas, d'abandonner les capitaux primitivement réservés, afin d'augmenter sa rente.

Dans la plupart des cas, il est probable que les rentes d'invalidité seront encore inférieures à celles que nous venons d'indiquer (1).

D'autre part, la Caisse Générale de Retraite se montre très

(1) La moyenne des versements ne dépassait guère 6 fr. en 1901.

La moyenne des salaires des ouvriers agricoles — sans nourriture — ne dépasse guère 2 fr. 50 par jour et la plupart des travailleurs ne gagnent pas plus de 750 fr. par an (V. *Ann. Parl.* séance du 2 mai 1900, p. 1290).

rigoureuse dans l'application de l'art. 50, étant donné que rien n'a été prévu à cet égard dans l'établissement de ses tarifs.

Il n'est donc pas exagéré de dire que *la portée de l'article 50 peut être considérée comme étant à peu près nulle.*

Aussi, le silence de la loi de 1900 en ce qui concerne l'invalidité prématurée a-t-il été l'objet de très vives critiques.

On a fait observer que le fondement sérieux d'une loi sur les pensions de retraite devrait être, comme dans le système allemand l'incapacité de travail, étant donné qu'en Allemagne, les retraites d'invalidité représentent plus de 90 % des pensions servies aux travailleurs (1). D'ailleurs, ainsi que l'a fait remarquer l'actuaire anglais M[illegible]ingie, c'est ajourner indéfiniment l'assurance invalidité que de la retarder jusqu'au jour où l'on possédera des bases certaines pour l'établissement desquelles il faut créer l'organisme même; l'orateur socialiste Denis préconisait, à [illegible]nt de vue, l'application de la méthode bien connue des approximations successives.

Mais le Gouvernement repoussa toutes les propositions qui furent présentées en vue de compléter la loi à cet égard.

Il estimait, avec la Commission extra-parlementaire, que malgré la connaissance des résultats des premières années d'application de la loi allemande et les progrès accomplis, depuis un certain nombre d'années, par la science actuarielle, l'invalidité prématurée n'avait pas encore fait l'objet, en Belgique, d'une expérience suffisante pour qu'une solution pût être apportée à cette question, si complexe,

(1) *Ann. Parl.*, Chambre 1899-1900, p. 1291, 1293, 1301, 1314, 1316, 1333, 1357, 1358, 1373, 1374, 1375, 1381.

complètement indépendante, à son avis, de celle des pensions de vieillesse (1).

Le ministre de l'Industrie et du Travail objectait, en outre, que les avantages de la loi d'Empire de 1889 ne sont obtenus qu'au prix de sérieux inconvénients résultant, soit de la difficulté qu'il y a de fournir la preuve de l'invalidité prématurée, soit du traitement curatif imposé, dans bien des cas, aux intéressés — restriction de la liberté individuelle qui serait difficilement acceptée en Belgique.

Il insistait, d'autre part, sur cette considération que le système du livret individuel permet à l'affilié, quel que soit l'âge choisi par lui, entre 55 et 65 ans, de recevoir la pension sur la simple production de son livret, tandis qu'en Allemagne, c'est à 70 ans seulement qu'un ouvrier peut être pensionné, — sans avoir, il est vrai, à fournir la preuve de son invalidité (2). Enfin, M. Surmont de Volsberghe a déclaré devant le Sénat que le Gouvernement se réservait de présenter, dans la prochaine session, pour l'invalidité prématurée ou pour l'invalidité par suite d'accident, une solution basée sur l'intervention des ouvriers, des patrons et de l'Etat (3).

Le Parlement s'étant rallié à cette manière de voir, c'est l'article 50 de la loi du 16 mars 1865 qui régit encore, à l'heure actuelle, les cas d'invalidité prématurée.

D'une manière générale, le Gouvernement estimait que le projet de loi soumis par lui au Parlement apporterait une amélioration considérable à la situation existante, et

---

(1) Voir *Ann. parl.*, Chambre, 1900, p. 1365. *Supra*, p. 227.

(2) *Ann. parl.*, Chambre, 3 mai 1900, p. 1331 et suiv.

(3) *Ann. parl.*, Sénat, 7 mai 1900, p. 1610. Un projet a été déposé, en effet, depuis lors, sur la Réparation des accidents du travail. (*Bull. du Comité permanent des Accidents*, 1902).

qu'il permettrait, en outre, d'atteindre un but plus large encore. « Nous entendons, disait le ministre du Travail, grâce surtout à la mutualité scolaire, encourager la prévoyance dès le jeune âge et enseigner par là, aux enfants, les principes d'ordre et d'économie qu'ils appliqueront spontanément une fois arrivés à l'âge adulte : la loi actuelle leur en fournira l'occasion (1) ».

Ces principes généraux étant connus, nous allons pouvoir aborder l'exposé du mécanisme de la loi.

Une division s'impose, *a priori*, dans cette étude ; il est nécessaire de distinguer, en effet, les dispositions normales et permanentes (*mesures d'encouragement à la prévoyance*) de celles dont le caractère est purement transitoire (*mesures de bienfaisance*).

Nous ferons connaître ensuite les *dispositions financières* destinées à faire face aux charges qui résulteront de la mise en application de la loi.

Nous nous proposons, enfin, de passer en revue, avec les *résultats* obtenus jusqu'à ce jour, les *modifications* qui ont été demandées à la loi depuis sa promulgation.

§ 2. — Régime normal de la loi (2).

(Mesures d'encouragement à la prévoyance.)

La loi du 10 mai 1900, par ses dispositions permanentes, consolide, en l'étendant, le système d'encouragement à la prévoyance en vue de la retraite qui avait été mis en pratique par le Gouvernement depuis 1891.

(1) *Ann. parl.*, Chambre, 1900, p. 1337. De 1892 à 1901 y compris, 133.606 livrets ont été créés au nom d'enfants mineurs ; un peu plus de la moitié (66.979) de ces livrets ont été ouverts en 1901 seulement.

(2) Voir le texte de la loi, annexe II.

L'Etat accorde des *subsides annuels* ou *primes* destinés à augmenter les versements effectués volontairement à la Caisse de Retraite, par certaines catégories de personnes, pour se constituer une pension de retraite.

De plus, à un simple crédit annuel, toujours plus ou moins aléatoire, la loi substitue un fonds spécial dont l'alimentation est garantie, et la fixation de la prime cesse d'être laissée à la bienveillance gouvernementale (1).

La constitution d'une pension de retraite reste donc, pour tous facultative ; il en est de même, nous l'avons dit, de l'intervention des patrons en faveur de leurs ouvriers ou employés. *Seule, l'intervention de l'Etat est obligatoire*, dans les limites fixées par la loi.

CONDITIONS EXIGÉES POUR ÊTRE ADMIS A PARTICIPER AUX ENCOURAGEMENTS DE L'ETAT. — Diverses conditions doivent être remplies par les intéressés qui désirent bénéficier des primes d'encouragement ; les unes sont relatives à la personne (nationalité, résidence, âge, situation de fortune) et les autres à l'affiliation de la Caisse Générale de Retraite (limitation des versements, etc). Nous les passerons successivement en revue.

I. *Conditions relatives à la personne.* — En principe, il faut être Belge, âgé de 16 ans, et avoir une résidence en Belgique pour recevoir les subsides de l'Etat.

Nationalité. — La loi s'étant bornée à poser le principe de la nationalité et de la résidence, il est nécessaire de se rapporter à l'arrêté royal d'exécution pour bien comprendre la portée de cette disposition (2). Aux termes

(1) *Exp. des mot.; doc. parl.*, Chambre, n° 136, p. 1.

(2) Voir Sénat, 1900, *Rapport* du Chevalier Descamps, n° 88, p. 7.

des articles 2 et 3 de cet arrêté, la qualité de Belge se constate par la production des actes de l'état civil ou de naturalisation, comme en matière électorale (1).

Pour les *hommes électeurs*, il suffit, en pratique, de justifier de l'inscription sur les listes électorales ; quant aux *hommes non électeurs* et aux *femmes non mariées*, leur nationalité est déterminée par les règles générales du droit civil belge, analogues à celles du droit français (2).

La nationalité des femmes mariées, s'établit par les règles suivantes : 1° L'étrangère, mariée à un Belge, suit la condition de son mari (C. civ., art. 12) ; 2° la femme belge qui épouse un étranger perd sa nationalité (art. 19, al. 1) ; elle peut recouvrer la qualité de belge à la mort de son mari, à la condition de résider en Belgique ou d'y rentrer avec l'autorisation du Roi et de déclarer qu'elle veut s'y fixer (C. civ., art. 20).

La *naturalisation* étant toujours accordée par une loi, l'indication du numéro du *Moniteur* où elle a été promulguée en fournit une preuve suffisante.

Etrangers. — Les étrangers résidant en Belgique depuis dix ans sont admis au bénéfice des primes, si leur nation d'origine accorde aux Belges des avantages analogues (art. 3, 1°, § 2) (3).

A l'heure actuelle, les Allemands et les personnes ori-

---

(1) Arrêté royal du 20 octobre 1900. Cet arrêté concerne spécialement les mesures relatives à l'allocation d'une somme de 65 francs aux vieux ouvriers. Mais ses dispositions peuvent s'étendre au régime normal (Soenens, n° 625).

(2) Voir Soenens, *op. cit.*

(3) *Annales parlementaires*, Chambre des représentants, séance du 4 mai 1900, p. 1371-1455.

ginaires du canton de Neuchâtel peuvent seuls bénéficier de cette disposition (1).

Résidence. — Est considéré comme ayant une résidence en Belgique, celui qui possède dans le royaume, depuis un an au moins, son domicile réel ou son principal établissement.

La résidence en Belgique peut donc s'entendre, soit du *domicile réel*, soit de l'*établissement principal*. Cette disposition permet aux nombreux ouvriers agricoles, briquetiers, manœuvres, qui travaillent à l'étranger durant une partie de l'année, de bénéficier des avantages de la loi.

La perte de la résidence en Belgique n'entrainerait d'ailleurs pas celle des primes acquises antérieurement ; cette situation nouvelle n'aurait d'effet que pour l'avenir (2).

Age de l'affiliation. — L'effort personnel devant seul être encouragé, le rédacteur du projet avait fixé à 16 ans la limite au-dessous de laquelle les subsides de l'État ne seraient pas accordés. Tel est d'ailleurs l'âge minimum fixé par la loi allemande, en considération de ce fait qu'un mineur ne commence guère à gagner un salaire régulier avant l'âge de seize ans (art. 3, § 2°) (3).

Toutefois, le Parlement estima qu'il aurait été fâcheux de décourager, par une limitation aussi absolue, les mutualités scolaires, ces auxiliaires si précieux pour l'éducation pratique de la jeunesse, en matière de prévoyance ; aussi,

---

(1) Arrêté royal du 20 février 1901, art. 2.

(2) Conséquence du système du *livret individuel*. — Soenens, n° 626.

(3) *Annales parlementaires*, Chambre des représentants, 1899-1900, p. 1369, 1368. M. Furnémont avait même proposé de supprimer toute limite d'âge inférieure.

après avoir repoussé un amendement tendant à abaisser la limite d'âge à 6 ans, d'une façon générale, la Chambre des Représentants adopta cependant, sur la proposition du ministre des finances, une addition à l'article 3 du projet, aux termes de laquelle le bénéfice de l'amendement précité (art. 3, § 2) est limité aux mutualités.

Age de l'entrée en jouissance de la rente. — Une dernière condition est imposée à tous ceux qui veulent recevoir la manne gouvernementale ; c'est de *fixer l'entrée en jouissance des rentes acquises à un âge compris entre 55 et 65 ans révolus* (art. 4, § 3).

Le gouvernement a d'ailleurs déclaré à la Chambre que la faculté accordée aux intéressés de préciser eux-mêmes, dans ces limites, l'âge de leur retraite, concernait à la fois l'entrée en jouissance des rentes acquises et de celles dont ils pourraient bénéficier par suite des primes de l'Etat (1).

Les rentes sont insaisissables ou incessibles jusqu'à concurrence de 360 fr. Lorsqu'elles dépassent cette somme, elles peuvent être saisies jusqu'à concurrence d'un tiers dans les cas prévus par les articles 203, 205 et 214 du Code civil, (pensions alimentaires entre époux, descendants et ascendants), — à la condition toutefois, que la partie réservée ne soit pas inférieure à 360 fr. (2).

II. *Conditions relatives à l'affiliation à la Caisse Générale de Retraite.* — Il faut encore, pour bénéficier des encouragements des pouvoirs publics, *être titulaire d'un*

---

(1) Voir *Documents parlementaires*, Sénat ; Descamps, *Rapport*, p. 14 et 15 ; *Annexes parlementaires*, Chambre, p. 1375.

(2) *Annexes parlementaires*, Chambre, p. 1378 (déclaration du ministre des finances).

livret de la Caisse Générale de Retraite (art. 3, § 3) et avoir effectué des versements sur ce livret pendant l'année qui précède l'exercice budgétaire (1) (art. 3, § 3 et 4).

LIMITATION DES VERSEMENTS. — *Personnes exclues du bénéfice de la loi.* — Nous avons vu que, depuis la mise en pratique de la loi du 9 mars 1898, les membres des sociétés mutualistes pouvaient seuls participer aux encouragements de l'Etat.

Ce système avait le double inconvénient de faire bénéficier des primes un certain nombre de personnes de condition aisée et d'exclure, d'autre part, les affiliés directs de la Caisse de Retraite, dont les efforts pouvaient être dignes également d'être encouragés.

Deux méthodes se présentaient pour remédier à ces inconvénients.

La Commission extra parlementaire avait énuméré une série de professions dans lesquelles les gains sont généralement modestes, et dont l'exercice lui paraissait devoir constituer un titre à l'admission des primes.

Mais le Gouvernement estima « qu'une classification professionnelle peut dans la plupart des cas, aboutir à des inégalités choquantes » (2) ; il préféra procéder *par voie d'exclusions* et chercha « dans le régime fiscal la formule destinée à marquer le degré d'aisance au-dessus duquel l'intervention de l'Etat n'a plus de raison d'être » (3).

---

(1) Il a été entendu (*Annexes parlementaires*, Chambre p. 1371) que l'expression « *avoir fait des versements* » n'implique pas la nécessité de plusieurs versements.

(2) *Annexes parlementaires*, Chambre des Représentants, *id.*, p. 1362.

(3) *Id.* — Cette base avait été repoussée par la Commission extra parlementaire.

Trois éléments ont été combinés pour établir la limite au-delà de laquelle les primes ne seraient plus accordées aux affiliés directs de la Caisse de Retraite.

1° Le premier est évalué à 10 fr. Cette somme était considérée par le Gouvernement comme le taux de la patente correspondant à un petit commerce exercé par l'assuré ou par sa femme ; 2° le second, évalué à 20 fr. représente une cote d'impôt foncier correspondant à un revenu imposable de 400 fr. au taux de 5 % ; 3° le troisième élément, seul variable, est représenté par une somme susceptible de s'élever de 20 à 50 fr. suivant la population des communes, et correspondant à l'impôt personnel perçu au profit de l'Etat pour les meilleures maisons du type occupé généralement par les ouvriers gagnant les plus forts salaires (1).

C'est en tenant compte de ces éléments que fut rédigé le paragraphe 1er de l'article 2 du projet de loi (Voir annexe II).

En ce qui concerne les personnes affiliées à la Caisse de Retraite par l'intermédiaire d'une mutualité, le législateur s'est borné — désireux de favoriser le développement d'institutions si utiles au développement de l'esprit de prévoyance, — à limiter à 60 francs leurs versements annuels (art. 1, § 1).

Il ne doit être tenu compte, dans le calcul de ce maximum, ni des versements effectués par un patron ou par la mutualité, avec les fonds sociaux dont elle a la libre disposition, ni de ceux qui peuvent être effectués directement par les intéressés, en leur nom propre. La distinction éta-

(1) *Documents parlementaires*, Sénat, n° 88 ; *Rapport* du Chevalier Descamps, p. 6.

blie par l'article 3 entre les versements personnels et ceux qui peuvent provenir des primes des pouvoirs publics n'a d'ailleurs trait qu'au calcul des primes de l'Etat ; elle n'a donc pas pour effet d'exclure les mutualités de l'admissibilité à ces primes, lorsque le total des versements ainsi combinés dépasse 60 francs.

Le maximum de 60 francs vise donc exclusivement les mutualistes qui, s'ils étaient affiliés directs, tomberaient sous l'application de l'article 2 (1).

Personnes exclues indirectement du bénéfice de la loi. — Le *conjoint* d'une personne exclue par application des dispositions précédentes, ainsi que ses *enfants habitant avec elle*, sont exclus du bénéfice de la loi (art. 2).

Il en est de même, dans tous les cas, des *agents de l'Etat*, lorsqu'ils ont droit à une pension de retraite en vertu des lois et règlements qui les régissent, — à moins qu'ils n'effectuent des versements à une caisse spéciale alimentée au moyen de leurs salaires.

Cette exception ne doit d'ailleurs pas être étendue aux fonctionnaires ou agents dépendant de pouvoirs publics autres que l'Etat (2) ; elle ne frappe, d'autre part, ni les femmes ni les enfants, même lorsqu'ils ont droit à une pension au décès de leurs père et mère.

En ce qui concerne plus spécialement les *ouvriers de l'Etat*, et ceux des chemins de fer, en particulier, le Gouvernement a déclaré qu'il était résolu à les affilier à la

---

(1) *Exposé des motifs*, p. 6 ; *Ann. parlem.*, Chambre, 1900, p. 1.366 ; Rousseau, *op. cit.*, p. 35 ; Soenens, *op. cit.*, n° 630 ; O. Velghe, *Commentaire*, p. 9 et suiv.

(2) Les instituteurs communaux, par exemple ; de même pour les ministres des cultes, qui ne sont pas agents de l'Etat. (V. Soenens. *op. cit*, n° 611.)

Caisse Générale de Retraite, ainsi que les autres agents de l'Etat qui n'ont pas droit à la pension (1). Les primes d'encouragement leur seront allouées à ce moment, comme aux autres intéressés (2).

Primes de l'Etat. — Depuis 1891, la valeur du *point*, c'est-à-dire de la prime d'encouragement accordée pour chaque franc versé, pouvait varier d'une année à l'autre. L'article 5 de la loi fixe, au contraire, d'une façon invariable, *à 0 fr. 60 par franc et par livret* le montant de la prime annuelle allouée par l'Etat.

Versements donnant droit aux primes de l'Etat. — Il est nécessaire de faire une distinction entre les versements *personnels* ou *assimilés* et ceux qui peuvent être effectués, au profit des intéressés, par les pouvoirs publics ; les premiers seuls donnent droit aux encouragements de l'État (art. 3, § 4).

Sont considérés comme versements personnels, en dehors de ceux que les affiliés peuvent effectuer de leurs propres deniers, les versements opérés à leur profit, soit par une tierce personne (un patron, le plus souvent), soit par la société mutualiste reconnue dont ils sont membres, sur les fonds sociaux dont elle a la libre disposition — par exemple, au moyen de la prime de 2 fr. par livret prévue à l'art. 12 de la loi (3) (art. 3, § 4).

Quant aux versements effectués au moyen des subsides

---

(1) O. Velghe, *Commentaire*, p. 7 ; Rousseau, *op. cit.*, p. 36 ; Soenens, *op. cit.*, n° 613.

(2) *Ann. parlem.*, Chambre des Représentants, 4 mai 1900, p. 1.361. Le Gouvernement se trouve dans une situation assez délicate à cet égard, en raison des difficultés inextricables que soulèverait la liquidation des Caisses de pensions et de secours des ouvriers de l'Etat.

(3) *Annales parlementaires*, Sénat, p. 611.

que peuvent accorder les provinces, communes, bureaux de bienfaisance et l'État lui-même (1) ils ne sont pas pris en considération pour l'allocation des primes (art. 3, § 4).

Le principe général posé à cet égard par le ministre des finances est « que les pouvoirs publics ne se subsidient pas entre eux ». (2)

Il a été entendu, cependant, qu'un ouvrier ne serait pas exclu des avantages de la loi, alors même qu'il aurait reçu, dans le cours de l'année, des secours du bureau de bienfaisance. (3)

La dernière disposition de l'art. 3 ne s'applique, d'ailleurs, qu'aux subsides accordés par les pouvoirs publics agissant comme tels et non pas aux versements que pourraient faire, en qualité de patrons, les provinces, communes, etc., etc., en faveur de leurs ouvriers ou employés (4) à l'exception, bien entendu, des agents de l'État qui ont droit à une pension de retraite (art. 2, *in fine*).

Admission aux encouragements de l'État des versements à capital aliéné, et à capital réservé. — La Caisse Générale de Retraite admettant les versements à capital abandonné ou à capital réservé, il était naturel que cette pratique fût acceptée par la loi ; la Commission extra-parlementaire s'était, d'ailleurs, nettement prononcée en faveur de cette solution (5).

Il aurait été logique, cependant, dans le cas d'un verse-

(1) *Annales parlementaires*, 1899-1900, Chambre, p. 136 et s.

(2) *Id.*, p. 1370 et 1371.

(3) *Id.*, p. 1370.

(4) *Documents parlementaires*, Chambre, n° 136 ; *Exposé des motifs*, p. 8 ; voir également *Annales parlementaires*, 1900, Sénat, p. 611.

(5) *Rapport de la commission*, p. 269, VIe résolution (V. *suprà*, p. 230).

ment à capital réservé, de calculer la prime de l'Etat sans tenir compte de la fraction de ce versement affectée au payement de l'assurance en cas de décès. (1) Mais le Gouvernement estimait que, l'effort d'épargne étant le même quel que soit le mode de versement adopté, il aurait été inhumain de décourager le sentiment auquel obéit le chef de famille, lorsqu'il se refuse à priver les siens, pour toujours, des sommes affectées par lui à la constitution de sa rente de vieillesse (2).

Le législateur se trouvait d'ailleurs en présence d'un fait indiscutable : la préférence très marquée manifestée en faveur des versements à capital réservé (3).

En conséquence, la loi ne fait aucune distinction entre les deux modes de versement, au point de vue du montant des primes (art. 4, § 1).

Toutefois, *les primes de l'Etat sont toujours versées à capital abandonné* (art. 4, § 2), car il importe que les sacrifices de l'Etat produisent leur effet maximum.

Limites fixées à l'allocation des primes d'encouragement. — Afin de ne pas augmenter inutilement les charges des contribuables (4), deux limites ont été fixées à l'allocation des subsides de l'Etat ; elles sont relatives, la première, au maximum des versements annuels, et la seconde au montant des rentes acquises.

---

(1) V. *suprà*, p. 70 et suiv.

(2) Doc. parl., *Exp. des motifs*, p. 9. L'argument tombe par la mise en pratique de l'article 7, § 1, de la loi (Voir Annexe II).

(3) En 1898, la Caisse de Retraite avait reçu 16.601 versements à capital aliéné, pour 838.523 francs, contre 285.119 versements à capital réservé, pour 1.271.588 francs (*Doc. parl.*, 1900, Sénat, n° 88, *Rapp.* Descamps, p. 13).

(4) *Exp. des mot.*, p. 7.

1° Maximum du subside annuel.— La prime de 0 fr. 60 par livret n'est accordée, en principe, que par les 15 premiers francs versés (art. 5, § 1). Le maximum de l'encouragement annuel de l'Etat est donc égal à 9 francs (1).

Cette disposition a soulevé à la Chambre des Représentants, une discussion assez vive.

La section centrale, sous l'inspiration de M. de Nyssens, avait présenté à ce sujet un amendement tendant à accorder : 1° une prime de 1 franc par livret aux sociétés d'affiliation à la Caisse de Retraite, et 2° une prime supplémentaire de 0 fr. 40, pour chacun des 4 premiers francs versés, aux intéressés affiliés par l'intermédiaire d'une société reconnue.

Cet amendement, soutenu énergiquement par M. Van Cleemputte, président de la Commission extra-parlementaire, fut l'objet de vives critiques. Les uns lui reprochaient de ne s'appliquer qu'aux seuls membres des mutualités reconnues ; d'autres jugeaient insuffisants les avantages réservés à ces derniers.

Le Gouvernement se refusa à accorder une prime supplémentaire pour les premiers francs versés (2) ; il fit observer que cette disposition serait de nature à décourager, en les plaçant dans une situation désavantageuse, ceux qui voudraient faire des versements supérieurs. Mais il retint le principe de la première partie de l'amendement, pour en faire l'objet d'une disposition transactionnelle qui devint l'article 12 de la loi (3).

---

(1) Comparer l'article 5 avec la Résolution n° VIII de la commission des pensions, p. 230.

(2) *Ann. parl.*, Ch., 1900, p. 1377.

(3) Voir *infrà*, p. 268.

Disposition transitoire en faveur des personnes âgées de 40 ans au moins. — Des mesures particulières s'imposaient en faveur des personnes trop âgées pour bénéficier utilement des dispositions permanentes de la loi (1).

L'article 8 dispose à cet effet, par dérogation à l'article 5, que « *les intéressés qui avaient atteint l'âge de 40 ans au 1er janvier 1900 jouiront de la prime à concurrence de 24 francs versés annuellement.* »

Le maximum du subside annuel de l'Etat est donc porté, pour cette classe particulière d'affiliés, de 9 francs à 14 fr. 40. En supposant que les versements personnels ou assimilés s'élèvent chaque année à 24 francs, la somme totale inscrite sur le livret s'élèverait alors à 38 fr. 40, et la pension correspondante, à 65 ans à 248 francs environ, les versements étant supposés effectués à capital abandonné.

Mais la portée pratique de cette disposition sera d'autant moins considérable que les intéressés seront moins fortunés et qu'ils seront plus âgés ; la puissance de travail tend, en effet, à décliner avec l'âge, à partir de 40 ans pour les travailleurs manuels.

Aussi M. Denis, reprenant une proposition qu'il avait défendue inutilement devant la Commission extraparlementaire, propose-t-il de remplacer l'article 8 par une disposition inspirée de la loi allemande, et tendant à substituer aux primes l'allocation annuelle, par l'Etat, d'une somme fixe de 150 francs, quel que fût le montant de la pension acquise. Mais cet amendement fut repoussé sans discussion.

(1) *Rapport*, Velghe, p. 17, 214 et suiv ; *Travaux des membres de la Commission des Pensions*, p. 129, etc.; voir aussi : *Congrès mutualiste de Liège*, 1901 (Cormaux, édit.), p. 23 et suiv., un rapport critiquant cette disposition, jugée insuffisante.

2° *Maximum de la rente viagère inscrite sur le livret.* — L'intervention de l'État ne se justifierait plus lorsque les intéressés ont acquis une rente suffisante pour les mettre à l'abri de la misère.

C'est pourquoi le législateur a décidé qu'à partir du moment où l'ensemble des rentes inscrites sur un livret atteindrait 360 francs, le titulaire cesserait d'avoir droit aux primes de l'Etat (art. 6, § 1).

L'inégalité qui résulte de ce que la loi accorde la même prime aux versements à capital réservé ou à capital aliéné aurait encore été accentuée s'il n'avait pas été tenu compte du mode de versement dans le calcul du maximum de 360 francs. En effet, le prix d'une rente à capital réservé est beaucoup plus élevé que celui d'une rente égale à capital abandonné ; les subsides de l'État auraient donc représenté, dans la première hypothèse, une proportion de la rente maxima beaucoup plus considérable que dans la deuxième (1). D'autre part, la rente acquise pour un versement donné est d'autant plus faible que l'âge d'entrée en jouissance est moins avancé (2). Le titulaire d'un livret aurait donc eu avantage à fixer l'âge de sa retraite à une date aussi peu reculée que possible — c'est-à-dire à 55 ans (art. 4), — afin de bénéficier dans une plus large mesure des primes de l'Etat.

Afin d'éviter ce double inconvénient, l'article 6 décide que *le calcul des rentes* (au point de vue seulement de la fixation du maximum de 360 francs) *doit toujours être fait comme si tous les versements avaient été effectués à capital aliéné, l'âge de l'entrée en jouissance étant fixé à 65 ans.*

---

(1) Voir *suprà*, p. 69 et suiv.

(2) Introduction, p. 20, 70.

Un exemple fera mieux comprendre la portée pratique de cette disposition : considérons trois affiliés, A, B, C, effectuant à 50 ans, le premier, à capital réservé, et les deux autres, à capital aliéné, un même versement personnel de 10 francs, l'entrée en jouissance des rentes ayant été fixée à 55 ans, pour les deux premiers et à 65 ans pour le dernier.

Le tableau suivant donne l'indication des rentes à inscrire sur les livrets :

Affiliés.	Age à l'époque du versement.	Age de l'entrée en jouissance.	Versement personnel. (a)	Subside de l'État. (b)	Rentes inscrites au livret et provenant de a (art 4, § 1)	de b (art. 4, § 2	Rente calculée au point de vue du maximum de 360 fr. (art. 6, § 2.)
A	50	55	10	6	0,42204 (cap. res.)	0,615618 (cap. ab.)	4,32363
B	50	55	10	6	1,02608 (cap. al.)	0,615618 (cap. ab.)	4,22363
C	50	65	10	6	2,70227 (cap. ab.)	1,621362 (cap. ab.)	4,32363

Remboursement du capital réservé ; emploi à l'acquisition de rentes temporaires. Modifications à la loi de 1865. — Afin de répondre aux vœux exprimés par un grand nombre de mutuellistes (1) et dans l'espoir d'augmenter la clientèle de la Caisse de Retraite, le législateur a introduit dans la loi une disposition aux termes de laquelle cet établissement pourrait être autorisé par un arrêté royal (2), à rembourser à un affilié, après l'entrée en jouissance de

(1) R. du Sart, *Discours* au conseil provincial du Hainaut, 1899, p. 7 ; L. Grandmaison, *Pensions ouvrières, appel aux industriels ;* L. Jadoul, *Id ; Annales parlementaires*, Chambre, 1898-1899, p. 480.

(2) Voir *Arrêté royal* du 11 mars 1901.

sa rente, la valeur de rachat du capital réservé (art. 7 § 1) (1).

Nous ferons observer que l'adoption de ce paragraphe faisait tomber l'argument principal invoqué en faveur de l'égalité de traitement accordée aux divers modes de versement à la Caisse de Retraite.

Quant à l'acquisition d'une rente temporaire prévue par le § 2 de l'article 7, elle n'a pas encore été autorisée, à l'heure où nous écrivons ces lignes.

Avantages réservés aux sociétés mutualistes reconnues. — Rappelons tout d'abord que tous les membres des mutualistes reconnues sont admis au bénéfice des primes de l'Etat, sans qu'il soit tenu compte de leur qualité ou de leur situation de fortune (art. 1, § 1) (2).

En second lieu, l'âge minimum auquel les encouragements peuvent être accordés est abaissé, en leur faveur, de 16 à 6 ans.

Enfin, l'article 12 accorde à toute *société mutualiste* une subvention annuelle de 2 fr. pour chaque livret sur lequel il aura été versé, pendant l'année écoulée, une somme de 3 fr. au moins, non compris les subsides des pouvoirs publics, à la condition que la gestion et les écritures de la société aient été trouvées régulières.

L'objet principal de cette disposition est de venir en aide aux mutualités dans leur œuvre de propagande (3), en les indemnisant de leurs frais d'administra-

---

(1) *Annexes parlementaires*, Sénat, 1899-1900, p. 6[illegible]1.

(2) Le Gouvernement a fait voter, à l'occasion de la discussion du budget de 1901, une disposition transitoire accordant le bénéfice des primes aux mutualistes qui avaient versé plus de 60 francs avant la promulgation de la loi.

(3) *Doc. parl.*, 1900, n° 162, *Rapp.* Nyssens, p. 5.

tion. Lorsque ces frais sont couverts par d'autres ressources, les subventions de 2 fr. peuvent être affectées, par les sociétés, à des versements à la Caisse de Retraite en faveur de ceux de leurs membres dont la situation serait jugée digne d'intérêt. Les versements de cette nature sont d'ailleurs assimilés aux versements personnels (1) ; il en résulte qu'un affilié recevant 2 fr. de sa société bénéficiera, par cela même, l'année suivante, d'une prime gouvernementale de 1 fr. 20 (2).

Nous insistons sur ce fait que les subventions de 2 fr. sont accordées, non pas aux mutualistes individuellement, mais aux *sociétés* elles-mêmes (3).

Il en résulte que les ouvriers de l'Etat affiliés à une mutualité reconnue sont appelés à participer à la répartition des subventions de cette nature, alors qu'ils ne peuvent bénéficier des primes normales. Il en est de même des ouvriers étrangers ou non résidents, affiliés à une mutualité (4).

§ 3. — Dispositions transitoires.

ALLOCATIONS DE 65 FRANCS ACCORDÉES AUX VIEUX OUVRIERS DANS LE BESOIN. (5)

Les dispositions qui nous restent à étudier dérivent, non plus de l'idée de *prévoyance*, mais de l'idée *d'assistance*. Ce sont des mesures de pure bienveillance, réparatrices

---

(1) Voir *Suprà*, p. 261.

(2) Si l'affilié verse seulement un franc en sus de ses propres deniers, la société pourra rentrer, l'année suivante, dans la dépense qu'elle a faite, par application du même article 12.

(3) Sénat, 1899-1900, p. 611.

(4) *Ann. Parl.*, 1899-1900, Sénat, p. 611 ; Soenens, nos 609, 623 et s., 618.

(5) SOURCES. — *Ann. parl.*, 1900, Chambre, p. 1381 et s.; Sénat, p. 609 et s.; Camerlynck, *Commentaire de l'arrêté royal du 20 octobre 1900;*

à certains égards ; elles visent uniquement les *vieux ouvriers* trop âgés pour être en mesure de bénéficier des dispositions permanentes de la loi, et dont la situation a semblé digne de la sollicitude des pouvoirs publics.

Le législateur, adoptant ainsi les conclusions formulées à cet égard par la Commission extra-parlementaire (Résol. n° 11, p. 232), a voulu donner, dans la limite où le permettait l'esprit général de la loi, une solution immédiate au problème qu'il s'était proposé de résoudre.

***

Dans leur ensemble, les dispositions transitoires tendent à accorder, aux *ouvriers* ou aux *anciens ouvriers belges* âgés de 55 ans au moins à la date du 1er janvier 1901, et à partir de l'époque où ils atteignent 65 ans, une allocation annuelle de 65 francs (1).

Conditions à remplir pour bénéficier de l'allocation annuelle de 65 francs.— Tandis que les primes de l'État, dans le régime normal de la loi, sont attribuées de droit aux intéressés remplissant les conditions imposées par les articles 1, 2 et 3, l'octroi des allocations prévues par l'article 9 § 1 est subordonné à l'appréciation des organes d'exécution énumérés par l'arrêté royal du 30 octobre 1900.

Théate, O. Velghe, Rousseau, *op. cit.*; Dubois, *Les pensions de vieillesse en Belgique*, Rapport présenté au Congrès des Accidents, à Düsseldorf.

Textes officiels : loi de 1900, art. 9; arrêtés royaux des 20 octobre 1900, 20 février, 20 juin, 20 octobre 1901. Voir également, dans la *Revue du Travail*, les *circulaires ministérielles*, reproduites par les journaux mutualistes; en particulier, la circulaire aux Comités de patronage, du 5 février 1902 et l'*Instruction Générale* publiée par l'Office du Travail.

(1) Nous rappelons pour mémoire la disposition transitoire relative aux personnes âgées de plus de 40 ans (Art. 8), voir p. 265.

D'autre part, les conditions exigées de ceux qui demandent à bénéficier des allocations sont plus restrictives que celles relatives à l'octroi des primes d'encouragement à la prévoyance. Les unes sont générales ; elles concernent l'âge auquel l'allocation peut être accordée, la nationalité, la résidence et la situation de fortune des intéressés. Les autres sont variables avec leur âge au 1er janvier 1901 ; elles constituent, en quelque sorte, un *régime intermédiaire* entre le système de la liberté subsidiée et les mesures d'assistance édictées par la loi.

Conditions communes à tous les intéressés. — Pour être admis à recevoir l'allocation annuelle de 65 francs, il faut :

1° Etre belge ; 2° avoir une résidence en Belgique ; 3° être âgé de 65 ans au moins ; 4° être ouvrier ou ancien ouvrier ; 5° se trouver dans le besoin (1).

Nous nous sommes déjà expliqué sur les deux premières conditions ; nous n'avons donc pas à y revenir (2).

Les intéressés peuvent être admis à jouir du bénéfice de l'article 9 « à partir du 1er janvier qui suivra la date où ils auront atteint l'âge de 65 ans » (3).

L'existence de la condition relative à l'âge peut d'ailleurs être établi par toutes voies de droit (4), c'est-à-dire par actes de l'état civil ou de notoriété, livrets d'ouvrier, livrets de mariage, jugements, etc. (5). La production d'un

---

(1) Loi de 1900, article 9; arrêté royal du 20 octobre 1900, chapitre I, article I.

(2) Voir p. 251 et suiv.

(3) Arrêté royal, chapitre I, article 1.

(4) Arrêté royal, chapitre I, article 1, § 2.

(5) A. Rousseau, *Pensions de vieillesse*, p. 11.

livret de la Caisse de Retraite pourrait également, à notre sens, être considérée comme suffisante.

Condition relative à la profession. — Les *ouvriers* ou *anciens ouvriers* seuls peuvent bénéficier des allocations de 65 francs (1).

Cette restriction, inspirée au gouvernement par la loi allemande (2) fut l'objet de diverses critiques ; M. Vandervelde, en particulier, demanda que l'article 9 fut applicable, non seulement aux travailleurs manuels, mais aux travailleurs intellectuels, aux employés, en exprimant le regret que toutes les lois sociales votées depuis plusieurs années soient applicables aux seuls ouvriers (3).

On insista plus particulièrement sur la nécessité de définir les mots *ouvrier* ou *ancien ouvrier*, auxquels la Section Centrale avait proposé de substituer l'expression de *travailleur manuel* (4). L'arrêté royal d'exécution, s'inspirant des observations échangées à ce sujet et de l'interprétation donnée à l'expression « travailleur manuel » dans le rapport présenté par M. Nyssens au nom de la Section Centrale, interprète le mot « ouvrier » d'une façon très large, en sorte qu'il s'applique à tous les travailleurs manuels salariés, en y comprenant les domestiques et les ouvriers à domicile (5).

Sont considérés comme ouvriers les hommes et les femmes qui, *moyennant un salaire, travaillent* HABITUELLEMENT *de leurs mains pour un patron ou pour un*

---

(1) Loi, art. 9 (article 8 du projet).

(2) *Exposé des motifs*, p. 10.

(3) *Annales parlementaires*, Chambre, 4 mai 1900, p. 1382-1385.

(4) *Ann. Parlem.*, Chambre, 1900, p. 1381 et s.

(5) Voir *Arr. Royal* du 20 oct., ch. I, art. 5 ; *Rapport* Nyssens, p. 8 ; *Exposé des motifs*, p. 90.

maître, soit au temps, soit à la pièce, soit au dehors, soit à domicile, et cela sans distinguer entre le travail domestique ou agricole et le travail industriel ou de métier.

Sont considérés comme anciens ouvriers ceux qui, par la *condition habituelle* de leur vie antérieure, ont répondu à la définition précédente (1).

Grâce à une large interprétation de la loi, un grand nombre de vieillards rangés parmi les artisans, les petits cultivateurs ou autres travailleurs peuvent reçevoir l'allocation, s'ils sont en mesure d'établir qu'ils ont *habituellement travaillé pour le compte d'autrui* à une époque antérieure de leur vie.

D'autre part, l'arrêté royal, s'inspirant de l'avis exprimé dans plusieurs sections et par la Section Centrale (2), assimile à l'ouvrière la femme et la veuve d'un ouvrier ou ancien ouvrier, alors même qu'elles n'auraient pas elles-mêmes travaillé habituellement de leurs mains pour le compte d'autrui (3).

Il résulte de ce qui précède que l'ouvrière réunissant les conditions indiquées plus haut (art. 5, § 1) peut être admise à l'allocation, même dans le cas où son mari ne serait pas ouvrier (4).

Il en résulte également que le mari et la femme peuvent bénéficier de l'allocation s'ils réunissent tous deux les conditions nécessaires (5).

---

(1) Rousseau, *op. cit.*, p. 8 ; Camerlynck, *op. cit.*, p. 11 ; A. Dubois, *op. cit.*, p. 9.

(2) *Rapport* de M. Nyssens, p. 9 ; *Ann. Parlem.*, Chambre, 4 mai 1900, p. 1382, col. 2 ; 27 nov. 1900, p. 67.

(3) *Arr. Royal*, art. 5, § 3 ; A. Rousseau, *op. cit.*, p. 9.

(4) En ce sens, voir Camerlynck, *op. cit.*, p. 12.

(5) Sénat, *Rapport* Descamps, p. 20.

Condition relative à la situation de fortune. — La seule qualité d'ouvrier ou d'ancien ouvrier ne crée pas, toutefois, un titre à la pension. Il faut que l'intéressé *soit dans le besoin.*

Il était difficile de donner une définition exacte et générale de cette condition ; aussi, la rédaction du § 1er de l'article 9 a-t-elle soulevé à la Chambre des Représentants de sérieuses critiques, à raison même de ce manque de précision.

Les adversaires du Gouvernement, et les socialistes en particulier, craignaient que l'appréciation de l'état de fortune des intéressés fût laissée à des comités composés d'agents électoraux ; d'autres redoutaient de voir certains ouvriers de l'industrie exclus du bénéfice de l'article 9 par le fait qu'ils recevaient de petites pensions. Ils se refusaient, en un mot, à laisser à un arrêté royal le soin de compléter l'article 9 (1). Mais le Parlement ne crut pas être en mesure de fixer des règles précises d'interprétation, en raison de l'extrême diversité des conditions dans lesquelles se trouvent les intéressés. C'est donc à l'arrêté royal du 28 octobre qu'il faut se reporter pour trouver la solution de ce point délicat.

Sont considérés comme étant « dans le besoin » aux termes de l'article 6 de cet arrêté, *ceux dont les ressources, mises en rapport avec leurs charges, sont ordinairement insuffisantes pour qu'ils puissent pourvoir par eux-mêmes à leur subsistance.*

Cette définition serait encore insuffisante ; mais l'article 6 indique d'autre part qu'il faut, pour établir la situa-

---

(1) *Ann. Parlem.*, 1900, Chambre, p. 1383, 1386, 1387. Voir égalt *Exp. des mot.*, p. 10, et la *Déclaration du min. des finances*, séance du 4 mai 1900, p. 1385.

tion de l'intéressé, comparer ses ressources et ses charges ; il doit être tenu compte *notamment :*

a. — *En ressources :* 1) du salaire de l'intéressé, de son conjoint et des enfants ou descendants habitant avec lui ; 2) de la nature et de la contenance de leurs propriétés et des biens qu'ils tiennent en location ; 3) de leurs épargnes ; 4) des secours de la bienfaisance publique ; 5) des subventions résultant de droits réels ou personnels, comme les droits d'usage ou les pensions alimentaires ;

b. — *En charges :* 1) de l'entretien du ménage, selon la condition habituelle des ouvriers de la région et de la même profession, en considérant le nombre et l'âge des personnes qui composent la famille ; 2) des infirmités ; 3) du loyer, des impôts et des charges réelles (hypothèques) (1).

L'appréciation du *besoin* est donc une question de fait que les Comités de patronage, organes d'exécution de cette partie de la loi, ont à résoudre, dans chaque cas particulier, au moyen des éléments qui leur sont fournis (2). C'est l'*ensemble* de la situation de chaque intéressé qui doit être examiné ; le fait d'être propriétaire de sa maison ou d'un petit bien foncier, de posséder un livret de caisse d'épargne, de jouir d'une pension servie par une caisse de prévoyance ou par un syndicat, de jouir de droits d'usage ou d'usufruit, d'une pension alimentaire, etc., ne constitue donc pas, par lui-même, un obstacle à l'allocation de 65 fr. (3).

2° Conditions relatives à l'âge des intéressés au 1er jan-

---

(1) *Arrêté royal*, ch. I art. 6 § 2.

(2) Voir Camerlynck, *op. cit.*, p. 15 ; *Annales parlementaires*, Chambre, p. 1305 et s. 1382 et s.

(3) Dépêche ministérielle du 28 novembre 1900 ; consulter également la *déclaration* faite à la Chambre, le 27 novembre 1900 par le ministre de l'industrie, relative aux pensionnaires des hospices

vier 1901. — *a) Les ouvriers âgés de 58 ans au 1er janvier 1901* et se trouvant dans le besoin seront admis *de plano* au bénéfice de l'article 9 lorsqu'ils auront atteint 65 ans au 1er janvier de l'année de leur demande (1).

Tous les intéressés nés avant le 2 janvier 1843 pourront donc recevoir l'allocation de 65 fr., sans avoir fait pour cela aucun sacrifice.

b) Quant aux ouvriers *âgés de 55 ans révolus et de moins de 58 ans* au 1er janvier 1901, la loi leur accorde le bénéfice éventuel de la même allocation, à la condition de justifier, à l'appui de leur demande, *qu'ils ont effectué à la Caisse Générale de Retraite, pendant une période de 3 ans au moins, des versements s'élevant au moins à 3 fr. par an et formant un total de 18 fr.*

Ces versements peuvent d'ailleurs être faits dans les conditions normales, c'est-à-dire à capital réservé ou à capital aliéné, l'entrée en jouissance étant fixée à un âge variant de 58 à 65 ans.

Les allocations accordées par les mutualités sur les fonds provenant de la prime de 2 fr. par livret, prévue par l'article 12 de la loi, peuvent également contribuer à la formation du minimum de 18 fr. De plus, des primes d'encouragement peuvent être accordées, pour tous ces versements, dans les conditions du régime normal de la loi (2); mais il est bien certain que le montant de ces primes ne doit pas entrer dans le calcul de la somme de 18 fr.

---

(1) *Loi*, art. 9 et *Arrêté royal* du 20 octobre, chap. I, art. 4.

(2) C'est-à-dire à concurrence de 0,60 × 24 = 14 fr. 40 par an.

§ 4. — Mesures financières

Il était nécessaire de prendre des dispositions spéciales pour faire face aux dépenses nécessitées par la mise en application de la loi.

Le gouvernement évaluait à 12 millions la somme à inscrire annuellement au budget de ce chef, et il estimait que la « situation prospère des finances, correspondant à » la prospérité générale du pays, permettait d'inscrire ce » crédit au budget ordinaire, sans recourir à la création » de nouvelles ressources » (1).

Afin de régulariser la charge qui doit peser sur le budget de chaque exercice, et de soustraire la contribution annuelle de l'Etat au régime habituel des crédits budgétaires, la loi ordonne la création d'un « *Fonds spécial » permanent des pensions de vieillesse.* »

Ce crédit, dont le rôle est nettement circonscrit, doit être versé *in globo* à la Caisse des dépôts et consignations, chargée de l'administrer d'après les règles qu'elle applique aux autres fonds spéciaux dont la gestion lui est confiée. C'est ainsi qu'elle doit pourvoir aux dépenses en vue desquelles le fonds est institué et demeurer gardienne des excédents disponibles, ces derniers devant trouver leur emploi dans les années où la dépense sera supérieure à 12 millions.

Dans le cas où le crédit serait insuffisant, la loi prévoit la création, — à charge de remboursement, — de ressources exceptionnelles à solliciter éventuellement « de la législature » (2).

---

(1) Projet de loi; *Exposé des motifs*, p. 11.
(2) Loi, art. 11, *in fine*.

Le gouvernement a d'ailleurs déclaré qu'il aurait à proposer l'augmentation définitive du crédit de 12 millions, si l'insuffisance de l'allocation annuelle fixée par la loi était nettement reconnue (1).

Nous rappelons que les subventions de 2 francs, prévues par l'article 12 en faveur des mutualités reconnues, doivent être servies sur un crédit rattaché au budget du ministère de l'industrie et du travail (2).

---

(1) *Exposé des motifs*, p. 11. — M. Denis, voulant substituer aux *ressources aléatoires* visées par l'Exposé des motifs, des *ressources durables*, avait proposé d'ajouter à l'art. 11 une disposition tendant à améliorer la perception des droits de succession sur les valeurs mobilières. — Les excédents budgétaires ainsi obtenus auraient été affectés à la constitution du *Fonds spécial*. Cette proposition fut repoussée, sur la demande de M. Nyssens, en raison du danger qu'aurait présenté la création d'un impôt ayant une affectation spéciale, étant donné surtout, que, dans l'espèce, cet impôt aurait mis en conflit deux intérêts opposés : celui des bénéficiaires de l'impôt et celui des personnes appelées à le supporter. (*Ann. parl.*, 1900, Chambre, p. 1391.)

(2) Art. 12, § 2.

CHAPITRE VIII

Mise en application de la loi (1).

---

§ 1er. — Règles d'exécution relatives aux dispositions permanentes

Les règles à suivre pour l'attribution des primes et subventions prévues par les articles 1, 2, 3, 4, 5, 8 et 12 de la loi ont été fixées, en exécution de l'article 14, par un arrêté royal en date du 20 février 1901, complété par diverses circulaires ministérielles.

Nous nous bornons, sur ce point, à renvoyer le lecteur au texte de ces documents officiels, dont le développement n'apporterait aucun élément nouveau à cette étude.

§ 2. — Procédure d'instruction relative aux allocations de 65 francs

Les règles qui doivent servir de base à l'instruction des demandes concernant l'allocation de 65 fr. sont exposées dans le chapitre II de l'arrêté royal du 20 octobre 1900.

---

(1) Sources. — G. Dubois, *Rapport* au Congrès des Accidents de Dusseldorf; *Arrêté Royal* du 20 février 1901, modifié par celui du 20 octobre 1901; *Règlement organique* du 25 avril 1901, concernant les commissions d'appel et *Circulaires ministérielles*, publiés par la *Revue du travail*, 1900, 1901, le *Moniteur des comités de patronage* et le journal *Le Mutuelliste*, etc.

La question la plus délicate à régler, dans cet ordre d'idées, était la désignation de l'organe d'exécution c serait chargé de statuer sur les demandes formulées pa. les intéressés.

Le principe constitutionnel de la séparation des pouvoirs et la loi sur l'organisation judiciaire écartant, a *priori*, en l'absence d'une disposition formelle de la loi, le pouvoir judiciaire, il était nécessaire de recourir à une juridiction administrative.

Divers systèmes furent examinés à ce point de vue. Le Gouvernement renonça à créer des comités spéciaux dont la composition aurait pu l'exposer à des réclamations ; d'autre part, les administrations communales, à raison de leur origine élective, ne paraissaient pas offrir des garanties suffisantes d'impartialité et d'indépendance ; quant aux bureaux de bienfaisance, que leur mission aurait paru désigner, étant donnée la connaissance qu'ils ont de la situation des déshérités de la fortune, ils ont été écartés par la crainte d'humilier un grand nombre d'intéressés en leur donnant l'allocation par l'intermédiaire de l'organe de la charité officielle.

C'est ainsi que le pouvoir exécutif fut amené à faire appel aux *Comités de patronage des habitations ouvrières et des institutions de prévoyance.*

Créés par la loi du 9 août 1889 sur les Habitations ouvrières, ces comités, dont le rôle est tout de conseil et de persuasion et s'exerce, tantôt sur les autorités publiques et tantôt sur les ouvriers, semblaient offrir toutes les garanties de compétence et d'impartialité nécessaires pour remplir la mission délicate qui allait leur être confiée. Leur désignation comme organes d'exécution des dispositions transitoires de la loi n'a d'ailleurs soulevé aucune réclamation (1).

Les demandes relatives aux allocations de 65 francs doivent être remises ou adressées par les intéressés à l'administration communale. Le bourgmestre complète, s'il y a lieu, les renseignements; il les transmet, avec l'avis du collège des bourgmestre et échevins, et après les avoir fait viser par le receveur des contributions (2), au président du Comité de Patronage (3). Le rôle des autorités communales est donc purement consultatif.

Le Comité de Patronage examine les demandes qui lui sont soumises et statue à leur égard, au besoin après une enquête supplémentaire, pour laquelle toute latitude lui est donnée. Ses décisions sont communiquées aux intéressés ainsi qu'au gouverneur de la province, auquel est transmis le dossier de l'affaire (4).

Commissions d'appel. — Il peut en être appelé des décisions ainsi rendues, soit par les intéressés, soit par l'autorité administrative.

L'ouvrier ou ancien ouvrier dont la demande a été rejetée a la faculté d'interjeter appel de la décision du Comité de Patronage auprès du gouverneur de la province. Il lui est accordé, à cet effet, un délai de 15 jours, à compter de la date à laquelle la sentence défavorable lui a été no-

(1) Voir Camerlynck, *op. cit.*, p. 18 et suiv ; J. Dubois, *id.*, p. 11 et 12.

(2) Chargé de certifier le montant des impôts directs à la charge de l'intéressé.

(3) Il existe au moins un comité par arrondissement. Sur le rôle des autorités communales, voir circ. min. du 21 nov. 1900 ; Dubois, *op. cit.*, p. 12.

(4) *Arr. royal* du 20 octobre, art. 9.

tifiée. L'appel peut être formé quel que soit le motif du rejet de la demande (1).

Le gouverneur peut également en appeler des décisions rendues par les comités, mais dans le cas seulement où l'une des quatre premières conditions indiquées par l'arrêté royal (2) (chap. I, art. 1er) ferait défaut (3), l'appréciation souveraine de la condition *d'être dans le besoin* étant laissée à la juridiction de premier ressort.

Les décisions des *comités de surveillance* sont donc *définitives* lorsque les quatre conditions précitées se trouvent réunies.

L'appel du gouverneur doit être interjeté dans le mois de la réception des dossiers et notifié sans délai aux intéressés « avec l'indication des raisons sur lesquelles il est basé », afin qu'il leur soit possible de se défendre devant la commission provinciale d'appel compétente.

Tous les recours formés contre les décisions des comités de patronage sont donc soumis à des *commissions d'appel* instituées par arrêté ministériel ; ces commissions (4) sont composées de trois membres que remplacent, en cas d'empêchement, trois membres suppléants.

L'un d'eux est délégué par le gouvernement (5), un autre est délégué par la députation permanente du conseil pro-

---

(1) *Arr. royal*, art. 10; voir, d'autre part, Camerlynck, p. 27 et Rousseau, p. 19.

(2) Etre Belge; résider en Belgique; être âgé de 65 ans au moins ; être ouvrier ou ancien ouvrier.

(3) *Arr. royal*, art. 10, § 2.

(4) A. Rousseau, p. 19; *arr. royal*, art. 10, § 2. Elles sont actuellement au nombre de neuf, une par province. Il pourra en être institué plusieurs dans chaque province, selon les besoins du service (art. 11, § 2).

(5) Les délégués du gouvernement ont été choisis exclusivement dans l'ordre judiciaire ; ils président la commission à laquelle ils sont attachés

vincial; le dernier est nommé par le Conseil supérieur du Travail.

La Commission statue sur l'appel, dans le mois de la date où elle a été saisie, après avoir pris les « mesures d'instruction nécessaires » (1). Toute liberté est laissée à cet égard, à la commission qui statue en dernier ressort et notifie sa décision à l'intéressé ainsi qu'au gouverneur.

Les dossiers sur lesquels il a été statué définitivement sont transmis par le gouverneur au ministre de l'Industrie et du Travail, en vue de la liquidation des allocations (2).

Mode de liquidation. — La moitié du montant des allocations, soit 32 fr. 50, est remise chaque semestre aux intéressés, par l'intermédiaire de la poste. Des quittances de payement, libellées au nom des ayants-droit, sont adressées, à cet effet, aux percepteurs, par l'Office du travail, et remises directement aux bénéficiaires par les facteurs en tournée. Les allocations leur sont versées, soit au bureau de poste même, contre la remise de la quittance signée par eux ou par deux témoins (3), soit même à domicile par les facteurs, en cas d'infirmité ou de maladie.

Afin de tenir compte, tant du principe qui parait avoir guidé le législateur, que des complications auxquelles donnerait lieu la justification de la qualité d'ayant-cause, le gouvernement a décidé que l'allocation, à raison de son caractère strictement personnel et alimentaire, ne pourrait, en aucun cas, être payée après le décès du bénéficiaire (4).

---

(1) *Arrêté royal*, article 11, § 1.

(2) *Arrêté royal*, article 12.

(3) Moyennant légalisation de leurs signatures par le bourgmestre.

(4) J. Dubois, *op. cit.*, p. 44.

Retrait éventuel de l'allocation. — Une fois accordée, l'allocation sera servie à l'ouvrier aussi longtemps qu'il remplira les conditions énumérées par l'article 1er de l'arrêté royal du 20 octobre 1900.

Cette situation n'était pas définitive, il était nécessaire d'établir un certain contrôle à cet égard.

Tous les ans, au mois de janvier, une liste des personnes bénéficiant des dispositions de l'article 9 de la loi de 1900 et domiciliées dans une commune est adressée, par le département de l'industrie et du travail, au bourgmestre de cette commune.

Celui-ci doit mentionner les décès et changements de résidence ; il doit également signaler les bénéficiaires de l'allocation qui ne lui paraissent plus remplir les conditions énumérées par l'arrêté royal (2).

La liste ainsi rectifiée est transmise au comité de patronage et la procédure que nous venons de faire connaître est applicable, dans toutes ses parties, à l'espèce ainsi renouvelée.

Quant aux bénéficiaires qui changent de résidence dans le Royaume, une nouvelle demande doit être formulée par eux ; toute la procédure doit alors être reprise, même dans le cas où le Comité compétent comprendrait, dans son ressort, les deux résidences successives de l'ouvrier pétitionnaire (3).

Insaisissabilité des allocations. — Les allocations de 65 fr. ayant un caractère alimentaire, semblent devoir être

(1) *Ann. parl.*, Chambre, 1899-1900. Déclaration du ministre des finances, p. 1387 et s.

(2) *Arr. royal*, article 13.

(3) *Arr. royal.*, Camerlynck, p. 32.

incessibles et insaisissables, bien que la loi et l'arrêté royal restent muets à cet égard (1).

§ 3. — Résultats obtenus depuis la promulgation de la loi (2).

Il nous reste à faire connaître les résultats de la première application de la loi.

I. *Primes d'encouragement.* — Le montant des primes d'encouragement dues à raison des versements opérés en 1900 et liquidées au mois de mai 1902 s'élevait à 1.091.793 fr. et l'on estimait, à cette époque, que l'ensemble de ces primes ne dépasserait pas 1.100.000 fr. Sur ces 1.100.000 fr., 2.826 fr. seulement ont été versés au bénéfice de 530 personnes assurées directement à la Caisse de Retraite, alors que 1.088.967 fr. ont été attribués à 227.521 personnes affiliées par l'intermédiaire de mutualités reconnues.

Subventions accordées aux mutualités. — Le nombre des mutualités ayant reçu la subvention de 2 fr. par livret prévue par l'article 12 de la loi s'est élevé, en 1900, à 3.337 et le crédit inscrit au budget du ministère de l'industrie et du travail, par application de l'article 12 § 2 de la loi s'élevait à 410.344 fr.

Progrès de la mutualité et de l'affiliation à la Caisse de Retraite de l'Etat. — Le nombre des mutualités d'affiliation à la Caisse de Retraite a suivi, depuis 1900, une

(1) En ce sens, Camerlynck, *op. cit.*, p. 30; *Moniteur des Comités de Patronages*, 25 janvier 1901.

(2) Voir J. Dubois, *Les pensions de vieillesse en Belgique*, Rapport au Congrès de Dusseldorf, Bruxelles, O. Schepens, *id.* 1902; J. Salaun, *Les résultats de la loi belge sur les retraites ouvrières*, Paris, *id.* 1902; *Le Mutuelliste*, années 1901 et 1902, etc.

marche ascendante et l'application de la loi a certainement accentué dans une large mesure le mouvement qui s'était manifesté antérieurement à cet égard.

Le tableau suivant permet de se rendre compte des résultats de l'intervention de l'Etat sur ce mouvement mutualiste spécial, depuis quelques années.

Répartition des primes de l'Etat pour l'affiliation à la Caisse de Retraite (1895-1900).

Années.	Nombre des sociétés mutualistes ayant servi d'intermédiaires.	Nombre des sociétés mutualistes reconnues.	Nombre des mutuellistes ayant bénéficié des primes.	Nombre total des livrets de la caisse de retraite.	Montant total des primes.
1895	146	759	8.889	28.500	29.976
1896	225	948	12.115	38.800	46.000
1897	416	1.257	30.690	55.700	136.185
1898	941	1.933	66.273	99.200	282.268
1899	1.786	2.928	104.243	165.500	562 530
1900	3.337	5.022	227.521 (1)	301.200	1.088.967 (2)
1901	4.468 (3)	5.843			

La loi de 1900 a donc donné à la Mutualité un essor nouveau, bien loin d'enrayer le développement des sociétés mutualistes de retraite (ainsi que le craignaient certaines personnes), en admettant tous les affiliés directs à la Caisse de Retraite au bénéfice des primes d'encouragement.

Ajoutons que le nombre total des sociétés mutualistes reconnues s'élevait, au 31 décembre 1901, à 5.843 et le nom-

---

(1) Dont 530 affiliés directement à la Caisse de Retraite.

(2) Sur lesquels 2.826 fr. ont été versés au bénéfice d'affiliés directs.

(3) D'après le Compte-rendu de la Caisse de Retraite pour 1901, p. 117.

bre des sociétés d'affiliation à 4.500, comprenant 400.000 membres (1).

Allocations de 65 francs. — Afin de permettre à tous les ouvriers ou anciens ouvriers d'avoir connaissance de la nouvelle loi et de former leur demande en temps utile, le Gouvernement avait prorogé de 3 mois, soit jusqu'au 31 mars 1901 (2), le délai accordé pour la remise des demandes aux bourgmestres.

Les administrations communales, comités de charité, officiels ou privés, sociétés mutualistes, hommes d'œuvres, s'empressèrent à l'envi de faire produire à la loi tout son effet dès la première année, en recherchant les vieillards appelés à bénéficier de l'allocation, en réunissant les pièces exigées, à l'appui de ces demandes, et en ne négligeant rien de ce qui était nécessaire pour obtenir le résultat désiré.

Aussi, le nombre des demandes fût-il considérable ; 200.000 dossiers environ furent examinés par les 55 comités de patronage actuellement existants, et certains d'entre eux en examinèrent jusqu'à 11.000 !

Grâce à une activité et à un grand zèle, auquel le Directeur général du travail de Belgique rend un complet hommage, ces utiles institutions ont pu cependant achever ce travail considérable assez rapidement pour que, dès la seconde quinzaine de juillet, le ministère pût commencer la liquidation du premier terme semestriel.

---

(1) Dubois, *op. cit.*, p. 7 et 8 et notes. — V. *Ann. parlem.*, Chambre, 1900, p. 1.289 et 1.295, les restrictions formulées par MM. Furnémont et Anseele sur la valeur réelle des nouvelles sociétés mutualistes et leur mode de fonctionnement.

(2) *Arrêté royal* du 20 octobre, art. 7, § 1 ; voir également Salaun, *op. cit.*, p. 416 et suiv.

Dix mille recours (1), dont un dixième à peine émanait des gouverneurs de province, furent soumis aux commissions d'appel. La moitié environ des allocations refusées par les comités de patronage furent ainsi accordées aux intéressés.

Le nombre des allocations accordées s'est élevé, pour l'exercice 1901 — 1re année d'application de la loi, — à 178.000, représentant une somme totale de 11.570.000 fr.

Dépenses totales de l'exercice 1901. — Les dépenses résultant de l'application de la loi de 1900 se sont donc élevées, pour la première année, 1° à 410.344 francs, du chef de l'article 12 (crédit du ministère du travail); 2° à 1.100.000 fr. en chiffres ronds, pour primes d'encouragements (application des articles 1 à 8); 3° à 11.570.000 fr., pour allocations accordées en vertu de l'article 9. Soit, en tout, 13.080.344 francs (2), sur lesquels 12.000.000 doivent être fournis par l'allocation prévue à l'article 11, § 4 de la loi, l'excédent devant être demandé au Parlement, en vertu du § 2 du même article.

Le montant du fonds spécial a donc été dépassé, dès la première année, bien que le total des primes ait été inférieur aux prévisions, à l'inverse de ce qui s'est produit pour l'ensemble des pensions de 65 francs.

Il faut remarquer, d'ailleurs, que cette situation doit

(1) Voir, sur les motifs des recours et des rejets des demandes, le journal *Le Mutuelliste*, n[os] des 15 janvier, 1er février 1902, 15 avril 1901, et Salaun, *op. cit.*, p. 406 et suiv. : les ouvriers jouissant d'un revenu de 1 franc à 1 fr 50 par jour et par personne, pour leur famille et pour eux, ont été considérés comme n'étant pas dans le besoin.

(2) Non compris les frais d'administration, évalués par M. Salaun (*op. cit.*, p. 414) à 200.000 francs.

être considérée comme transitoire, et qu'elle ne se reproduira probablement pas au moment où les allocations ne seront plus accordées (1), c'est-à-dire après 1910 ; il est à craindre cependant que, jusqu'à cette époque, des crédits supplémentaires doivent être sollicités du Parlement pour faire face à l'ensemble des dépenses résultant de l'application de la loi.

(1) A moins que l'allocation de 65 francs ne devienne définitive, ainsi que paraissent le craindre, dit M. Salaun, *op. cit.*, ceux qui suivent de près l'application de la loi.

Le Ministre du Travail, en raison des abus auxquels avait donné lieu la distribution des secours de 65 fr., a recommandé aux Comités de Patronage, lors de la 1re revision des listes, de ne pas se montrer « trop larges dans l'octroi des allocations ». (Circ. min. du 5 février 1902).

CHAPITRE IX

Modifications demandées à la loi de 1900.

Il semble que la loi de 1900 soit considérée, par ceux-là mêmes qui l'ont toujours défendue, comme une étape et comme une loi transitoire dont la revision paraît devoir s'imposer d'ici peu d'années.

Des critiques assez nombreuses ont été, en effet, dirigées contre la loi sur les pensions de vieillesse, dès sa mise en application, et plusieurs projets modificatifs ont été déposés sur le bureau de la Chambre des Représentants.

Mais il ne semble pas que ces propositions doivent aboutir avant un temps assez éloigné.

Vœux mutualistes et projets parlementaires. — L'*Union des fédérations mutualistes neutres* a demandé, dès l'année de sa promulgation, que la loi soit remplacée par une autre basée sur le principe de l'obligation et la triple participation de l'intéressé, du patron et des pouvoirs publics ; cette modification essentielle a été demandée, non seulement par les congrès socialistes, mais par la *Ligue démocratique*, l'organe des cercles ouvriers catholiques.

M. W. Marocqué a déposé une proposition de loi basée sur les principes de la loi allemande et destinée à se superposer, en partie, à la loi de 1900 (1). Son inconvénient prin-

(1) *Doc. parl.*, Chambre, 11 déc. 1900, n° 40.

cipal est d'exclure les femmes du bénéfice de ses dispositions et de n'être applicable qu'à la moitié des travailleurs (811.000 *ouvriers* sur 1.625.000 travailleurs de toute nature) visés en 1900 par le rapport de M. Nyssens (1).

Modifications partielles. — Des modifications partielles ont été réclamées, d'autre part ; elles portent en général sur les articles 5, 6, 8 et 9 de la loi.

I. Art. 5. — La limitation à 15 fr. des versements donnant droit aux primes a été critiquée par la raison qu'il y aurait avantage à engager les intéressés à constituer leur retraite le plus tôt possible ; d'autant plus, a-t-on dit, qu'une modification dans ce sens n'entrainerait aucune charge nouvelle pour l'Etat, étant donnée l'existence du maximum de 360 fr. fixé par l'article 6, § 1 (2).

Cette modification ne nous paraitrait pas opportune, pour deux raisons principales. La première est que, le principe de la loi étant d'écarter des encouragements de l'Etat ceux qui n'en ont pas un besoin absolu, il serait peu logique de permettre indirectement par l'introduction d'une telle disposition, l'accession des primes aux personnes de condition aisée — puisqu'aucune restriction n'est imposée aux mutualistes — en dehors de la règle fixée par l'article 1er, § 1.

D'autre part, il pourrait résulter de cette disposition, sinon un accroissement de l'ensemble des charges qui résulteront, pour l'Etat, de l'application de la loi, tout au moins une augmentation, pendant les premières années, du cré-

---

(1) *Id.*, 1899-1900, n° 162.

(2) Congrès mutualiste provincial de Liège, 1901, *Rapports*, p. 34 et s. Vœu de la réunion des présidents et directeurs des cercles ouvriers à Fayt en 1900. *Bull. des Œuvres soc.*, nov. 1900.

dit nécessaire au payement des primes, augmentation qui serait de naturé à détruire l'équilibre financier, déjà peu stable de la loi.

II. Art. 8. — Les intéressés âgés de 40 à 55 ans se trouvent placés, par la loi, dans une situation des plus désavantageuses.

Dans le cas même, en effet, où ils effectueraient tous leurs versements à capital aliéné, voici les rentes qu'ils pourraient obtenir à 65 ans, par des versements mensuels de 1 fr. 25, en tenant compte des subsides de l'Etat (abstraction faite, toutefois, de la prime de 2 francs accordée aux mutualités en vertu de l'art. 12).

Age de l'affiliation.	Age de l'entrée en jouissance		
	55 ans.	60 ans.	65 ans.
40	41 fr.	77 fr.	146 fr.
44	27 fr.	55 fr.	109 fr.
50		29 fr.	65 fr.
54			42 fr.

En supposant que ces affiliés puissent effectuer annuellement des versements égaux au maximum de 24 francs, les rentes acquises à 65 ans seraient donc égales à environ 230, 170, 104 et 67 fr. en chiffres ronds, pour les affiliés de 40, 44, 50 et 54 ans.

Les affiliés âgés de 54 ans seront donc obligés de faire un sacrifice s'élevant à 16 × 24 = 384 francs, pour jouir d'une rente égale à l'allocation accordée moyennant des versements minimes ou nuls, à ceux qui sont un peu plus âgés qu'eux.

Aussi, les dispositions de l'article 8 ont-elles suscité de

nombreuses critiques dont les congrès mutualistes se sont fait l'écho, indépendamment de toute couleur politique ou religieuse (1).

La suppression de l'article 8 a même été demandée dans plusieurs vœux (2) et par divers publicistes, et l'on a proposé de lui substituer des dispositions destinées à prendre place à l'article 9, par analogie avec le paragraphe 2 de cet article.

Le rapporteur du Congrès de Liège en 1901 proposait, en faveur des ouvriers âgés de 40 à 55 ans, « de fixer un minimum de versements annuels à opérer par ces ouvriers ou bien leur accorder des points supplémentaires, afin de leur permettre d'arriver facilement à toucher au moins une rente fixe de 65 francs à l'âge de 65 ans ».

Le Congrès de la Ligue démocratique de 1900 avait émis le « vœu de voir accorder, aux personnes âgées de moins de 55 ans au 1er janvier 1901, l'allocation de 65 francs, quand elles atteindront 65 ans, moyennant un versement annuel de 6 francs jusqu'à 65 ans, et sous déduction des rentes acquises par ces versements personnels de 6 francs et par les primes annuelles de l'Etat ».

C'est en quelque sorte le prolongement, au-dessous de 55 ans, du système édicté par la loi en ce qui concerne les intéressés âgés de 55 à 58 ans.

---

(1) Voir Xe Congrès de la *Ligue démocratique*, 1900 ; *Congrès mutualiste provincial de Liège, 1901*, p. 21 et s.; *Réunion* des présidents et directeurs des cercles ouvriers à Fayt (septembre 1901) ; *Bulletin des œuvres sociales*, octobre 1900, p. 318.

(2) V. notamment *Bulletin mensuel des œuvres sociales*, octobre 1900, article de Parel ; Vœux émis par la Réunion des présidents et directeurs des cercles ouvriers à Fayt (septembre 1900) ; *Congrès mutualiste provincial de Liège*, 1900, p. 36 ; *Revue sociale catholique*, 1899-1900, p. 221.

Nous rappellerons à ce sujet que la Commission des Pensions Ouvrières avait proposé d'augmenter les subsides de l'Etat en faveur des personnes âgées de 45 à 55 ans au moment de la mise en vigueur de la loi, mais que ce système avait été écarté par le Gouvernement (1).

III. Art. 6. — L'article 6, d'après lequel les primes de l'Etat ne sont plus accordées lorsque les rentes acquises ont atteint le chiffre de 360 francs, a soulevé également de vives critiques, même chez les partisans de la loi.

On a fait observer que cette disposition aura pour effet de faire bénéficier l'Etat, indirectement, des subsides patronaux et provinciaux (2), ainsi que des versements personnels supérieurs à 15 francs.

Diverses solutions ont été proposées pour faire disparaitre cette conséquence de la loi : 1° subsidier les versements personnels jusqu'à ce que les versements de l'Etat produisent une rente de 60/160es de 360 francs, calculée à capital abandonné pour entrer en jouissance à 65 ans ; 2° baser le maximum de 360 francs uniquement sur les versements ne dépassant pas 25 francs et sur la prime de 9 francs allouée par l'Etat ; 3° admettre l'assuré au béné-

---

(1) La députation permanente du Brabant a invité les bureaux de bienfaisance de la province à inscrire à leur budget un crédit spécial, à l'effet de favoriser l'affiliation des pauvres à la Caisse de Retraite.

On espère que des mesures de cette nature permettront d'atténuer la situation défavorable créée par la loi aux ouvriers âgés de plus de 40 ans.

En réalité, les bureaux de bienfaisance ne feront autre chose, dans ce cas, que verser des secours anticipés, *différés* en quelque sorte, aux travailleurs susceptibles de tomber à leur charge dans l'avenir.

(2) *Bulletin mensuel des œuvres sociales*, octobre 1900, p. 328 et s.; *Congrès de la Ligue démocratique belge en 1900*, p. 41.

fice des primes, jusqu'à ce que le total des subsides de l'Etat atteigne 360 francs (1).

IV. Art. 9. — Enfin, la rédaction de l'article 9 a prêté à des interprétations si diverses qu'elles ont amené le dépôt d'un projet de modification sur le bureau de la Chambre des Représentants (2).

L'auteur de cette proposition, M. Tibbaut, demande, malgré les charges supplémentaires qui en pourront résulter, de revenir à la rédaction proposée, lors de la discussion de la loi, par la Section Centrale, en substituant, dans l'article 9, l'expression « *travailleur manuel* » au mot « *ouvrier* » (3).

L'adoption de la proposition Tibbaut mettrait fin, d'ailleurs, aux divergences d'interprétation qui se sont produites, à un point de vue analogue, en ce qui concerne le § 2 du même article 9.

On a prétendu, en effet, que l'expression « les *travailleurs* » employée par le législateur, dans cette disposition, en ce qui concerne les personnes âgées de 55 ans au moins, n'était pas synonyme du mot « *ouvrier* » inséré dans le § 1 (4).

Il en résulterait que le bénéfice de l'allocation de 65 fr., serait accordé, en 1902 et en 1903, à des catégories d'intéressés plus nombreux qu'en 1901 (5).

---

(1) Congrès de la Ligue démocratique, 1900, p. 41.

(2) *Documents parlementaires*. Chambre, 1901 n° 13. Proposition de M. Tibbaud sur les divergences d'interprétation de l'article 9. Consulter également, le *Mutuelliste*, 15 avril 1901, Salaun, *op. cit.*

(3) La *Paix sociale*, 1901, p. 56 et s. Le congrès de la Ligue démocratique belge a émis un vœu dans le même sens en 1900.

(4) Congrès mutualiste provincial de Liège, *Rapports*, p. 30, etc.

(5) *Contrà*, O. Velghe, *Commentaire de la loi.*

Cette interprétation nous parait être tout d'abord en contradiction avec l'esprit de la loi. De plus, il semble résulter de l'ensemble des discussions parlementaires qu'à aucun moment une telle conséquence n'a semblé devoir être tirée de cette divergence de mots.

Nous rappellerons pour mémoire, en terminant, que divers projets concernant spécialement les ouvriers mineurs, ont été déposés depuis la promulgation de la loi (1).

(1) Voir chapitre V, §, 2 p. 200 et s.

CONCLUSION

En terminant cette étude, il n'est pas inutile de jeter un coup d'œil en arrière et de rappeler, en quelques mots, les avantages que peuvent attendre les travailleurs de la mise en application de la loi du 10 mai 1900.

Dispositions transitoires. — Les ouvriers ou anciens ouvriers dans le besoin, âgés de 55 ans au moins au 1er janvier 1901, bénéficient ou pourront bénéficier, à partir de 65 ans, de cette allocation annuelle de 65 fr., qualifiée de dérisoire par les adversaires du projet gouvernemental, mais dont le vote parait cependant avoir produit une assez grande impression sur les intéressés, surtout dans les campagnes, où l'argent est rare et où les salaires sont peu élevés (1).

A ceux qui trouvaient cette allocation insuffisante, M. de Nyssens avait objecté la nécessité de limiter des charges budgétaires nouvelles que les travailleurs eux-mêmes seraient appelés à supporter pour partie.

C'était, croyons-nous, la seule bonne raison à opposer à une demande d'augmentation de l'allocation. En tout

---

(1) Un aimable et haut fonctionnaire a bien voulu nous raconter, à ce sujet, que certain agent électoral ne manquait jamais, au cours des éloges qu'il avait coutume de prodiguer, dans les réunions publiques, à la loi du 10 mai 1900, de sortir de chacune de ses poches et de faire sonner sur la table, une pile de 13 pièces de 5 fr. Cette démonstration... sonnante aurait été renouvelée maintes fois, avec le plus grand succès.

cas, l'argument que l'on a voulu tirer de ce que le chiffre de 65 fr. est supérieur à celui de la contribution fixe de 50 marcs, accordée par l'Empire aux vieillards et aux invalides, ne nous parait pas pouvoir être soutenu. En effet, les 65 fr. de la loi belge ne seront alloués que pendant la période transitoire et sont essentiellement révocables. La contribution de 50 marcs, au contraire, est accordée définitivement à 70 ans, ou bien au cas d'invalidité.

Il ne nous semble donc pas possible d'établir un rapprochement entre les deux législations à ce point de vue.

Quoi qu'il en soit, le bénéfice de l'allocation de 65 fr. est acquis à tous les travailleurs belges qui étaient âgés, au 1er janvier 1901, de 58 à 65 ans, sans qu'ils aient eu besoin de faire acte de prévoyance.

Ceux qui étaient âgés, à la même époque, de 55 à 58 ans, jouiront du même avantage, à la condition de verser une somme de 18 fr. à la Caisse de Retraite ; si l'on ajoute le produit de ce versement et des subsides des pouvoirs publics à la somme de 65 fr., on arrive, pour cette catégorie, à une pension totale d'environ 83 fr.

Tels seront les résultats de la loi pour les intéressés qui atteindront 65 ans jusqu'en 1912.

Nous ne reviendrons pas sur l'insuffisance, reconnue par tous, des dispositions transitoires relatives aux travailleurs âgés de plus de 40 ans et de moins de 55 ans au 1er janvier 1901. Là est, évidemment, le point le plus faible de la loi belge.

Régime permanent. — Quant au régime permanent, il constitue, en réalité, une sorte de consécration indirecte du principe de l'assurance par l'Etat. Il offre les avantages du système de la capitalisation, le seul qui soit d'une application pratique, lorsque l'assurance n'est pas généralisée par un régim eobligatoire.

La centralisation de toutes les opérations relatives à la constitution des retraites par une caisse unique, fonctionnant sous la garantie de l'Etat, la Caisse Générale de Retraite, présente également de sérieux avantages, au point de vue de la régularité et de la sécurité de ces opérations.

Le principal reproche que l'on peut adresser au système des primes ou de la liberté subsidiée, au point de vue social, est de tendre, par la force des choses, à créer deux classes de travailleurs dans la nation (1): ceux qui pourront et ceux qui ne pourront pas effectuer des versements et, par suite, bénéficier des encouragements de l'Etat.

Il est certain, en effet, que les intéressés seront d'autant mieux en mesure de profiter des primes d'encouragement que leurs salaires seront plus élevés et leurs charges de famille moins considérables.

Cet inconvénient semble devoir être d'autant moins négligeable que, les charges résultant de l'application de la loi étant inscrites au budget, les moins fortunés seront appelés indirectement à y contribuer, alors qu'ils ne pourront bénéficier des primes, ni pour eux, ni pour leurs enfants.

Et cependant, l'expérience a montré que c'est dans les régions agricoles, à bas salaires, que la loi a été accueillie avec le plus de faveur ! Dans les milieux industriels, au contraire, il y a eu des déceptions. Les ouvriers mineurs, en particulier, trouvent insuffisants les avantages qui leur sont assurés (2).

(1) Il est vrai que l'on peut adresser le même reproche aux assurances ouvrières en général, mais pour des raisons différentes.

(2) *Rapport* du comité de patronage de Mons au ministre de l'industrie et du travail pour l'année 1901, p. 41 et s.

Importance des rentes acquises par les subventions de l'Etat. — Il est intéressant de se rendre compte de la proportion dans laquelle les rentes acquises par l'Etat peuvent entrer dans la constitution des pensions.

Le tableau ci-dessous indique, à cet effet, les résultats obtenus en comparant les rentes acquises par des versements mensuels de 1 fr. 25, en tenant compte et sans tenir compte des primes d'encouragement.

Augmentation des rentes personnelles
due aux primes de l'Etat.

(Les versements personnels étant de 1 fr. 25 par mois).

Age de l'affiliation.	AGE DE L'ENTRÉE EN JOUISSANCE (Il n'y a pas lieu de tenir compte du mode de versement, en vertu des art. 5, § et 6, § 2 de la loi).		
	55 ans.	60 ans.	65 ans.
6 ans.	50 fr.	78 fr.	132 fr.
16 —	50 fr.	77 fr.	131 fr.
20 —	50 fr.	78 fr.	132 fr.
24 —	50 fr.	78 fr.	131 fr.
26 —	42 fr.	69 fr.	123 fr.
30 —	32 fr.	55 fr.	99 fr.
32 —	28 fr.	49 fr.	88 fr.
34 —	25 fr.	43 fr.	78 fr.
36 —	21 fr.	37 fr.	70 fr.
38 —	18 fr.	33 fr.	61 fr.

Dans toutes les hypothèses correspondant aux chiffres imprimés en petits caractères, le montant de l'intervention de l'Etat belge est donc supérieur à l'allocation fixe de 50 marcs accordée par l'Empire allemand à tout pensionné, vieillard ou invalide (1). Mais il ne faut pas oublier

(1) Dr Zacher, *Guide de l'Assurance Allemande*. Berlin, 1900.

que les indications du tableau précédent sont relatives à des versements mensuels de 1 fr. 25 effectués, en principe, par les *seuls intéressés* ; en Allemagne, au contraire, l'allocation fixe de 50 marcs correspond, pour les ouvriers, à des cotisations personnelles et hebdomadaires variant de 7 à 18 pfennigs (soit de 0 fr. 35 à 0 fr. 90 par mois).

Il serait donc difficile, à ce point de vue encore, de tirer des résultats de la loi belge des conclusions défavorables à la loi allemande de 1889.

Appréciation des résultats obtenus depuis le vote de la loi. — Il ne faut pas exagérer outre mesure l'importance des résultats obtenus depuis la promulgation de la loi.

S'ils sont très brillants, en effet, au point de vue de la prospérité de la Caisse de Retraite, il n'en est pas tout à fait de même en ce qui concerne l'avenir de la prévoyance libre en vue de la vieillesse. Ce serait donc commettre une erreur, croyons-nous, que de vouloir les présenter comme un argument irréfutable contre tout système reposant sur l'obligation.

Pour apprécier sans exagération le développement des affiliations à la Caisse de Retraite, il faut, en effet, tenir compte des remarques suivantes :

1° Sur 380.575 livrets créés de 1898 à 1901, 195.459, soit 51 %, ont été ouverts pour des enfants. Ce résultat, il faut le reconnaître, est d'ailleurs de très bon augure pour l'avenir.

2° Environ 20 % (1) des nouveaux livrets ouverts en 1900 et 29 % (2) de ceux ouverts en 1901 l'ont été au nom de fonctionnaires, officiers, rentiers, commerçants, etc., tous

(1) 28.019 sur 133.606.

(2) 39.957 sur 136.957.

gens appartenant à des professions qui n'ont rien de commun avec le travail manuel et ne rentrent pas dans la catégorie pour laquelle se pose le problème des retraites ouvrières. Le nombre des livrets ouverts en 1900 et en 1901 (1), au nom d'ouvriers adultes, ne dépasse donc pas 28 à 29 % du nombre total des livrets nouveaux.

3° En 1900, sur les 856.116 versements effectués, s'élevant à 5.121.056 fr., 393 correspondaient à des achats de rentes immédiates d'une valeur de 1.580.575 fr.; les 855.723 versements restants correspondent à une somme de 3.540.481.

En 1901, il faut déduire des 1.368.406 versements indiqués, les 398.197 effectués par les provinces et l'Etat. Il en résulte que les intéressés ont effectué en réalité 970.209 versements pour 6.997.681 fr., dont il faut encore déduire, pour achats de rentes immédiates, 2.015.157 fr. représentant 417 versements.

Par conséquent 969.792 versements s'élevant à 4.982.524 fr., — (y compris 39.957 versements effectués par des personnes n'appartenant pas à la classe des travailleurs manuels — versements qu'il ne nous est pas possible d'évaluer, mais qui, tendent probablement à élever la moyenne générale), — *représentent le résultat obtenu, en réalité, par le système de la liberté subsidiée en 1901.*

On a constaté, d'autre part, qu'un nombre considérable de livrets ne reçoivent malheureusement que des versements insignifiants, d'autant plus insuffisants pour constituer une pension de retraite qu'ils sont faits, dans la plupart des cas, à capital réservé (2).

---

(1) 38.608 en 1900 et 31.439 en 1901.

(2) *Bulletin des œuvres sociales*, t. IV, 1900, p. 9 et suiv.

De plus, un trop grand nombre d'affiliés cessent leurs versements dès que, pour une raison quelconque, ils échappent à l'influence de l'école, du patron ou de la société mutualiste qui leur a donné leur livret.

Aussi, les personnes qui peuvent suivre de près l'application de la loi se plaignent-elles que, jusqu'ici, les affiliés sérieux ne se recrutent guère que parmi une élite relativement restreinte des ouvriers, ou bien parmi des personnes disposant déjà d'une petite aisance, et dont les vieux jours seraient par ailleurs assurés.

« Il ne leur paraît pas, — dit un partisan déterminé du système belge, — que la masse profonde des travailleurs proprement dits soit encore suffisamment intéressée et sollicitée, et ils estiment que c'est sur ce point qu'il faudra faire porter prochainement l'effort principal, en associant peut-être les bureaux de bienfaisance à l'application de la loi, en activant davantage encore la propagande déjà si active, en modifiant sur certains points le mode d'attribution des subsides et en n'hésitant pas, au besoin, à majorer le chiffre de ces subsides eux-mêmes (1). »

Si les progrès accomplis sont incontestables, il ne faut donc pas perdre de vue que les résultats obtenus à l'heure actuelle sont encore relativement peu importants, eu égard, tout au moins, au but à atteindre, c'est-à-dire l'affiliation générale des travailleurs à la Caisse Générale de Retraite.

Le nombre des ouvriers belges dépasse, en effet, un million et demi (2), et nous venons de voir que les 374.000 livrets créés, de 1892 à 1902, au nom de personnes appar-

---

(1) Salaun, *op. cit.*, p. 415. V. note, p. 291.

(2) D'après le *Recensement général des industries et des métiers* du 31 octobre 1896 (analyse des volumes I et II, p. 12) ; M. Nyssens (*Rapport de la Section Centrale*) l'évalue à 1.625.000, y compris les domestiques et gens de service.

tenant à la classe des travailleurs manuels, ont été délivrés, pour une part importante (51 %), à des mineurs. De plus, un certain nombre d'affiliés, qu'il est impossible d'évaluer exactement, sont décédés (1). Il est donc permis de supposer que le nombre des ouvriers adultes actuellement possesseurs d'un livret de la Caisse de Retraite ne dépasse guère 200.000. Si l'on évalue, avec M. Nyssens, à 150.000 (2) environ le nombre des vieillards âgés de 65 ans au moins, il resterait par suite à provoquer environ 1.150.000 (3) affiliations d'ouvriers adultes pour généraliser l'application du régime permanent de la loi.

Or, les nouvelles affiliations d'ouvriers adultes n'ont pas dépassé 60.000, en chiffres ronds, y compris les personnes âgées de 55 à 58 ans, pour les deux dernières années, malgré l'impulsion nouvelle donnée par le vote de la loi.

On voit donc l'effort considérable qu'il reste à accomplir pour obtenir, par l'application du régime de la liberté, un résultat qu'un système d'obligation aurait permis d'atteindre immédiatement.

*
* *

Sans qu'il soit possible de formuler, après une si courte période d'application, des conclusions définitives sur le système belge, il faut reconnaitre que la loi du 10 mai 1900 constitue un progrès incontestable sur l'état de choses antérieur.

---

(1) V. *Suprà*, p. 118.

(2) *Op. cit.;* nous avons vu, d'autre part, que 178.000 vieillards ont bénéficié en 1901 de l'allocation de 65 francs.

(3) Il faut en retrancher, toutefois, les 123.000 ouvriers mineurs, 50.000 agents des chemins de fer et 3.000 marins. (*Rapport* Velghe, p. 45). Le nombre net d'affiliations à provoquer se réduirait donc à 961.000, en réalité.

Elle a consacré en effet le principe de l'intervention de l'État, en affectant à la constitution des pensions un crédit permanent de douze millions ; elle a marqué le point de départ d'un nouvel essor de la prévoyance libre et de la mutualité sous la forme de sociétés d'affiliation à la Caisse de Retraite (1).

Les partisans les plus convaincus de la loi disent même qu'au point de vue de l'*hygiène sociale*, il est permis d'espérer que sa mise en application amènera une diminution de l'alcoolisme, si développé en Belgique.

A un autre point de vue, l'application des mesures transitoires aura l'avantage de faciliter l'établissement de statistiques précises en ce qui concerne la mortalité des vieux ouvriers.

Enfin, les effets de la loi ne se sont pas fait sentir uniquement au point de vue économique ; ils n'ont pas été absolument négligeables au point de vue politique, car le vote du projet a permis au gouvernement de placer le parti socialiste dans une situation quelque peu embarrassante (2). Il est difficile, en effet, d'opposer de bonnes raisons aux membres du parti qui, envisageant, avant tout, les avantages matériels offerts par la loi de 1900, désirent s'affilier à une mutualité reconnue, afin de prendre part à

(1) Ces sociétés pourraient d'ailleurs, croyons-nous, jouer un rôle plus important que celui qui leur est dévolu par la loi, en employant une partie de leurs ressources, indépendamment des primes dont elles ont la libre disposition (art. 11) au versement des cotisations de retraite de leurs membres, en cas de maladie et peut-être même, dans une certaine mesure, en cas de chômage involontaire. Tout en reconnaissant les dangers que pourrait présenter l'adoption de dispositions statutaires de cette nature, nous croyons qu'elle offrirait de très grands avantages, au point de vue de la permanence et de la régularité des versements.

(2) Voir également *suprà*, p. 297, note.

la distribution de la manne gouvernementale. Aussi, les chefs du parti ouvrier, après avoir combattu vigoureusement l'assurance libre et le système des primes, ont-ils dû se résigner à voir un certain nombre des leurs porter à des sociétés reconnues une partie des fonds qui devraient être versés, d'après eux, exclusivement dans les institutions du parti (coopératives, etc.) (1).

*
* *

Nous avons signalé les lacunes laissées volontairement dans la loi en ce qui concerne l'invalidité prématurée et l'intervention patronale.

A ce dernier point de vue, les espérances des défenseurs du système de la liberté subsidiée semblent avoir été quelque peu déçues, ainsi que nous l'avons dit, soit à cause de l'apathie des employeurs, soit par suite de la résistance des intéressés eux-mêmes.

La participation des patrons est cependant considérée par tous comme très désirable, sinon indispensable, tant au point de vue de l'affiliation des ouvriers que de la régularité des versements subséquents.

Aussi, tous les efforts tendent-ils à obtenir des chefs d'industrie qu'ils *exigent* de leurs ouvriers l'affiliation et des versements réguliers à la Caisse de Retraite. Le gouvernement a même déclaré qu'il avait l'intention d'affi-

---

(1) Sur le revirement du parti ouvrier en faveur de l'affiliation à la Caisse de Retraite, voir notamment un article paru dans *Le Peuple* du 6 avril 1901. Ce mouvement s'est encore accentué depuis, car M. Léon Troclet a présenté à la Fédération Liégeoise du Parti Ouvrier un rapport exposant les avantages offerts par la loi et concluant nettement en faveur de la création de sociétés mutualistes de retraite au sein du parti, soit par les syndicats, soit par les coopératives, etc.

lier *obligatoirement* à cette institution tous les ouvriers et employés de l'État, conformément à l'exemple antérieur de quelques provinces ou municipalités (1).

Il semble donc bien que, partout où il est possible de le faire, on mette en pratique, d'une façon détournée, le principe de l'obligation et que l'on ne compte guère, au moins en ce qui concerne les agents des pouvoirs publics et des grandes sociétés industrielles, sur les bons effets de l'initiative individuelle. Il aurait été intéressant, à cet égard, de comparer le chiffre de ces affiliations... *librement obligatoires*, à celui du nombre total des affiliés ; mais les statistiques que nous avons pu consulter ne nous ont pas permis de le faire.

***

La Belgique est certainement un des pays où les œuvres sociales et les mutualités, en particulier, ont acquis le développement le plus considérable.

De grands efforts, cependant, seront encore nécessaires, — nous venons de le montrer — pour y généraliser la pratique de la prévoyance en vue de la vieillesse.

La loi de 1900 aura l'avantage indiscutable, en favorisant le developpement de la mutualité rationnellement organisée en vue de la constitution de pensions de retraite, de rallier peu à peu sous le même drapeau un grand nombre des institutions de retraites actuellement existantes. Elle facilitera ainsi la concentration d'efforts généreux, mais trop dispersés et souvent mal calculés, par la transformation progressive en *mutualités de retraite* de ces institu-

(1) L'affiliation des cantonniers est déjà obligatoire. (Arr. Min. du 1er août 1892; C. R. de la Caisse de Retraite pour 1902.)

tions dans l'organisation desquelles le *sentiment* a pris trop souvent une place que la *logique* et la *science* auraient seules dû occuper.

Le système de la *liberté subsidiée*, tel qu'il fonctionne actuellement en Belgique présente encore cette supériorité de ne pas limiter son champ d'action aux retraites ouvrières.

Mais il ne paraît avoir apporté à cette question spéciale qu'une solution incomplète et provisoire : il n'est pas douteux, en tout cas, que ce n'est qu'après un assez grand nombre d'années que la loi de 1900 pourra donner des résultats équivalents à ceux que l'on aurait pu obtenir de suite par l'assurance obligatoire (1).

De sincères partisans de l'assurance libre semblent d'ailleurs disposés à reconnaitre que, si la loi n'a pas donné, d'ici quelques années, les résultats que l'on attend d'elle, il pourra devenir nécessaire de recourir à l'obligation. Mais, ajoutent-ils, sa nécessité étant alors démontrée, il deviendra facile de faire accepter par tous la mise en application d'un principe dont l'avènement aura été préparé par l'extension progressive du régime de la liberté subsidiée (2).

Partisan convaincu de toutes les mesures propres à encourager et à développer l'initiative et l'énergie individuelles, nous croyons toutefois que ces qualités exigent, pour acquérir leur complet épanouissement, un minimum

---

(1) A supposer, même, que les effets de l'assurance libre ne soient pas près d'atteindre leur maximum en Belgique (Etudier à cet égard la progression des affiliations dans les comptes rendus de la Caisse de Retraite).

(2) La pratique actuelle démontre d'ailleurs amplement, à nos yeux, que le rôle des mutualités n'en serait pas diminué, contrairement à ce que craignent un grand nombre de mutualistes français.

de sécurité. Or, il peut devenir nécessaire, dans un intérêt d'ordre social, d'imposer aux individus les efforts indispensables pour atteindre ce résultat, lorsqu'ils sont reconnus incapables de les tenter ou d'y persévérer.

Mais il faut convenir qu'un système d'assurance obligatoire ne peut être établi qu'à une double condition.

Il est nécessaire, tout d'abord, que le pays dans lequel on veut l'introduire dispose d'excédents budgétaires considérables, la solution de la question des retraites étant, avant tout, une question de « gros sous ».

Il est indispensable, d'autre part, que le principe soit en harmonie avec les mœurs de la nation, car une loi sociale de cette importance ne peut recevoir sa pleine application sans être acceptée par la grande majorité des intéressés.

Tel n'est peut-être pas le cas, malgré les apparences, de nos voisins du Nord.

Nous souhaitons, sans oser l'espérer, que la cause de la liberté triomphe une fois de plus dans ce pays qui a tant d'affinités avec le nôtre ; nous formons le vœu que la loi du 10 mai 1900 marque, pour lui, le commencement d'une nouvelle étape dans sa marche vers le progrès.

Quoi qu'il en soit, l'effort tenté par nos amis de Belgique, pour l'amélioration du sort des déshérités de la vie, méritait d'être étudié. Il doit être suivi avec soin par tous ceux qu'intéressent les grands problèmes sociaux, au moment, surtout, où les Chambres françaises vont reprendre l'étude de cette question si complexe, mais si passionnante des retraites pour les travailleurs.

ANNEXES

I

Table de mortalité de Quételet.

Age	Nombre des survivants	Age	Nombre des survivants	Age	Nombre des survivants	Age	Nombre des survivants	Age	Nombre des survivants
0	1.000	20	635	40	511	60	345	80	75
1	850	21	629	41	504	61	334	81	65
2	788	22	623	42	497	62	322	82	55
3	758	23	616	43	490	63	310	83	46
4	738	24	610	44	483	64	297	84	38
5	725	25	604	45	476	65	284	85	31
6	715	26	597	46	469	66	271	86	25
7	707	27	591	47	462	67	257	87	20
8	700	28	585	48	455	68	244	88	15
9	694	29	579	49	448	69	230	89	12
10	689	30	573	50	440	70	216	90	9
11	683	31	567	51	432	71	201	91	7
12	678	32	561	52	424	72	186	92	5
13	673	33	555	53	415	73	170	93	4
14	668	34	549	54	406	74	154	94	3
15	663	35	543	55	397	75	139	95	2
16	657	36	536	56	387	76	125	96	2
17	652	37	530	57	377	77	111	97	1
18	647	38	524	58	367	78	99	98	1
19	641	39	517	59	356	79	86	99 et 100	0

II

Loi du 10 Mai 1900, concernant les pensions de vieillesse (1).

Article premier. — Des primes annuelles d'encouragement en vue de la constitution de pensions de vieillesse sont accordées par l'État, dans les conditions déterminées par la présente loi :

1° Aux personnes assurées à la Caisse Générale de Retraite sous la garantie de l'État par l'intermédiaire d'une société mutualiste reconnue par le gouvernement, à condition que le montant des versements effectués par elles ne dépasse pas 60 francs pour l'année entière ;

2° A toutes autres personnes assurées directement à la Caisse, qui ne sont pas exclues du bénéfice de la loi en vertu de l'article suivant.

Art. 2. — Parmi les personnes assurées directement à la Caisse, sont exclues celles qui payent en impôts directs, patentes comprises, au profit de l'État, une somme d'au moins : 50 francs dans les communes d'une population inférieure à 10.000 habitants ; 60 francs dans les communes de 10.000 à 25.000 habitants ; 70 francs dans les communes de 25.000 à 50.000 habitants ; 80 francs dans les communes de 50.000 habitants et plus.

L'exclusion d'une personne entraine celle de son conjoint et de ses enfants habitant avec elle.

Les agents de l'État qui ont droit à une pension de retraite en vertu des lois et règlements qui les régissent ne peuvent prétendre aux primes d'encouragement, même s'ils se trouvent dans les conditions prévues à l'article précédent.

Art. 3. — Pour être admis au bénéfice des primes d'encouragement, il faut :

1° Etre Belge et avoir une résidence en Belgique.

Sont admis toutefois au bénéfice des primes les étrangers ayant depuis dix ans leur résidence en Belgique et appartenant à une nation qui accorde des avantages analogues aux Belges ;

(1) Publiée au *Moniteur* des 14-15 mai 1900.

2° Etre âgé de 16 ans accomplis, à moins que l'affiliation n'ait lieu par l'intermédiaire de sociétés mutualistes reconnues ;

3° Etre titulaire d'un livret de la Caisse Générale de Retraite ;

4° Avoir fait des versements sur ce livret pendant l'année qui précède l'exercice budgétaire.

Sont assimilés aux versements personnels les versements opérés au profit du titulaire par la société mutualiste reconnue dont il est membre ou par une tierce personne. Toutefois, les versements effectués au moyen de subsides des pouvoirs publics ne sont pas pris en considération pour l'allocation des primes de l'Etat.

Art. 4. — Les versements servant de base à l'attribution des primes peuvent être effectués indifféremment à capital abandonné ou à capital réservé.

Les primes de l'Etat sont toujours versées à la Caisse à capital abandonné.

L'entrée en jouissance des rentes acquises ne peut être fixée qu'à partir de chaque année d'âge accomplie, depuis 55 jusqu'à 65 ans.

Art. 5. — Le montant de la prime annuelle est fixé à 60 centimes par franc et par livret, à concurrence de 15 francs versés.

Chaque titulaire ne peut avoir qu'un seul livret.

Art. 6. — L'assuré est admis au bénéfice des primes jusqu'à ce que l'ensemble des sommes inscrites sur son livret suffise pour constituer une rente annuelle et viagère de 360 francs.

Pour établir ce maximum, les versements à capital réservé sont censés avoir été faits à capital abandonné et l'entrée en jouissance des rentes est réputée avoir été fixée uniformément à 65 ans.

Toutefois, les rentes acquises au moyen des sommes versées avant le 1er janvier 1900 sont prises en considération à leur montant réel, quels que soient le mode de versement et l'âge d'entrée en jouissance.

Art. 7. — Un arrêté royal pourra décréter, complémentairement aux dispositions de l'article 52 de la loi du 16 mars 1865, que la Caisse de Retraite aura la faculté de rembourser à l'assuré, après l'entrée en jouissance de sa rente, la valeur de rachat du capital réservé. (1)

L'arrêté royal pourra en outre décréter, par application de

---

(1) V., *Arr. Roy.* du 11 mars 1901.

l'article 52 de la loi du 16 mars 1865, que la valeur actuelle du capital réservé pourra, avant l'entrée en jouissance de la rente différée, acquise par ce capital, servir à l'acquisition d'une rente temporaire jusqu'à l'entrée en jouissance de la rente différée.

Dispositions transitoires.

Art. 8. — Par dérogation à l'article 5, les intéressés qui avaient atteint l'âge de 40 ans au 1er janvier 1900 jouiront de la prime à concurrence de 24 francs versés annuellement.

Art. 9. — Une allocation annuelle de 65 francs sera accordée à tout ouvrier ou ancien ouvrier belge, ayant une résidence en Belgique, âgé de 65 ans au 1er janvier 1901 et se trouvant dans le besoin.

Sont admis, dans les mêmes conditions, à jouir de cette allocation, au fur et à mesure qu'ils atteindront l'âge de 65 ans, les travailleurs âgés d'au moins 55 ans à la date du 1er janvier 1901 ; toutefois, les intéressés qui auront à cette dernière date moins de 58 ans accomplis seront exclus du bénéfice de l'allocation si, pendant une période de trois ans au moins, ils n'ont effectué à la Caisse Générale de Retraite des versements s'élevant au moins à 3 francs par an et formant un total de 18 francs.

Art. 10. — Les allocations prévues à l'article précédent seront accordées et distribuées moyennant les conditions et conformément aux règles à établir par arrêté royal.

Constitution d'un fonds spécial.

Art. 11. — En vue de liquider les dépenses résultant de la présente loi, il est institué un fonds spécial des dotations allouées par l'Etat pour la constitution de pensions de vieillesse.

Ce fonds est rattaché à la Caisse des dépôts et consignations.

Il est alimenté :

1° Par une allocation annuelle de 12 millions de francs, inscrite au budget ordinaire de l'Etat et, pour la première fois, au budget de l'exercice 1901 ;

2° En cas d'insuffisance et à charge de remboursement, par des ressources exceptionnelles qui seront éventuellement sollicitées de la législature.

Encouragement aux sociétés mutualistes reconnues.

Art. 12. — Le Gouvernement allouera à toute société mutualiste reconnue ayant pour objet l'affiliation de ses membres à la Caisse Générale de Retraite une subvention annuelle de 2 francs, pour chaque livret sur lequel il aura été versé, pendant l'année écoulée, une somme de 3 francs au moins, non compris les subsides des pouvoirs publics, et à la condition que la gestion et les écritures de la société aient été trouvées régulières.

Le crédit nécessaire sera rattaché au budget du ministère de l'industrie et du travail.

Entrée en vigueur et exécution de la loi.

Art. 13. — La présente loi sera applicable aux versements effectués à la Caisse Générale de Retraite à partir du 1er janvier 1900.

Les allocations prévues à l'article 9 seront accordées pour la première fois aux intéressés qui se trouveront au 1er janvier 1901 dans les conditions déterminées par la loi et les arrêtés d'exécution.

Art. 14. — Les mesures d'exécution de la présente loi seront réglées par arrêté royal.

III

Arrêté royal du 20 octobre 1900.

CHAPITRE Ier. — Conditions auxquelles l'allocation est subordonnée. — Art. 1er. — Pour être admis à recevoir l'allocation annuelle de 65 francs, prévue par l'article 9 de la loi du 10 mai 1900, il faut :

1° Être Belge ; 2° avoir une résidence en Belgique ; 3° être âgé de 65 ans au moins ; 4° être ouvrier ou ancien ouvrier ; 5° se trouver dans le besoin.

Art. 2. — La qualité de Belge se constate par la production

des actes de l'état civil ou de naturalisation, comme en matière électorale.

Art. 3. — Est considéré comme ayant une résidence en Belgique celui qui possède dans le royaume depuis un an au moins son domicile réel ou son principal établissement.

Art. 4. — La condition relative à l'âge doit exister au 1er janvier prochain pour les intéressés qui sollicitent l'allocation pour l'année 1901.

Elle peut être établie par toutes voies de droit.

Les travailleurs âgés d'au moins 55 ans à la date du 1er janvier 1901 et remplissant les autres conditions établies par la loi et le présent arrêté seront admis à jouir de l'allocation à partir du 1er janvier qui suivra la date où ils auront atteint l'âge de 65 ans.

Ceux qui, au 1er janvier 1901, auront moins de 58 ans accomplis, devront justifier, à l'appui de leur demande, que pendant une période de trois ans au moins, ils ont effectué à la Caisse Générale de Retraite, des versements s'élevant au moins à 3 francs par an et formant un total de 18 francs.

Cette preuve pourra être faite en joignant à la demande soit le livret, soit un certificat de ladite Caisse.

Art. 5. — Sont considérés comme ouvriers les hommes et les femmes qui, moyennant un salaire, travaillent habituellement de leurs mains pour un patron ou un maître, soit au temps, soit à la pièce, soit au dehors, soit à domicile et cela sans distinguer entre le travail domestique ou agricole et le travail industriel ou de métier.

Sont considérés comme anciens ouvriers, ceux qui, par la condition habituelle de leur vie antérieure, ont répondu à la précédente définition.

La femme ou la veuve d'un ouvrier ou ancien ouvrier est considérée comme ouvrière, lors même qu'elle ne se trouve pas personnellement dans les conditions prévues aux alinéas précédents.

Art. 6. — Sont considérés comme se trouvant dans le besoin, ceux dont les ressources, mises en rapport avec leurs charges, sont ordinairement insuffisantes pour qu'ils puissent pourvoir par eux-mêmes à leur subsistance.

Pour établir cette situation, il est tenu compte notamment :

En ressources : 1° du salaire de l'intéressé, de son conjoint et des enfants ou descendants habitant avec lui ; 2° de la nature et de la contenance de leurs propriétés et des biens qu'ils tiennent en location ; 3° de leurs épargnes ; 4° des secours de la bienfaisance publique ; 5° des subventions résultant de droits réels ou personnels, comme les droits d'usage ou les pensions alimentaires.

En charges : 1° de l'entretien du ménage selon la condition habituelle des ouvriers de la région et de la même profession, en considérant le nombre et l'âge des personnes qui composent la famille ; 2° des infirmités ; 3° du loyer, des impôts et des charges réelles.

CHAPITRE II. — PROCÉDURE D'INSTRUCTION. — ART. 7. — Toute personne qui sollicite l'allocation de 65 francs doit en faire la demande par écrit avant le 1er janvier de l'exercice budgétaire sur lequel l'allocation doit être imputée ; toutefois, par mesure transitoire, les demandes seront recevables jusqu'au 31 mars en ce qui concerne l'année 1901.

La demande énoncera les nom, prénoms, âge, nationalité, profession et résidence du requérant et contiendra un exposé succinct de sa situation matérielle. Si l'intéressé ne sait ou ne peut signer, il en sera fait mention et cette déclaration sera visée par deux témoins majeurs. La requête ainsi libellée sera adressée, par l'intermédiaire de l'administration communale, au président du Comité de patronage des habitations ouvrières et des institutions de prévoyance dont la circonscription comprend la résidence du requérant.

ART. 8. — Le bourgmestre complète, s'il y a lieu, les renseignements fournis par le requérant, après avoir, au besoin, entendu celui-ci et en se servant d'un formulaire semblable au modèle annexé au présent arrêté ; les indications concernant les impositions sont visées par le receveur chargé d'en opérer le recouvrement.

Dans le plus court délai possible, et au plus tard dans le mois de la réception de la demande, le dossier sera transmis, avec l'avis du collège des bourgmestre et échevins, au président du Comité de Patronage.

ART. 9. — Le Comité de Patronage statue sur les demandes qui lui sont soumises, soit en séance plénière, soit en commission composée de trois membres au moins.

La subdivision du Comité de Patronage en commissions a lieu par arrêté ministériel, après avis de la députation permanente.

Aucune décision ne peut être prise sans la présence de trois membres au moins.

Le Comité fait connaître sa décision motivée à l'impétrant ainsi qu'au gouverneur de la province, auquel il transmet les dossiers de toutes les affaires.

Art. 10. — Dans la quinzaine de la notification, l'impétrant dont la demande aura été rejetée, sera recevable à interjeter appel de cette décision, auprès du gouverneur de la province.

En ce qui concerne les décisions qui ont admis les demandes d'allocation, le gouverneur pourra d'office, dans le mois de la réception des dossiers, interjeter appel pour défaut d'une des conditions prévues aux 1°, 2°, 3° et 4° de l'article 1er; cet appel sera notifié sans délai à l'intéressé.

Art. 11. — Il sera statué sur l'appel par une commission instituée à cet effet par arrêté ministériel, et composée d'un délégué du gouvernement, d'un délégué du conseil supérieur du travail, et d'un délégué de la députation permanente du conseil provincial. Chaque membre aura un suppléant, qui le remplacera en cas d'empêchement.

Il pourra être institué plusieurs commissions par province, selon les besoins du service.

La Commission statuera dans le mois de la date où elle aura été saisie de l'appel, après avoir pris les mesures d'instruction nécessaires; elle notifiera sa décision à l'intéressé et au gouverneur. Cette décision sera en dernier ressort.

Art. 12. — Après qu'il aura été statué définitivement, les dossiers seront transmis par le gouverneur au ministre de l'industrie et du travail, en vue de la liquidation des allocations.

Art. 13. — A partir de 1902, le département de l'industrie et du travail fera parvenir aux bourgmestres, dans le mois de janvier de chaque année, une liste des personnes résidant dans leur commune et admises précédemment à l'allocation annuelle de 65 francs.

Le bourgmestre mentionnera sur cette liste les décès et les

changements de résidence ; il signalera les personnes qui paraissent ne plus se trouver dans les conditions prescrites pour pouvoir jouir de la dite allocation.

Il transmettra, dans le mois, la liste ainsi rectifiée et complétée au comité de patronage, qui procèdera à une nouvelle instruction relativement aux personnes dont la situation de fortune serait modifiée.

Les personnes qui changent de résidence ne pourront, l'année suivante, bénéficier de l'allocation que moyennant une nouvelle décision du comité de patronage compétent, prise à la suite d'une nouvelle demande et après l'instruction prévue aux articles 7 et suivants du présent arrêté.

Art. 14.— Notre ministre de l'industrie et du travail est chargé de l'exécution du présent arrêté.

TABLEAU indiquant approximativement pour chaque âge.

(a) ***Le montant de la rente acquise par des versements mensuels ininterrompus de fr. 1.25*** (1). (Sans tenir compte d'aucun subside).

(b) *Le montant de la rente acquise par des versements mensuels ininterrompus de fr. 1.25* (1), *en tenant compte des subsides de l'Etat* (2). (Loi du 10 Mai 1900).

(c) *Les versements mensuels ininterrompus à effectuer pour acquérir une rente de 360 francs avec l'aide des subsides de l'Etat* (2). (Loi du 10 Mai 1900).

Âge au début des versements	(a) Capital Abandonné — Entrée en jouissance		(a) Capital Réservé — Entrée en jouissance		(b) Capital Abandonné — Entrée en jouissance		(b) Capital Réservé — Entrée en jouissance		(c) Capital Abandonné — Entrée en jouissance			(c) Capital Réservé — Entrée en jouissance		
	55 ans	65 ans	55 ans	65 ans	56 ans	65 ans	55 ans	65 ans	55 ans	60 ans	65 ans	55 ans	60 ans	65 ans
6 ans	200	550	121	326	250	682	171	458	2,05	1,10	0,50	3,50	2,00	0,90
8	182	504	109	294	232	635	153	426	2,25	1,20	0,60	3,90	2,20	0,95
10	166	461	97	265	216	593	147	397	2,50	1 35	0,65	4,35	2,50	1,05
12	150	421	87	238	200	553	137	370	2,75	1,50	0,70	4,90	2,85	1,20
14	136	384	78	213	186	516	128	345	3,05	1,70	0,75	5,50	3,25	1,40
16	123	350	69	191	173	481	119	322	3,40	1,90	0,85	6,20	3,65	1,65
18	111	318	61	170	161	449	111	302	3.80	2,10	0,90	7,00	4,15	1,95
20	100	288	54	151	150	420	104	283	4,25	2,35	1 00	8,00	4,70	2,25
22	90	261	48	134	140	392	98	266	4,75	2,65	1,10	9,05	5,40	2,60
24	80	236	42	119	130	367	92	250	5,35	3,00	1,25	10,40	6,15	3,05
26	71	212	37	105	113	335	78	227	6,00	3,35	1,40	11,85	7,05	3,55
28	63	191	32	92	100	301	68	202	6,80	3,80	1,65	13,70	8,10	4,15
30	56	171	27	80	88	270	60	179	7,80	4,35	1,90	15,95	9.40	4,85
32	49	153	23	70	77	241	52	158	8,90	4,90	2,25	18,60	10,90	5,70
34	42	136	20	60	67	214	44	139	10,30	5,65	2,60	21,90	12,70	6,70
36	36	120	17	52	57	190	38	121	12,00	6,50	3,00	26,10	14,95	7,85
38	31	106	14	44	49	167	32	106	14,10	7,50	3,50	31,40	17,70	9,30
40 (3)	26	93	11	38	41	146	26	91	16,90	8,80	4,15	38,40	21,10	11,10
42	21	80		32	34	127		78	20,35	10,15	4,40	47,65	25,35	12,90
44	17	69		26	27	109		66	25,35	12,10	5,35	60,80	31,10	15,70
46		59		22		93		56	32,65	14,70	6,45	80,45	38,70	19,25
48		50		18		79		46	44,30	18,25	7,80	111,75	49,55	23,85
50		41		14		65		33	65,50	23,30	9,65	170,25	65,00	30,05
52		34		11		53		30		31,00	12,10		88,80	38,60
54		27		8		42		24		44,05	15.45		129,75	50,75
56		20		6		32					20,55			69,20
58				4							28,65			99,40
											43,50			156,10

(1) Soit 15 francs par an, somme correspondant au maximum des subsides annuels de l'Etat (15×0,60 = 9 francs).

(2) Il n'est pas tenu compte dans ces calculs des subsides des Provinces et des Communes, ni de la prime de 2 francs accordée annuellement par l'Etat aux Sociétés de retraite reconnues, pour chaque membre ayant versé 3 francs au moins sur son livret de retraite.

(3) Art. 8 de la loi du 10 Mai 1900 : « ...Les intéressés qui avaient atteint l'âge de 40 ans au 1er janvier 1900, jouiront de la prime à concurrence de 24 francs versés annuellement ».

www.ingramcontent.com/pod-product-compliance
Ingram Content Group UK Ltd.
Pitfield, Milton Keynes, MK11 3LW, UK
UKHW012012240726
13965UKWH00002B/324

9 782013 247153